ADHS
100 Tipps
für Eltern und Lehrer

Hilfe für **E**ltern, **L**ehrer, **P**ädagogen

herausgegeben von Petra Buchwald

Wolfdieter Jenett

ADHS
100 Tipps
für Eltern und Lehrer

Ferdinand Schöningh

Wenn du die Kinder ermahnst, so meinst du, dein Amt sei erfüllt.
Weißt du, was sie dadurch lernen? Ermahnen, mein Freund!
Heinrich von Kleist (1777–1811)

Perfektionismus bekommt keine Kinder.
T. S. Eliot (1888–1965)

Bibliografische Information der Deutschen Nationalbibliothek

Die Deutsche Nationalbibliothek verzeichnet diese Publikation in der Deutschen Nationalbibliografie; detaillierte bibliografische Daten sind im Internet über http://dnb.d-nb.de abrufbar.

Alle Rechte vorbehalten. Dieses Werk sowie einzelne Teile desselben sind urheberrechtlich geschützt. Jede Verwertung in anderen als den gesetzlich zugelassenen Fällen ist ohne vorherige schriftliche Zustimmung des Verlags nicht zulässig.

© 2011 Ferdinand Schöningh, Paderborn
(Verlag Ferdinand Schöningh GmbH & Co. KG, Jühenplatz 1, D-33098 Paderborn)

Internet: www.schoeningh.de

Fotos: Fotostudio Henke, Salzkotten
Gestaltung, Konzeption, Illustration: Lea Reck, Essen
Einbandgestaltung: Anna Braungart, Tübingen
Printed in Germany
Herstellung: Ferdinand Schöningh GmbH & Co. KG, Paderborn

ISBN 978-3-506-77231-2

Den Freuden und Leiden unserer Kinder
Marc, Olav, Bettina, Nils, Christina, Tilo,
Ulrike, Arnim und Anik
gewidmet.

Vorwort

Haben Sie ein Kind, mit dem Sie unter seinen Konzentrationsstörungen leiden? Dann biete ich mit diesem Band Ratschläge an: Aus jahrelanger Praxis entwickelt – für Ihre Praxis!

Gerade Eltern blicken sorgenvoll in die Zukunft und stehen manchmal am Rande eines Nervenzusammenbruches, wenn sie trotz aller liebevollen Anstrengung keinen Erfolg in ihren Bemühungen sehen. So weit muss es gar nicht kommen!

Viele Lehrer/Innen und Kindergärtner/Innen sehen durch diese wilden und haltlosen Kinder ihre Berufsvorstellung und ihre pädagogischen Fähigkeiten in Frage gestellt. Dem kann vorgebeugt werden!

Ärzte und Therapeuten stehen vor der zeitraubenden Aufgabe, einen multimodalen Therapieplan zu organisieren. Meine langjährige Berufserfahrung kann den Kollegen viel Zeit und Mühe einsparen.

In tausenden Gesprächen mit ADHS-Kindern und deren Eltern habe ich Lösungsvorschläge zusammengetragen, die eine Orientierung im Umgang mit diesen Kindern bieten. Dennoch ist dieses Buch kein handlicher Erziehungsratgeber mit einfachen Rezepten. Ich erörtere die Probleme dieser Kinder immer im Zusammenhang von psychischer Reife, emotionaler Bindung, sozialer Geborgenheit, Lernbereitschaft und ihren äußeren Lebensumständen.

Für die initiale Anregung bedanke ich mich bei den Kollegen Claudia Oehler und Armin Born; für die Ermunterung, durchzuhalten bei Geoff Kewley. Meiner Frau und langjährigen Mitarbeiterin danke ich ganz besonders für viele Beiträge und Ergänzungen.

ADHS betrifft häufiger Jungen als Mädchen. Zur besseren Lesbarkeit schreibe ich deshalb von ‚ihm' oder sage ‚er', aber alle Aussagen treffen selbstverständlich auch für Mädchen zu. Wenn ich von Lehrern spreche, sind natürlich auch die Lehrerinnen gemeint. Auf eine Doppelbezeichnung, wie eingangs dieses Vorworts, verzichte ich im weiteren Text nur aus stilistischen Gründen; eine Diskriminierung liegt mir fern.

Vorwort

Die knappe Formulierung der Ratschläge macht Verweise nötig.
Die Klammer ( ) verweist auf weiterführende Literatur.
　　　　[ ] verweist auf Internetseiten.
　　　　{ } verweist auf andere Tipps in diesem Buch.
Im Anhang befinden sich die nummerierten Listen dazu.

Inhalt

Einleitung ... 12

Grundsätzliche Gedanken

Die Tragödie hinter ADHS ... 16
Ein Coach sein ... 17
Denk auch an Dich! ... 19
Die Macht der Gedanken ... 24
Die Bedeutung unserer Erwartungen ... 26
Verbündete finden ... 27

Zu Hause

Das allzu Alltägliche

1 Am Anfang Probleme sichten ... 31
2 Planvoll vorgehen ... 34
3 Morgens aufstehen ... 35
4 Aufbruch zur Schule ... 36
5 Essen und Trinken ... 37
6 Streit unter Geschwistern ... 39
7 Fernsehen und Computer ... 40
8 Spielkonsolen und Handys ... 41
9 Helfen und häusliche Pflichten ... 42
10 Abends zu Bett gehen ... 44
11 Konfliktvermeidung durch Vorausschauen ... 45
12 Vereinbarungen mit dem Kind ... 46
13 Erinnerungsstrategien ... 48
14 Belohnungspläne ... 49
15 Negative Konsequenzen ... 51
16 Auszeit – time-out ... 52
17 Familienkonferenz ... 53
18 Gemeinsam reisen ... 54
19 Gesellschaftsspiele und Besuche ... 55

Hausaufgaben

20 Zeitplan ... 56
21 Arbeitsplatz zu Hause ... 58
22 Stunden- und Terminplan ... 59
23 Hausaufgabenheft ... 60
24 Zusätzliches Lernen ... 61

Inhalt

Schreiben

25	Handschrift	62
26	Schreibposition	63
27	Schreibmaterial	64
28	Schreibmotivation	65
29	Rechtschreibung	66
30	Diktate, ohne zu schreiben	67
31	Wort-bau-stelle	69
32	Regeln und Eselsbrücken	71
33	Korrekturvereinbarungen	73
34	Texte zu Hause	74
35	Schreiben in der Schule	75
36	Textvorlagen und Muster	76
37	Grammatik	78

Lesen

38	Voraussetzungen fürs Lesen	79
39	Lesehilfen	81
40	Geeignete Texte	82
41	Effektives Üben	84
42	Gelesenes Verstehen	86

Rechnen

43	Zahlensinn und Rechenschwäche	87
44	Veranschaulichung und Hilfsmittel	90
45	Zahlenstrahl	91
46	Papierauswahl	93
47	Rechenschritte automatisieren	94
48	Kopfrechnen vereinfachen	96
49	Musteraufgaben und Formeln	98
50	Mathematik	100

Andere Lernstrategien

51	Skizzen und Cartoons	101
52	Mind-Map	103
53	Laptops	105
54	Wiederholungen	106

Inhalt

In der Schule

Allgemeine Vorbereitungen
55	Informationsarbeit für die Schule	109
56	Schulkultur schaffen	110
57	Gestaltung des Klassenzimmers	111
58	Arbeitsplatz des Kindes	112
59	Zusammenarbeit	113

Konzentration
60	Wahrnehmung sicherstellen	114
61	Lernstil bei ADHS	115
62	Emotionale Bedingungen verbessern	116
63	Kurzzeitgedächtnis aktivieren	117
64	Langzeitgedächtnis wach halten	118
65	Pausenverhalten	119

Hyperaktivität
66	Bewegungsdrang	121
67	Ruhe und Aufmerksamkeit	122
68	Die rastlosen Finger	123
69	Geräusche und Lärm	124
70	Psychomotorische Förderung	126

Störendes Verhalten
71	Verzögern und Hinausschieben	127
72	Widerspruch und Opposition	129
73	Sozialer Übereifer	130
74	Ungehorsam und Co.	131

Weitere Aspekte

Hochbegabung
75	Die besondere Situation	134
76	Anzeichen für Hochbegabung	135
77	Förderung von Hochbegabung	137

Inhalt

Pubertät

78	Jungen und Mädchen	139
79	Freiheit und Verantwortung	141
80	Selbstständigkeit	142
81	Zeitmanagement	144
82	Unregelmäßiges Schlafen	145
83	Geld und Eigentum	146
84	Essgewohnheiten	148
85	Mediensucht	149
86	Rauchen und Alkohol	152
87	Gewaltbereitschaft	153
88	Polizeikontakte	154
89	Freund und ‚Kumpel'	155
90	Verliebt sein und Sex	157
91	Partnerschaften	158
92	Berufsausbildung	159
93	Therapiemüdigkeit	160

Für Eltern

94	Rollenverständnis	162
95	Konferenzen mit Schulen oder anderen Ämtern	164
96	Gesprächsführung	165
97	Ressourcen in der Familie	167

Für Lehrer

98	Widerstände	170
99	Arbeitskreise und Kooperation	171
100	Schule und Recht	173

Ausblick und Nachwort	176
Wichtige Adressen	178
Internet-Links	179
Literatur	181

Einleitung

Schwierige Kinder hat es immer gegeben, und alle Epochen hatten ihre Art und Weise, damit umzugehen. Heinrich Hoffmanns ‚Struwwelpeter' ist das erste, eingängige Beispiel, wie mit ‚unartigen' Kindern zu verfahren sei. Seine schwarze Pädagogik ist heute glücklicherweise überwunden. Doch was haben wir dem zeitgemäß entgegenzusetzen?

Schwierige Kinder sind meist unglückliche Kinder. Für ihr Unglück gibt es viele Ursachen, die für uns manchmal nicht leicht zu erkennen sind. Am wenigsten wissen die Kinder vom Hintergrund ihres Elends. Sie können ihre Probleme nie von selbst lösen. Tatsächlich ist gerade ihr schwieriges Verhalten der untaugliche Versuch, sich an den eigenen Haaren aus dem Sumpf zu ziehen.

Es bleibt also Aufgabe und Verpflichtung der an ihrer Entwicklung beteiligten Erwachsenen, nach dem Ursprung des Verhaltens zu forschen und praktische, – nicht nur theoretische – Lösungsstrategien auszuprobieren. Dabei finden wir Erwachsene uns oft selbst im Brennpunkt der Betrachtung wieder. Diese Beobachtung ist unbeliebt und folglich auch nicht allgemein akzeptiert. Jedoch ohne unsere Beteiligung kann das Schicksal der Kinder mit Konzentrationsproblemen nicht zum Besseren verändert werden.

Mangel an Konzentration kennt jeder an sich selbst. Das ist etwas ganz Natürliches. Kinder müssen erst lernen, sich zu konzentrieren. Dabei machen sie auch mal Pausen, oder sie haben im entscheidenden Moment keine Lust dazu, oder – auch das kommt vor – sie sind schlicht ungezogen und widersetzen sich. Um diese alltäglichen Situationen geht es in diesem Buch nicht. Wenn ich von unkonzentrierten Kindern spreche, meine ich notorisch unkonzentrierte Kinder, die zwanghaft unruhig sind, schnell vergessen, viel verlieren oder auch außergewöhnlich verträumt sind. Meist liegt eine bekannte psychiatrische Krankheit zugrunde, die nicht immer ADHS sein muss, obwohl dies die häufigste Diagnose bei diesen Symptomen ist.

Im ersten Abschnitt dieses Ratgebers werde ich deshalb darauf eingehen, wie bedeutsam der persönliche Einsatz aller Beteiligten ist, und welche Vorbereitungen zu treffen sind, ohne die ein Erfolg ausbleiben wird.

In den weiteren Abschnitten folgen die einzelnen Tipps, sortiert nach sozialen Bereichen und typischen Problemgruppen.

Das Aufmerksamkeit-Defizit-Hyperaktiv-Syndrom ist eine genetisch determinierte Veranlagung für unstetes, fahriges, schwer voraussagbares Verhalten, das übliche Erziehungserwartungen auf eine schwere Probe stellen kann. Umweltfaktoren scheinen, ebenso wie der Erziehungsstil, einen großen Einfluss auf das Ausmaß der Schwierigkeiten zu haben. Das ist bei genetischen Defekten kein Widerspruch, da die Funktion eines Gens von äußeren Bedingungen angestellt oder ausgeschaltet werden kann.

Einleitung

Um mit dem Problem ADHS umgehen zu können, muss man verstehen, dass dem ADHS eine besondere neurobiologische Funktionslage des Gehirns zugrunde liegt. Durch Unaufmerksamkeit, erhöhte Impulsivität und gelegentlich gesteigerte motorische Unruhe fallen diese Kinder auf. Dabei sind sie meist fröhlich und unbekümmert und fühlen sich wohl. Viele verlieren allerdings ihre Unbekümmertheit im Laufe der Jahre, und ein Drittel leidet zeitlebens an den Symptomen.

Nach neuen wissenschaftlichen Studien (2, 39) scheint nicht der Mangel an Aufmerksamkeit, sondern die Unfähigkeit zur Selbststeuerung ihres Verhaltens ausschlaggebend zu sein. Gestört ist die Fähigkeit, unmittelbare Reaktionen auf die momentane Situation einzustellen und Zukunftsperspektiven zu berücksichtigen. Das ADHS-Kind hat wenig Sinn für Zeit und Dauer, d. h. es kann nicht auf Erfahrungen der Vergangenheit und Erwartungen in der Zukunft zugreifen, um sich im Moment angemessen zu verhalten.

Folgerichtig ist ADHS heute kassenrechtlich als Krankheit anerkannt. Es ist aber auch möglich, ADHS anthropologisch oder psychologisch als Normvariante zu betrachten und sich auf dieser Grundlage darauf einzustellen und damit zu leben.

Zusätzlich führen die Reaktionen aus der Umgebung der Kinder zu einer Verschlechterung ihres Selbstwertgefühls, zu sozialer Isolation und zu einem letztendlich gestörten Weltbild. Darunter leiden diese Kinder sehr. Sie entwickeln sich insgesamt langsamer und anders als erhofft. Sie sind außergewöhnlich sensibel und überraschen uns mit ihren Reaktionen. Diese Kinder sind nicht bösen Willens, sie würden gerne anders sein, verstehen aber nicht, wie sie das anstellen können. Deshalb brauchen diese Kinder unsere Hilfe.

ADHS ist nicht heilbar, aber mit allen zur Verfügung stehenden Verfahren gut behandelbar. Die Kinder selbst, besonders die jüngeren, haben in der Regel keinen Behandlungswunsch. Sie fühlen sich wohl und verstehen nicht, warum die anderen so ‚komisch' sind.

Auch mit diesem Ratgeber in der Hand darf man sich die Behandlung nicht einfach und schnell vorstellen. Jeder Behandlung muss eine eingehende Besprechung der Lebensumstände des Kindes und seiner Familie vorausgehen, bei der auch die Verbesserungsmöglichkeiten im Leben der Familie geklärt werden sollten. Es muss über die Beziehungsebenen der Eltern zu diesem Kind gesprochen werden. Ein Plan für die Behandlung und ihre Ziele sollten in der Regel schriftlich festgelegt werden. Ziel jeder Behandlung von ADHS ist es, die Folgen des störenden Verhaltens der Kinder zu minimieren oder sie gar zu vermeiden.

Erste Maßnahmen stellen Aufklärung, psychoedukative Beratungen und Elterntraining dar. Konzentrationsübungen und Denksport haben wenig Effekt, bessere Ergebnisse erzielt Selbstsuggestion, die ich aber in diesem Ratgeber nicht behandle, weil sie in die Hand professioneller Therapeuten gehört.

Einleitung

Der Einsatz von Medikamenten ist nicht zwingend erforderlich, aber in vielen Fällen wünschenswert und in wenigen unumgänglich, um Beratung und Training überhaupt erst möglich zu machen. Es geht auch ohne Medikamente, doch viel langsamer. Oft wird die Aussicht auf Erfolg durch den immer größer werdenden Entwicklungsunterschied zu Gleichaltrigen, durch die Lerndefizite und durch die zunehmenden sozialen Probleme aufgehoben.

Wer die allgemeinen Hintergründe studieren möchte, aus denen meine Empfehlungen hervorgegangen sind, dem empfehle ich das Studium von Fachbüchern über ADHS (1, 6, 10, 31, 67, 69) und insbesondere über Kinderpsychologie (40, 46), Verhaltenstherapie (3) und Lernpsychologie (33, 39, 77, 80).

Eltern und Lehrer erleben sich mit ADHS-Kindern oft in Situationen, in denen plötzlich auftretende Gefühle von Wut und Ärger sie zu Reaktionen verführen, die ihnen rückblickend peinlich sind und für die sie sich später schämen, aber selten entschuldigen. Um dies zu vermeiden oder zumindest zu verringern, werden in diesem Buch auch scheinbar banale Alltagsprobleme aufgegriffen. Nach unserer Erfahrung entzünden sich die Launen und Wutausbrüche der Kinder gerade an diesen Kleinigkeiten.

Die Arbeit mit ADHS-Kindern erfordert Zeit, Geduld und Energie. Wer sich diesen Einsatz nicht zutraut oder sich aus anderen Gründen nicht so stark involvieren lassen möchte, wird nur an der Oberfläche der Verhaltensstörungen herumkratzen. Gewiss, jeder hat das Recht, sich zu distanzieren, doch damit verliert er auch den Anspruch, ‚Normalität' und Wohlverhalten einzufordern. In diesem Spannungsfeld von Aufgabe und Einstellung, dem obendrein noch eine fest etablierte Machtstruktur zugrunde liegt, wird das schwierige Kind ausgemustert und sozial ausgegrenzt und seine Familie diffamiert.

Beim Schreiben bin ich von dem Gedanken geleitet worden, das Familienleben wieder freudvoller und entspannter werden zu lassen, das Lernen wieder lustvoller und erfolgreicher zu gestalten, auch wenn die Schwierigkeiten der Kinder nicht gänzlich aus der Welt geräumt werden können.

Grundsätzliche Gedanken

Die Tragödie hinter ADHS

Die Schwierigkeiten, die ADHS-Kinder selbst haben, sind die eine Seite der Medaille. Die andere Seite zeigt all die kritischen Punkte, die die Umgebung mit der Erkrankung haben kann.

Machtkampf vs. Erziehung Das Verhalten vieler ADHS-Kinder ist so widerspenstig und konsistent, dass ‚übliche' korrigierende Erziehungsmaßnahmen wirkungslos bleiben. So entsteht auf dem Boden von Hilflosigkeit und Ohnmacht ein Machtkampf zwischen Eltern und Kind. Einerseits erzeugt Konsequenz an haltenden Widerstand, andererseits führt Nachgiebigkeit zu gesteigerten Forderungen. Die Ausweglosigkeit eskaliert oft in Gewalttätigkeiten. Ein Teufelskreis aus Feindseligkeiten zerstört schließlich alle familiären Bande.

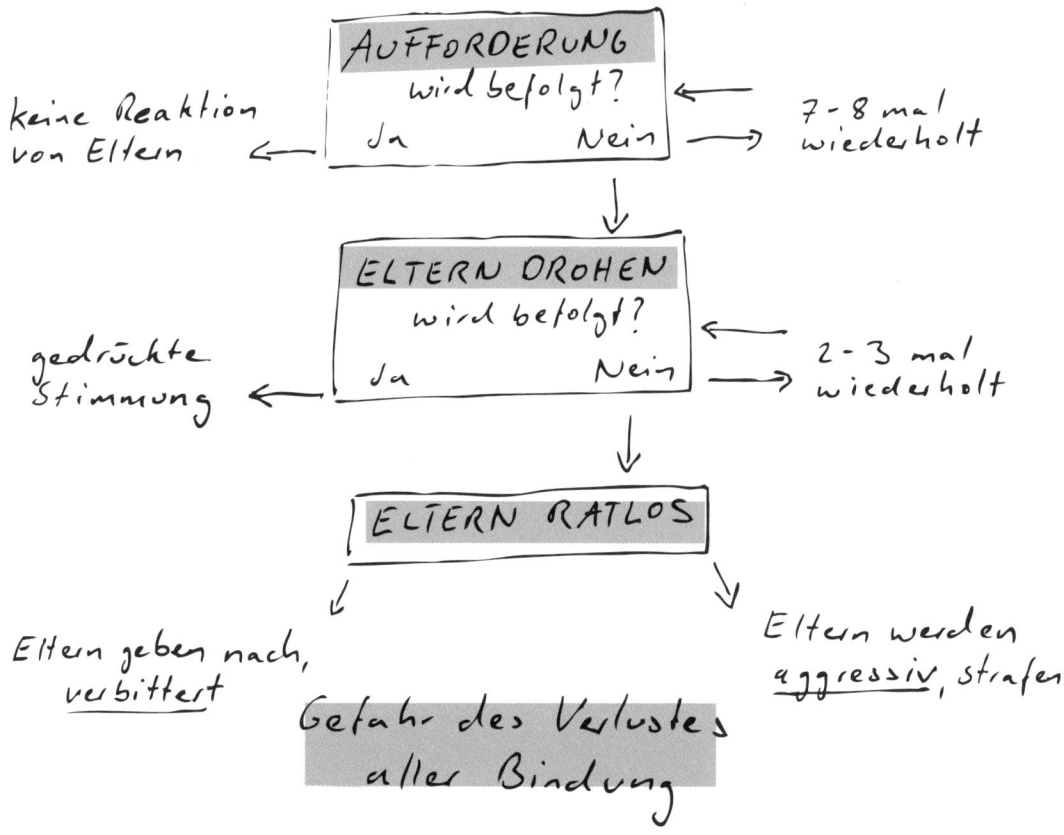

Frauenschicksal Auch im 21. Jahrhundert sind es die Mütter, die die Familien emotional zusammenhalten. So tragen sie die größte Belastung, wenn Kinder mit psychischen Erkrankungen in der Familie sind. Die Mutter muss die meisten unangenehmen Kontakte ertragen: 71% allen Nörgelns und Jammerns und 56% aller aggressiven Akte landen bei ihr (49). Väter geben sich eher wie verlegene ‚Gäste' und halten sich aus den Konflikten heraus. Die Probleme eskalieren bis zum Unerträglichen. Zum Selbstschutz achten die Eltern allmählich immer weniger auf das ungezügelte Verhalten ihres Kindes. Eventuell hören sie überhaupt auf, die Störungen wahrzuneh-

Grundsätzliche Gedanken

men. Eine solche ‚Anpassungsblindheit' ergreift alle Bereiche der Familie. Schließlich wissen die Eltern nicht mehr, was ihr Kind tut, wo es sich aufhält und mit wem es verkehrt. Und das Kind ist in dieser Entwicklung elternlos geworden; eine verheerende Lage (45).

Diese Entwicklung belastet den Einzelnen und die Gemeinschaft weit mehr als das widerborstige Verhalten unruhiger und unkonzentrierter Schüler. Es geht also bei der Behandlung dieses Themas nicht allein um die Unterstützung von Einzelschicksalen oder gar nur um die Korrektur von verkorksten Schulkarrieren, sondern um das Verständnis sehr komplexer Zusammenhänge einschließlich unerwarteter Selbsterkenntnis.

Selbsterkenntnis als Voraussetzung

Das Elend nistet tiefer, als das auffällige Verhalten zeigt.

Ein Coach sein

Kinder mit ADHS sind in Gesellschaft ständig mit Schwierigkeiten konfrontiert, die sie selbst nicht lösen können. Sie brauchen einen freundschaftlichen, unerschütterlichen Führer. Das bedeutet aber nicht einen Kumpel, der nichts fordert und alles nachsieht; auch nicht eine schützende Hand, die alles entschuldigt.

Eltern werden zu oft von Schuldgefühlen und Versagensängsten geleitet. Lehrer fühlen sich oft vom Schulrecht, dem Lehrplan und der Hausordnung in ihrer pädagogischen Kreativität eingeengt.

In Bezug auf ADHS-Verhalten sind die Erziehungserwartungen oft unrealistisch, unflexibel und zu perfektionistisch. Das Elternhaus ist über seine Erziehungsmöglichkeiten schlecht unterrichtet. Ziel aller Beratungsgespräche muss also folglich eine Änderung dieser Bedingungen sein.

Alle Beteiligten müssen verstehen, dass sie keine Schuld an der durch ADHS bedingten Situation tragen und auch niemandem Schuld zuweisen können. Betreuer von ADHS-Kindern müssen das Gefühl haben, mit dem Kind in einem Team zu sein. Wichtig ist eine Haltung unter dem Motto: „*Wir werden es schaffen, wenn wir uns gemeinsam Mühe geben.*" Dieses Gemeinschaftsgefühl sollte nicht von wohlwollender Toleranz und Überlegenheit genährt werden, sondern vielmehr von gegenseitigem Respekt vor dem bestehenden Problem und der Zuversicht, eine Lösung finden zu wollen.

ein Team bilden

Erziehung ist für Eltern und Lehrer nicht die Aufgabe, jemanden irgendwohin zu ziehen. Stattdessen sind sie vorausschauende Mitstreiter, die allerdings nicht mit ‚in den Ring steigen' müssen, die aber immer präsent sind. Ihre körperliche Präsenz wirkt sich auf die gesamte Situation aus. Ihre Rolle ist die des Coachs und ähnelt der des Lotsen auf einem Schiff oder eines

Dirigenten vor einem Orchester. So wie man lernen kann, Lotse oder Dirigent zu sein, kann man auch lernen, ein Coach zu werden. Man muss dazu allerdings einiges an althergebrachten Ansichten abstreifen und einiges an neuen Möglichkeiten ausprobieren. Es geht also auch darum, auch an sich selbst kritische Fragen zu stellen und Antworten zu erarbeiten – nicht immer einfach, aber möglich! – Es gibt genug wissenschaftlich erprobtes Material [3, 12, 13, 36] und gut ausgebildete Berater. Wie bei allen Lernprozessen braucht es Zeit und Übung.

Lassen Sie sich nicht sofort entmutigen!

Wie wird man ein Coach? Was muss man bedenken?
Drei Voraussetzungen sind zu erfüllen:

1. Sie müssen **körperlich anwesend sein**. Über das Telefon oder durch die offene Zimmertür können Sie nicht coachen.
2. Sie müssen **sich Zeit nehmen**. Es muss gar nicht viel Zeit sein, doch die Zeit muss eine hohe Qualität für das Kind und letztlich auch für Sie haben. Sie sollte eindeutig verabredet sein und immer eingehalten werden. Störungen sollten vermieden werden. Wertfreie Zeit könnte am Anfang stehen. Sie verfolgen keine bestimmte Absicht, sondern sind ganz auf die Bedürfnisse des Kindes eingestellt.
3. Sie müssen **sich selbst kennen** und Ihre Fähigkeiten richtig einschätzen. Dazu ist es oft günstig, Aufzeichnungen zu machen und Pläne zu formulieren, die man gelegentlich nachlesen oder besprechen kann.

Im Einzelnen können die folgenden Empfehlungen übernommen werden. Nehmen Sie sich Zeit dafür: Rom wurde auch nicht an einem Tag erbaut. Aber bleiben Sie dran!

Ein guter Coach
- stellt niemals bloß,
- ist freundlich und nimmt zunächst Blickkontakt auf,
- formuliert Anforderungen und Fragen einfach,
- gibt immer nur eine Aufgabe auf einmal,
- überwacht die Zeit (Uhr !),
- nimmt Ablenkendes (wortlos) weg,
- weiß, dass er missverstanden worden sein kann,
- nörgelt nie,
- führt Absprachen immer direkt durch,
- hilft Ziele zu stecken,
- ist zugewandt und ermutigend,
- bleibt seiner Linie treu,
- beherrscht die **20 Regeln des Verhaltensmanagements.**

Grundsätzliche Gedanken

20 Regeln des Verhaltensmanagements:
1. ankündigen,
2. nicht auf Beschwerden eingehen,
3. Kritik nur im Hier und Jetzt,
4. nicht über Kleinigkeiten ärgern,
5. Anstrengungsbereitschaft bewerten,
6. das richtige Maß an Anforderung finden,
7. bei Erregungssteigerung helfen,
8. festsetzen, welches Verhalten erwartet wird,
9. nonverbal korrigieren,
10. wenn ‚Lautwerden' unumgänglich, sachlich bleiben,
11. keine Übertreibungen,
12. bei Geschwisterstreit kein Petzen zulassen,
13. im Eklat ‚Auszeit' (vorher vereinbaren) {16},
14. kein ‚Nachhaken',
15. erst Positives, dann notwendige Kritik,
16. schriftliche Kommunikation,
17. Jugendliche als Partner ansehen,
18. auch Jugendliche nehmen Eltern als Vorbild,
19. Angriffe nicht persönlich nehmen,
20. Humor wirkt Wunder.

Ein Coach weist den Weg, ohne zu befehlen; er schaut voraus, ohne Angst zu machen. Am Ende teilt er den Erfolg im Stillen oder leidet mit, ohne zu klagen.

Denk auch an Dich!

Um die Kraft und Weisheit zu haben, für einen Anderen denken und planen zu können, also ein Coach zu sein, darf man nicht unachtsam mit sich selbst umgehen. Leider ist die Realität in vielen Familien mit ADHS völlig anders. Die Schwierigkeiten scheinen die elterlichen Seelen aufgefressen zu haben. Besonders die Mütter sind oft nur noch ein Schatten ihrer selbst. Ihre persönliche und eheliche Zufriedenheit hat deutlich abgenommen (45), sie leiden zunehmend unter Ängsten und Depressionen.

Auch in den Schulen ist die Stimmung in Klassen mit ADHS-Kindern oft düster. Eltern wollen ihre ‚normalen' Kinder umschulen und von manchen Lehrern hört man, sie litten an ‚Burnout'. Niemand hat sich eine solche Lage gewünscht. Wie konnte das trotzdem geschehen?

Grundsätzliche Gedanken

"Ich bin wichtig. Auf mich kommt es an."

Die zersetzende Kraft eines unaufmerksamen, unruhigen und impulsiven Verhaltens, das sich ohne Scham und Reue trotz aller Korrekturversuche ständig wiederholt, wird von den meisten Menschen unterschätzt. Es treten widerstreitende Gefühle auf. Einmal wünscht man sich den Problemmacher weg und ein andermal möchte man ihn an sich drücken und gegen die feindliche Welt in Schutz nehmen. Beides geht nicht, wie man merkt, und das erzeugt Stress.

Zu diesem emotionalen Stress gesellen sich dann noch Selbstzweifel und gesellschaftliche Vorhaltungen. Die Selbstzweifel werden vor allem durch irrationale Gedanken und destruktives Grübeln geschürt.

Klären der eigenen Gefühlslage

Dieses Durcheinander in der Seele muss geklärt werden, wenn man jemandem helfen will, der so stark auf unsere Hilfe angewiesen ist wie ein ADHS-Kind. Der erste Schritt besteht darin, sich selbst wichtig zu nehmen. Nur wenn mir meine eigene Persönlichkeit wichtig ist, bin ich in der Lage, einem anderen etwas von meiner Stärke zu geben.

In dem zweiten Schritt sollten Sie überlegen, was Ihnen persönlich wirklich wichtig ist. Machen Sie das unbedingt schriftlich und verwahren Sie Ihre Aufzeichnungen gut. Sie werden in der Zukunft für Sie eine große Bedeutung bekommen.

Beginnen Sie mit einer Liste wahlloser Ideen, die Sie nach und nach ergänzen können. Wenn Ihnen nach dem ersten Schwung nichts mehr einfällt, starten Sie mit der zweiten Liste, auf der Sie Ihre augenblickliche Priorität festlegen. Hiernach machen Sie sich auf einer dritten Liste einen Plan zur Verwirklichung Ihrer Ziele.

Besprechen Sie nun mit allen Beteiligten, was Sie vorhaben und wie wichtig es Ihnen ist. Bitten Sie um Unterstützung, aber lassen Sie sich nicht von Ihrem Weg abbringen. Sie wissen ja, dass Ihr Wohlergehen letztendlich auch den anderen Vorteile bringt.

---

1. Was ist mir wirklich wichtig ?

a) _____
b) _____
c) _____
d) _____
etc. _____

---

2. Was kommt zuerst?

1) _____
2) _____
3) _____
4) _____
5) _____

Übernehmen Sie sich nicht!

Grundsätzliche Gedanken

> *Ich mache!*
> *Ziel:* _____
> _____
> *Wann:* _____
> *Wo:* _____
> _____

Beispiele: Sport treiben, Ausgehen, Freunde treffen, Friseur und Wellness, alte Hobbys aufnehmen, Musizieren oder im Chor singen etc.

Jede Idee, die Ihnen kommt, sollten Sie niederschreiben. Es gibt nichts, was nicht erlaubt ist. Die Durchführbarkeit ist dabei kein Kriterium für deren Zulassung. Es geht eben auch um Ihre geheimen Wünsche – deshalb sollte diese Niederschrift vertraulich behandelt werden. Sie ist etwas ganz Persönliches.

Die ganz persönlichen Wünsche haben hier den Vorrang. Doch sollte es gelingen, den Partner mit einzubeziehen, kann es für Sie einen noch größeren Effekt haben.

Wenn Sie nun mit sich selbst einen guten Schritt vorangekommen sind, ermitteln Sie Ihr individuelles Stressprofil, das Ihnen Ihre empfindlichen, aber auch Ihre starken Seiten aufzeigen kann.

„Ich muss an mich denken: eigene Prioritäten setzen."

Die Auswertung des Stressprofils auf der nächsten Seite ist einfach:

Zählen Sie die Punktwerte aller Antworten zusammen und teilen Sie diese Summe durch 29, der Anzahl der Fragen. Diese Durchschnittszahl stellt Ihre mittlere Belastbarkeit dar. Die absolute Größe dieser Zahl sagt gar nichts aus und sollte deshalb auch nicht mit anderen Personen verglichen werden. Alle über dem Durchschnitt liegenden Antworten zeigen Ihnen Ihre Stressbereiche, alle niedriger bewerteten Stichpunkte sind Bereiche, in denen Sie mit Belastung ganz gut umgehen können. Machen Sie sich diese Stärken ebenso bewusst wie die Bereiche, an denen Sie nun arbeiten wollen.

Auswertung des Tests

Stress mit Problemen, ein ADHS-Kind betreffend, sind absichtlich nicht in die Liste aufgenommen worden. Das hätte Ihr persönliches Stressprofil nur verzerrt. Machen Sie sich selbst eine Liste, was Sie in diesem Zusammenhang stresst und was Sie schon gut managen.

Machen Sie sich klar, wie Stress auf Sie wirkt. Was spüren Sie körperlich, wie verändert er Ihre Stimmung? Wie viel Stress können Sie gut ertragen? Brauchen Sie vielleicht sogar etwas Stress, um sich aktiv zu fühlen? Wie ist Ihnen zumute, wenn Sie ausgeglichen und im Lot sind? Wie werden Sie nun mit dem unangenehmen Stress fertig, der Sie schwitzen lässt, Kopfweh oder Bauchschmerzen macht, zu Herzstichen führt und Sie müde und kraftlos macht? Es gibt zwei Möglichkeiten, Stressreaktionen günstig zu beeinflussen. Entweder man meidet die Hauptstressfelder oder man setzt seine eigenen Stärken und Antistressoren dagegen.

Kreuzen Sie in der folgenden Tabelle an, wie zutreffend die jeweiligen Aussagen sind und erstellen Sie so Ihr persönliches Stressprofil.

Mein Stressprofil

	trifft nicht zu								trifft zu
Punkte	-4	-3	-2	-1	0	1	2	3	4
ich erreiche meine persönlichen Ziele.									
Ich bin gesund.									
Meine Partnerbeziehung ist erfüllend.									
Wir haben gemeinsame Zeit.									
Meine Beziehung zu Kindern ist gut.									
Meine sozialen Beziehungen sind ausgeprägt.									
Anerkennung und Bestätigung sind mir wichtig.									
Ich habe Hobbys und Interessen.									
Ich kann gut mit Zeit umgehen.									
Ich habe gute Beziehungen zur Nachbarschaft.									
Ich telefoniere gerne.									
Krisen gibt es bei mir nicht.									
Meditation und Entspannung gelingen mir.									
Ich habe Sinn für Humor.									
Ich pflege im Allgemeinen Kommunikation.									
Ich treibe aktiv Sport.									
Ich schlafe meistens gut.									
Um mein Gewicht mache ich mir keine Sorgen.									
Alkohol trinke ich nur selten.									
Mein Tabakkonsum ist niedrig.									
Ich habe mich stets unter Kontrolle.									
Entscheidungen fallen mir meist leicht.									
Ich habe keine Schuldgefühle.									
Bei mir muss nicht immer alles perfekt sein.									
Ich bin sehr durchsetzungsfähig.									
Wut und Ärger sind mir fremd.									
An neue Situationen passe ich mich leicht an.									
Ich habe ein gutes Selbstwertgefühl.									
Meine Lebenseinstellung ist überwiegend positiv.									

Grundsätzliche Gedanken

Schließen Sie mit sich einen schriftlichen Vertrag.
Legen Sie sich eine Antistress-Karte an.

Meine Antistress-Karte	
Mir tut gut:	*Ich mach es am:*
_____	_____
_____	_____
_____	_____
_____	_____

Antistressoren sind meist leicht durchführbare Maßnahmen, die die Ausschüttung von Stresshormonen vermindern oder sogar bereits ausgeschüttete Stresshormone neutralisieren können. Dazu gehören:

- Sport und Bewegung
- Tanzen und Musizieren
- Yoga und Meditation
- sich Zeit nehmen (Qualitätszeit)
- Autogenes Training und Entspannungsübungen
- Lesen und Malen
- Handarbeiten und Gärtnern
- angenehme Gedanken und gezielte Ablenkung
- eigenen Prioritäten folgen
- Aufgaben delegieren
- Sammeln positiver Ereignisse und Erlebnisse

Diese Veränderungen in Ihrem Leben müssen nicht im Stillen geschehen. Zeigen Sie Ihre Freude, das macht sie doppelt wertvoll. Und sprechen Sie darüber. Sie werden viele froh machen, denn ein stressfreies Leben möchte jeder haben.

Stress ist nichts Schlechtes, er soll jedoch nicht die Gedanken vernebeln und die Hände binden. Das Ausmaß an Stress können Sie mit einiger Übung selbst bestimmen.

Die Macht der Gedanken

Nicht nur äußere Stressoren beeinflussen unser Handeln, sondern auch eine Vielzahl innerer Vorgänge. So muss noch etwas zu der Kraft unserer Gedanken gesagt werden.

Der Mensch ist beides, ein rationales, zielorientiertes und gleichzeitig ein irrationales Wesen. Das ist schwer zu verstehen, weil wir meist nur dem rationalen Anteil eine Bühne zugestehen. In einem Modell kann man die Zusammenhänge folgendermaßen erklären: Wenn wir ein Ereignis wahrnehmen, wird es in unserem Kopf sofort erklärend und interpretierend bearbeitet. Gleichzeitig wird es bewertet und unseren Erwartungen zugeordnet. Die Ergebnisse werden – fast zeitgleich – unsere Gefühlslage einstimmen und unser Verhalten vorbereiten. Wenn vom inneren Dialog des Gehirns keine Widersprüche kommen, handeln wir, wie es nach diesem bereitgestellten Programm unseres Verhaltens vorgesehen ist.

rational vs. irrational

Nun kommt es aber aus den Tiefen unseres Unterbewusstseins sehr oft zu Einsprüchen, sodass unser Handeln nicht immer so eindeutig ausfällt. Wir besitzen alle irrationale Gewissheiten, die mehr oder weniger wirksam sein können. Sentenzen wie diese:

- Das darf doch nicht wahr sein!
- Das kann ich nicht aushalten/machen!
- Das gibt es doch gar nicht!
- Ich kann das nicht sehen/zulassen!
- Dafür bin ich zu schlecht/schwach!
- Die machen sowieso, was sie wollen!
- Das geht nicht, alle schauen her!
- … und vieles mehr, was wir für ‚wahr' halten.

eigenes Handeln kontrollieren

Überprüfen Sie ganz sorgfältig, wie auch Sie bei der Entscheidungsfindung und beim Handeln durch solche inneren Stimmen bearbeitet werden. Sie müssen ihnen nicht ausgeliefert sein. Es gibt Maßnahmen dagegen, z. B. eine Form der Psychotherapie, die Rational-emotive Therapie (RET nach Ellis) (19). Mit viel Selbstdisziplin und einiger Erfahrung in Meditation können Sie ebenso lernen, sich selbst zu beobachten und zu korrigieren.

Das Prinzip sieht also so aus: Auslösende Ereignisse treffen auf vorgefasste Überzeugungen und lösen emotionale Konsequenzen aus und führen so zu unerwünschtem Verhalten.

Grundsätzliche Gedanken

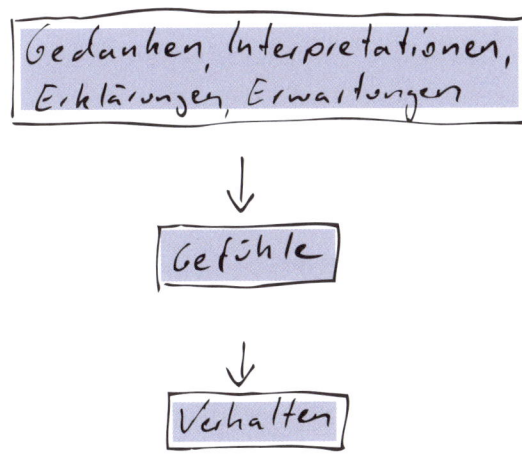

Was ist zu tun?
- Besprechen der irrationalen Überzeugungen – in der Form eines inneren Monologs,
- die Irrationalität erkennen,
- neue, hilfreiche Überzeugungen aufbauen,
- anders fühlen lernen,
- sich die Gegenfrage stellen,
- nach positiven Antworten suchen.

Mit einem geeigneten RET-Therapeuten führt dies Verfahren relativ schnell zum Erfolg. Aber vertraute Gespräche mit einem guten, einfühlsamen Freund über die eigene Irrationalität können auch weiterhelfen.

Eine besondere Form des irrationalen Denkens ist das sorgenvolle Grübeln. Dieses Denken kreist um Selbstvorwürfe, Zweifel und verpasste Gelegenheiten und gelangt dabei zu keiner Lösung. Krampfhaftes Grübeln nach einer Lösung verhindert die Lösung!

Wenn Sie dazu neigen, müssen Sie die Spirale des kreisenden Denkens durchbrechen, um weiterzukommen. Oft ist ein willentlicher Stopp-Befehl notwendig. Dieser muss aber eingeübt werden. Aktive Ablenkungen aller Art sind hilfreich, ebenso bewusstes, konstruktives Denken über ein klares, eindeutiges Thema, z. B.: Was können wir am Wochenende machen? Wo will ich im nächsten Urlaub hinfahren? Was kann ich meinem … zum Geburtstag schenken?

Stopp-Befehl

In diesem Zusammenhang werden wir später die Rolle der gesellschaftlichen Dogmen und Einflüsterungen darstellen.

Das Zusammenleben mit zerstreuten Kindern, besonders wenn sie von ADHS betroffen sind, führt oft zu abwegigen Gedanken.

Die Bedeutung unserer Erwartungen

Selten gehen wir ganz unvoreingenommen an eine neue Situation heran, wie z. B. an die Einschulung oder einen Klassen- oder gar Schulwechsel. Wir haben immer eine gewisse Erwartung. Erwartungen werden sowohl von gesellschaftlichen Ansprüchen als auch von unseren Gefühlen und unserem Wissen geprägt. So bestimmen Erwartungen unsere momentane Aufmerksamkeit.

Besonderheit des ADHS-Kindes

Ein Kind mit ADHS-Verhalten erfüllt nicht unsere Erwartungen, weil es nicht in die Bezugsgruppe passt (60). Es ist einfach anders, nicht etwa dümmer, unfreundlicher, schlechter erzogen oder böswilliger (26). ADHS-Kinder wirken auf uns jünger, verspielter, unruhiger und flüchtiger. Wichtig für unsere Erwartung ist, wie wir davon angesprochen werden. Tatsächlich sind sie in ihrer gesamten Entwicklung hinter ihrer Altersgruppe deutlich zurückgeblieben (2, 63). Zusätzlich sind ihre Koordination und ihre Wahrnehmungsverarbeitung gestört (77). Sie nehmen oft soziale Signale nicht oder sehr verspätet wahr, bewegen sich ungeschickt und ecken deshalb immer wieder an. Mit solchem Auftreten haben sie sich keine Freunde gemacht und sind das Ziel von Spott und Herabwürdigung. Was sie so verletzlich macht, sind:

- allgemeine Entwicklungsverzögerung, oft um 30% des chronologischen Alters
  (Ein Sechsjähriger wirkt wie ein Vierjähriger.)
- sensomotorische Wahrnehmungsstörungen, z. B. Ungeschicklichkeit {60}
- psycho-soziale Benachteiligung, z. B. Ablehnung, Isolierung, Verachtung

Natürlich haben auch ADHS-Kinder Erwartungen. Diese sind bei Neuem in der Regel mit Angst besetzt und von Unlust gekennzeichnet. Die Kinder fühlen sich in solchen Situationen hilflos ausgeliefert und ohnmächtig, sie überspielen das oft mit besonderem Übermut, aber auch mit vermehrtem Rückzug (26).

Erwartung wird durch Wissen korrigiert. Wir sind so vor Enttäuschungen geschützt und können unser Handeln viel adäquater einstellen.

Sonderrolle des Kindes

Eltern müssen ihrer ganzen Familie gerecht werden. Lehrer sind ihren pädagogischen Vorstellungen und dem geltenden Schulrecht verpflichtet. Und Ärzte müssen die Bedürfnisse aller Patienten in einem engen zeitlichen und wirtschaftlichen Rahmen sicherstellen. ADHS-Kindern kann und soll in diesen Konzepten deshalb keine ‚Star'-Rolle eingeräumt werden; trotzdem ist es notwendig, auf sie zwar individuell, aber angemessen einzugehen. Dies ist kein Widerspruch in sich. Das ADHS-Kind spielt für die Betreuer sehr wohl eine Sonderrolle, nicht aber in der Gruppe. Dort soll es bestenfalls auf stillschweigendes Verständnis treffen.

Das Prinzip der notwendigen Gleichbehandlung oder das Fairnessgefühl scheinen manchmal verletzt. Die Erwartung, alle Kinder gleich behandeln zu können, ist trügerisch. Nicht einmal gegenüber Zwillingen gelingt das. Wir machen immer gerechte Unterschiede,

Grundsätzliche Gedanken

denn man kann nur Gleiche gleich behandeln. So hat jeder in der Familie seinen eigenen Platz, und in der Schule hat jeder Anspruch auf eine differenzierte Unterrichtung. Das Schulgesetz sieht dabei für benachteiligte Kinder einen Nachteilausgleich vor. Diese Maßnahmen sind nicht immer leicht durchzusetzen, stellen aber eine Erwartung dar, die Kinder haben dürfen.

Erwartungen sind selten realistisch. In der Annahme, etwas Positives zu tun, werden sie meist zu hoch gesteckt.

Verbündete finden

Lukas hat eine lange Vorgeschichte voller Enttäuschungen und Misserfolgen. Nun konnte er dazu gewonnen werden, an einem Jugendtreffen teilzunehmen, das ein Sommercamp auf einer Nordseeinsel plante. Er hat alle Vorbereitungen und auch das Camp selbst durchgehalten und war wie ausgetauscht. Befragt, was denn das Beste gewesen sei, kam, wie aus der Pistole geschossen: „Der gute Zusammenhalt! Niemand hat uns beleidigt oder runtergemacht!".

Im **Kindergarten** hat in den vergangenen Jahren viel Überzeugungsarbeit zu einer realistischeren Einschätzung der Probleme mit ADHS geführt. Allerdings müssen ADHS-Eltern und Betreuer auch verstehen, dass diese Einrichtungen die Freiheit und Ordnung anderer Kinder zu wahren haben. In vielen **Sportvereinen** trifft man auf meist jugendliche Trainer, die mit diesem Problem sehr einfühlsam umgehen können und eine gute Sportdisziplin erreichen. Pädagogische Vorstellungen und mögliche Ordnungsmaßnahmen in **Schulen** sollten offen dargestellt werden. Meinungsunterschiede werden nicht immer auszuräumen sein. Dadurch entstehen neue Konfliktfelder. Im Folgenden sollten die Eltern von ADHS-Kindern auf ihrem Standpunkt beharren:

Verständnis

- Das störende Verhalten der Kinder ist ein Krankheitszeichen, nicht ein Charakterfehler oder böser Wille.
- Sie sind entwicklungsverzögert. Sie brauchen einen differenzierten Unterricht und eine angemessene Verhaltenstherapie.
- Alle Maßnahmen müssen verhältnismäßig sein und auf die Verhaltensstörung, nicht auf die Persönlichkeit des Kindes zielen. Die Maßnahmen dürfen nicht lächerlich machen und entwürdigen.
- Bestrafungen sollten die extreme Ausnahme bleiben und müssen dem Kind immer langfristig angekündigt sein.
- Ausschlüsse von Veranstaltungen oder Entfernungen aus der Einrichtung sind allein wegen ADHS-Verhaltens nicht gerechtfertigt.

Leider werden Sie nicht immer auf offene Ohren treffen; so findet man doch noch – meist höhere – Schulen, die sich stolz als ‚ADHS-freie Zonen' bezeichnen. Allerdings haben **Universitäten** besondere Tutoren für ADHS-Studenten geschaffen, die dort mit gutem Erfolg Unterstützung anbieten.

In vielen **Jugend-Einrichtungen** gibt man sich mit den ADHS-Kindern viel Mühe und hat gute Erfolge vorzuweisen.

Beim **Jugendamt** kann man unter Umständen auch Hilfe erhalten, auch wenn die Zusammenarbeit wegen der amtlichen Formalitäten nicht ganz einfach ist. Alles Nähere regelt das Kinder-Jugendhilfe-Gesetz (KJHG) im Sozial-Gesetzbuch IV (SGB IV) [49], (79).

- Auf Antrag der Eltern kann **Hilfe zur Erziehung** gewährt werden.
- Oder auch über **Eingliederungshilfen** entschieden werden.

Diese Unterstützungen können sowohl in der Familie als auch in heilpädagogischen Gruppen stattfinden. Sogar Therapien sind vorgesehen.

Therapien und Förderschulen

Aus Kostengründen ‚helfen' einige Jugendämter den Kindern auf Förderschulen. Das ist keine Eingliederungshilfe, deshalb sind sie nach dem Gesetz dazu auch nicht berechtigt. Sie sichern sich aber über die Zustimmung der Eltern ab. ADHS-Kinder sind dort oft falsch platziert und bekommen dort keinen angemessenen Unterricht {100}.

Aus dem Kinder- und Jugendhilfe-Gesetz:

- §27 Hilfe zur Erziehung:
  – Eltern haben Rechtsanspruch auf Gewährung geeigneter Hilfe, wenn Bedarf vorliegt und Hilfe notwendig ist.
  – Antrag der Eltern, kein ärztliches Gutachten
- Verfahren nach §36 KJHG, keine Schuldzuweisung
- §29 Soziale Gruppenarbeit, Hort, Schule
- §31 Sozialpädagogische Familienhilfe
- §32 Erziehung in der Tagesgruppe
- §35a Eingliederungshilfe (seelische Behinderung)
  – Gutachten erforderlich
  – Lerntherapie, Psychotherapie, Familientherapie

Rechtsansprüche fallen einem nicht in den Schoß. Sie müssen beantragt und im Zweifelsfall mit juristischen Mitteln erkämpft werden. Das liegt nicht jedem, und es ist aufwendig. Doch manchmal führt kein Weg daran vorbei, wenn man berechtigterweise staatliche Hilfen in Anspruch nehmen möchte / muss.

Grundsätzliche Gedanken

Bei den **Elternselbsthilfegruppen** finden Eltern das größte Verständnis, Trost und manchmal emotionale Kraft, in den Bemühungen um das ADHS-Kind nicht nachzulassen. Die regionalen Selbsthilfegruppen sind locker organisiert und meist kostenfrei. Anschrift oder Telefonnummer finden Sie über den Kinderarzt, den Sozialdienst der Gemeinde oder bei anderen Betroffenen. Diese Selbsthilfegruppen sind mit den lokalen Verhältnissen gut vertraut. Sie haben Erfahrung, bei welchem Kinderarzt man auf ein offenes Ohr stößt, welche Kindergärten sich besonders Mühe geben, mit welchen Mitarbeitern des Jugendamtes man sein Anliegen am ehesten löst. Bei Schwierigkeiten mit der Schule wissen sie Rat. Wenn das ADHS-Kind an die Sonderschule überwiesen werden soll, wissen sie, wie man am besten reagiert. Bei Behördengängen ist die Begleitung durch andere, erfahrene Eltern eine große Hilfe.

soziale Unterstützung

Manchmal sind guter Rat und freundschaftliche Unterstützung nicht ausreichend. Dann ist juristische Unterstützung notwendig. Wen man dafür vor Ort engagiert, weiß die Selbsthilfegruppe. Überregionale Kanzleien kann man im Internet finden [29].

Überregionale Zusammenschlüsse veranstalten Fortbildungen und Erfahrungsaustausch. Seit einigen Jahren gibt es eine einheitliche Dachorganisation für Deutschland, die die Interessen der Betroffenen in der Politik und in den Verbänden vertritt. Mitarbeit ist sehr erwünscht und kann sehr befriedigend sein, weil Sie darüber persönliche Probleme relativieren können.

Kindern mit Konzentrationsproblemen können Sie nur im Verbund mit allen Fachleuten helfen. Alleingänge führen oft zu Verzweiflung.

Zu Hause

Das allzu Alltägliche

Am Anfang Probleme sichten

Die Eigenarten zerstreuter, rastloser Kinder bringen in Familien immer wieder Probleme mit sich. Manche Ursachen dafür treten offen zu Tage, andere halten sich heimtückisch versteckt. Um die Probleme in Ihrer Familie zu lösen, genügt es nicht, sich einmal aufzuraffen und energisch zu zeigen, ‚wo es langgeht'. Niemand kann hier ‚mal eben was gerade rücken'!

Zum Anfang werden Ihnen ein paar Techniken aus der Verhaltenstherapie vorgestellt, mit denen Sie sich einerseits einen Überblick verschaffen und andererseits einen Pfad legen, auf dem Sie unbeirrt Ihr Ziel erreichen.

Die Schwierigkeiten sind komplex und von Dauer, sie haben das gesamte soziale Umfeld ergriffen. Sie fangen am besten bei sich selbst an. Alles bleibt ganz privat, niemand muss davon erfahren. Am Ende dieses Prozesses steht eine warmherzige, freundliche Grundstimmung in der Familie. Dafür lohnt sich doch ein Sprung über den eigenen Schatten, oder?

Vorbereitung

Am schnellsten kommen Sie ans Ziel:
- wenn Sie sofort anfangen und es nicht aufschieben,
- wenn die Familie mitmacht, wenigstens der Partner – aber auch Großeltern, die im Haus leben oder erwachsene Geschwister,
- wenn Sie alle Pläne und Tabellen, die hier vorgeschlagen werden, schriftlich machen und aufheben,
- wenn Sie ein begleitendes Tagebuch auf Ihrem Computer führen, in das Sie auch digitale Fotos von typischen Situationen aufnehmen können.

Am Anfang protokollieren Sie Verhalten und Wünsche auf mehreren Listen, die gleichzeitig gestartet werden können. Jeder Beteiligte beginnt mit seiner eigenen:

1. *Wunschliste:* „Was möchte **ICH** geändert haben?" und „Was zuerst und was später?"
2. *Beobachtungsliste:* „Welche alltäglichen Situationen machen regelmäßig Stress?" „Wie genau verhält sich das Kind dann?"
3. *Bestandsaufnahme:* „Was habe ich schon erfolgreich durchgeführt?" und „Was hat keinen Erfolg gehabt?"
4. *Selbstbeobachtung:* „Wie reagiere ich auf mein Kind?"
5. *Protokollbogen:* Dazu Einzelheiten in den entsprechenden Kapiteln.

Die *Wunschliste* ist eine offene Liste, d. h. sie kann fortlaufend ergänzt werden und hat keine besondere Ordnung.

roter Faden

Was möchte ich geändert haben? oder *Was stört mich?*	*Reihenfolge der Dringlichkeit*
_____	_____
_____	_____
_____	_____

Die Liste kann beliebig lang werden. Von Zeit zu Zeit werden Sie die Dringlichkeit korrigieren. Probleme, die sich erledigt haben, können Sie einfach streichen. Diese Liste soll so etwas wie ein roter Faden sein.

genau beobachten

Bei den *Beobachtungslisten* geht es nicht mehr um Wünsche, sondern um genaue Beobachtung. Es spielt dabei keine Rolle, dass unsere Beobachtungsschärfe von unseren Wünschen beeinflusst wird. Notieren Sie genau, wann und wo die Probleme auftreten:

Typische Situationen für Probleme
- z. B. Essen bei Tisch, wenn Besuch kommt usw.
- _____
- _____

Die Tabellen zeigen, wo üblicherweise der Schuh drückt. Bei Ihrem Kind kann das ganz anders sein. Versuchen Sie, Ihre Situation möglichst genau zu erfassen; nicht allgemein wie: ‚beim Aufstehen', sondern: ‚kommt nicht aus dem Bett', oder ‚beschmiert im Bad alles mit Zahncreme, putzt sich aber nicht die Zähne' etc. Der Teufel steckt meist im Detail.

Zu diesem Protokoll sollten Sie unbedingt auch in einer zweiten Liste festhalten, wie und warum sich Ihr Kind Ihrer Meinung nach so verhält.

Typisches Verhalten in der Problemsituation
- z. B. schreit, ist bockig, schmollt usw.
- _____
- _____

Des Weiteren brauchen Sie eine *Bestandsaufnahme*, was Sie schon alles versucht haben, mit oder ohne Erfolg. Auch diese Liste ist offen und kann von Ihnen jederzeit ergänzt werden.

Ich habe schon versucht:

erfolgreich:	*ohne Erfolg:*
_____	_____
_____	_____
_____	_____

Bei dem *Selbstbeobachtungsprotokoll* kommt es nur auf zwei Merkmale an:
1. negative Rückmeldungen an das Kind: Ablehnung, unfreundliche Gesten, gereizte Antworten, ärgerliche Zuwendung

Zuversicht

2. positive Rückmeldung: liebevolle Zuwendung, freundliche Ermunterung, Wertschätzung, Zustimmung

Zu den negativen Rückmeldungen gehören auch so scheinbar harmlose Äußerungen wie: „Warum hast Du schon wieder …?" und „Na, endlich! Warum nicht gleich so?", und auch die senkrechte Zornesfalte auf der Stirn. Und zu den positiven darf auch das stille Lächeln oder das wohlwollende Schweigen gerechnet werden.

Das allzu Alltägliche

Um diese Beobachtungsaufgabe entspannt zu bewältigen, sollten Sie Papier und Bleistift bei sich tragen und auf die eine Seite Striche für positive und auf die andere Seite für negative Rückmeldungen machen. Das kann sofort oder bei einer Verschnaufpause geschehen. Abends werden diese Zettelnotizen addiert in ein Schaubild übertragen. Zwei Wochen sollte man das schon durchhalten, um zu einer verwertbaren Aussage zu kommen:

Tag	1		2		3		4		5		6		7		8		9		10		11		12		13		14	
20 >																												
15 >																												
10 >																												
5 >																												
1 >																												
etc.																												
Anzahl	+	–	+	–	+	–	+	–	+	–	+	–	+	–	+	–	+	–	+	–	+	–	+	–	+	–	+	–

Erschrecken Sie nicht oder seien Sie nicht enttäuscht, wenn am Anfang die negativen Rückmeldungen überwiegen. In angespannten Situationen neigen wir alle dazu, das Negative eher zu beachten. Sie sind keine schlechten Eltern, sondern das ist lediglich ein Teil der Problematik. Die Erkenntnis aus diesem Schaubild wird sein, dass Ihr Kind Sie überwiegend negativ sieht und erlebt. Auf dieser Basis sind Kinder nicht motiviert, etwas zu ändern, auch wenn die Veränderung zu ihrem Vorteil sein könnte. An zweiter Stelle zeigt das Schaubild, wie konstruktiv positive Zuwendung sein kann.

Probleme erkennen

Schon allein durch die Selbstbeobachtung kontrollieren Sie Ihr Verhalten, ohne es zu merken oder gar zu planen. Mit der Selbstbeobachtung beginnt der Veränderungsprozess.

Viele Eltern in unseren Kursen haben diese Protokolle dazu benutzt, ihre Selbstkontrolle bewusster einzusetzen, ihre Erwartungen zu hinterfragen und ihre eigenen Werte zu überprüfen. Sie haben ihre Terminkalender überarbeitet, und ihren Tageslauf umgestellt.

Das Positive in den Kindern wurde freudig zur Kenntnis genommen. Eltern legten einen weiteren Protokollbogen an, auf dem sie nun nur ihre positiven Beobachtungen protokollierten:

Protokoll

Heute ist mir positiv aufgefallen:
Mo: _____
Di: _____
Mi: _____
Do: _____
Fr: _____
Sa: _____
So: _____

So können Sie Dinge würdigen, die Sie früher stillschweigend für selbstverständlich eingefordert hatten. Sie werden feststellen, wie auf diese Weise eine gute Grundlage für einen besseren, gemeinsamen Weg entsteht.

Sie können alle Probleme lösen, wenn Sie ein positives Ziel und einen festen Willen haben und die richtigen Werkzeuge nutzen.

Planvoll vorgehen

Die Veränderung von Verhaltensweisen bedarf gründlicher und übersichtlicher Planung. Sie wissen jetzt schon, was Sie stört bzw. was ein Problem darstellt. Dazu greifen Sie auf Ihre Listen zurück.

Aus der bewerteten Wunschliste und der Beobachtungsliste wählen Sie ein bis zwei Punkte für die erste Bearbeitung heraus. Dazu machen Sie sich allein oder mit dem Partner Gedanken, was eventuell schon im Vorfeld geändert werden könnte, ohne das Kind unmittelbar zu beteiligen. Im nächsten Schritt sollten Sie das Kind mit einbeziehen und erklären, welche Veränderungen Sie selbst vornehmen möchten und welches Ergebnis Sie sich davon versprechen. Das Kind ist noch nicht aktiv beteiligt. Die Gesprächsführung muss so geschickt gewählt werden, dass die Motivation des Kindes wächst {96}, denn ohne die Motivation des Kindes wird sich nichts verändern. Erreicht das Gespräch dieses Ziel nicht, empfiehlt es sich, abzubrechen und später darauf zurückzukommen.

einfach beginnen

Jetzt können Sie mit dem Kind herausarbeiten, welchen Anteil es selbst übernehmen kann, welche Hilfen Sie einbauen werden, wie lange Sie dieses Konzept durchführen wollen und was als Belohnung in Aussicht gestellt werden soll. Aus dem motivierenden Gespräch wird eine Verhandlung über die möglicherweise ganz unterschiedlichen Standpunkte entstehen. Schließlich wird in einer Vereinbarung das gemeinsame Ziel zusammengefasst {12}.

Auch ein Plan für den Fall von Misserfolgen oder kompletten Scheiterns muss schon am Anfang mit dem Kind verhandelt worden sein. Letztlich muss der Plan allen übrigen Familienmitgliedern erläutert werden. Kritik, das ADHS-Kind würde zu viel beachtet werden und gar noch Belohnungen bekommen, ‚weil es so unmöglich sei', muss man in diesem Kreis zurechtrücken. Von einem Erfolg haben alle in der Familie Vorteile, ohne selbst viel dazu beitragen zu müssen. Erst wenn ein Plan vollständig abgearbeitet ist, kann ein neuer mit anderen Problemen gemacht werden. {14}

Motivation des Kindes

Unter allen Maßnahmen nimmt sich das Sich-Zeit-Nehmen wie ein Wunder aus. Es ist so einfach, wie es sich anhört. Man muss nur ernst damit machen und es mit dem Kind im Voraus vereinbart haben:

Ein bis zwei Mal pro Tag etwa drei bis fünf Minuten Zeit für jemanden zu haben, ohne eine bestimmte Absicht, ein Thema oder eine Übung im Sinn zu haben, bereichert jede Beziehung. Diese ‚wertfreie Zeit' wirkt paradoxerweise gerade in angespannten, konfliktreichen Momenten, wenn man am liebsten davonlaufen würde. Es erfordert allerdings ein gewisses Vorausdenken und ein hohes Maß an Selbstbeherrschung. Allein die unerschütterliche, freundliche Anwesenheit von Vater oder Mutter hilft vielen Kindern aus ihrer oppositionellen Haltung und aufgebrachten Stimmung heraus.

kleine Schritte machen

Probleme zerstreuter Kinder lösen sich nicht von selbst auf. Sie als Eltern müssen aktiv sein und planvoll vorgehen.

Das allzu Alltägliche

Morgens aufstehen

Jeden Morgen das gleiche Theater während der Schulzeit! Kai steht einfach nicht auf! Er zieht sich die Decke über den Kopf und wehrt alle Ermahnungen ab. Die Zeit schreitet voran. Die freundliche Geduld der Mutter schrumpft. Schließlich wird die Decke zurückgerissen, der winselnde Kai ins Bad geführt, wo er untätig herumsteht.

Solche ‚Nesthocker' brauchen mehr Hilfe. Sie scheinen im Halbschlaf zu ahnen, dass der kommende (Schul-)Tag nicht viel Verlockendes für sie bereithält. Feste, beliebte Weckrituale sind eine sichere Brücke aus dem warmen Bett ins kühlere Badezimmer. Das setzt den ruhigen, freundlichen Einsatz von Vater oder Mutter voraus. Ein Wecker oder ein Weckradio sind keine gleichwertige Alternative, sondern bestenfalls eine begleitende Unterstützung. Ältere Geschwister können helfen, kommen aber rasch an ihre Grenzen. Versuchen Sie es mit folgenden Maßnahmen:

Rituale schaffen

- Wecken Sie in kurzen Abständen persönlich, evtl. mit Musik und Gesang (anfangs mit gedämpftem Licht, später bei Vollbeleuchtung).
- Bringen Sie ein warmes Getränk ans Bett.
- Legen Sie eine genaue Reihenfolge im Badezimmer fest.
- Lassen Sie die Kinder möglichst allein im Badezimmer sein.
- Üben Sie eine gute Waschroutine ein.
- Eine sichtbare Uhr, evtl. Alarmuhr hilft.
- Lassen Sie einen sichtbaren ‚Fahrplan', evtl. Checkliste abhaken.
- Kontrollieren und ermuntern Sie fortlaufend.
- Bereiten Sie Kleidung abends vor, keine morgendliche Wahlmöglichkeit.

Wichtigste Voraussetzung ist eine sichere Lenkung und einfühlsame Führung, ohne dass die Eltern selbst unter Zeitdruck stehen. Oft müssen die Eltern lernen, selbst eine Viertelstunde früher aufzustehen. Handreichungen beim Waschen oder beim Anziehen sollten nicht mehr nötig sein, weil sich dabei allzu leicht Widerstand entzündet.

Das ganze Ritual müssen Sie mit dem Kind und den Geschwistern in einem ruhigen Moment besprochen und vereinbart haben, bei ausbleibendem Erfolg auch mehrmals. Ausnahmen sollten nur in extremen Fällen gemacht werden – z. B. Eltern haben verschlafen. Auch das Endziel muss besprochen und bekannt sein, z. B. Frühstück um 07:35 Uhr.

hilfreiche Ordnung

Sparen Sie nicht mit Anerkennung, auch kleine Fortschritte loben Sie regelmäßig! Das automatisiert das Ritual und macht es zu einem Selbstläufer.

Dem lebensfrohen Frühaufsteher können Sie nicht viel entgegensetzen. Am besten, Sie schaffen ihm – wenn möglich – einen Schlafplatz weit weg vom Rest der Familie und ermutigen ihn, sich morgens in seinem Zimmer selbst zu beschäftigen. Das muss man vorbereiten und einüben. Leicht zugänglich sollten sein: etwas zu trinken, etwas zum Überziehen, beliebtes Spielzeug etc., nicht unbedingt der Fernsehapparat.

Bieten Sie Ihrem Kind bei guter Stimmung ein strukturiertes Morgenritual mit genug Zeit und Möglichkeiten zur Selbsthilfe.

Aufbruch zur Schule

Der Aufbruch zur Schule mit seinen unverrückbaren Zeiten wird oft Morgen für Morgen zum Prüfstein des Familienfriedens. Das ADHS-Kind ist diesem Ablauf völlig hilflos ausgeliefert, wenn nicht alle Schritte exakt geplant, vorbereitet und durchgeführt werden.

Die wichtigsten Pfeiler am Morgen sind:
1. Aufstehen,
2. Frühstücken,
3. Toilette und sich fertig machen,
4. alle Schulsachen mitnehmen und Abschied nehmen.

Ohne eine führende Hand geht das meist nicht reibungslos.

In vielen Familien wird die Frühstückszeit als Zeitpuffer missbraucht, dabei hat das Frühstück auf eine Familie günstige emotionale Auswirkungen. Der Wegfall hat gerade für ADHS-Kinder nachteilige Konsequenzen, da nach der langen Nacht erst eine ruhige und hinreichende Nahrungsaufnahme ihren Stoffwechsel in seinen Tagesrhythmus versetzt. Bei notwendiger Medikamenteneinnahme ist ein Frühstück unerlässlich.

Zeiteinteilung

Am schönsten ist ein Frühstück mit Vater und/oder Mutter. Legen Sie gemeinsam den Anfang und das Ende fest. Aufessen ist nicht wichtig. Wenn die Eltern schon vor den Kindern das Haus verlassen müssen, kann das Frühstück in ansprechender Weise vorbereitet sein. Mit dem freiwilligen Verzicht der Familie auf das Frühstücksfernsehen tun Sie dem ADHS-Kind einen großen Dienst. Legen Sie fertiges Schulbrot, Obst und etwas zu Trinken bereit. Hier sollten Sie auch bei Älteren nicht unbedingt auf Selbstständigkeit pochen.

Bei größeren Familien gibt es oft kurz vor dem Aufbruch Gedränge vor der Toilette und an der Garderobe. Entwirren Sie für Ihr Sorgenkind das Durcheinander, indem Sie eine sinnvolle Reihenfolge festlegen und jedem eine genau bemessene Zeit geben. Im Zweifel trennen Sie in solchen hektischen Situationen das ADHS-Kind und seine Geschwister.

Schulweg sichern

Achten Sie zur Entlastung Ihres Kindes darauf, dass die Schultasche am Abend planvoll gepackt wird. Auch alle Extras wie Sportzeug, Schwimmsachen und Atlanten sollten neben der Schultasche stehen. Abschied nehmen fällt manchmal selbst Ihnen schwer und sollte deshalb auch gut durchorganisiert sein, um ein Hinauszögern des Aufbruchs zu verhindern.

In den ersten beiden Schuljahren bringen Eltern die Kinder gerne in die Schule oder wenigstens an den Bus. Selbst in höheren Klassen kommen ADHS-Kinder auf dem Schulweg mit ihren Mitschülern in ernste Schwierigkeiten.

Manchmal sehen Sie sich gezwungen, die Schulbegleitung aufrechtzuerhalten, doch sollten Sie immer nach einem Ausweg aus der Situation suchen. Für die Entwicklung von Kindern sind die sozialen Erfahrungen auf dem Schulweg wichtig. Mit Nachbarn oder der Hilfe der Schule können Sie Partnerschüler finden oder Freundesgruppen zusammenstellen, die einen gewissen Schutz vor Übergriffen und Entgleisungen bieten.

Frühstücken Sie regelmäßig mit Ihrem Kind und lassen Sie die Schultasche am Vorabend packen.

Das allzu Alltägliche

Essen und Trinken

Unkonzentrierte Kinder essen wie andere Kinder gerne und gut. Doch sind die Mahlzeiten mit ihnen meist eine Schlacht. Sie essen hastig und nachlässig. Sie haben rasch wechselnde Wünsche und geben zu ständiger Kritik Anlass. Sie können allen Tischgenossen gehörig den Appetit verderben.

Unruhige, zapplige Kinder sind meist schlank, weil sie sich so viel bewegen. Das sollte nicht dazu verführen, sie ständig zum Essen und Trinken anzuhalten. Anderseits möchten sie oft aus Langeweile oder Ratlosigkeit etwas essen, was auch nicht nötig ist. Wenn Sie Essen und Trinken zu jeder Zeit und an jedem Ort zulassen, dürfen Sie sich nicht über die Konsequenzen wundern. Sie tun sich und dem Kind einen großen Gefallen, wenn Sie klare Essensgrundsätze für Ihre Familie aufstellen. Diese gelten für alle und sollen die Reibereien untereinander mindern.

klare Regeln

Dazu einige Vorschläge:
- Gegessen wird nur zu den Mahlzeiten und zwar am gedeckten Tisch.
- Ausnahmen gibt es zwischen den Mahlzeiten nur in der Küche.
- Gegessen wird nie vor dem Fernseher ohne die Eltern.
- Gegessen wird nie im eigenen Zimmer.
- Gegessen wird nie am Computer.

Kinder mit ADHS haben Probleme, einen Wunsch aufzuschieben. Sie werden schnell unangenehm fordernd und rabiat. Doch, wie andere Kinder auch, verhungern sie nicht bei einem Essensaufschub. Eher können Sie damit den Appetit zur geplanten Mahlzeit steigern. Die Furcht vor Austrocknung hat in weiten Kreisen zu unkontrolliertem ‚Dauertrinken' geführt. Diese Sorge ist in unseren Breiten medizinisch unbegründet; auch ADHS-Kinder müssen nicht ständig trinken. Sie können das bei Ihren Regeln berücksichtigen.

Zu einer speziellen ADHS-Diät ist viel geschrieben worden (4, 54). Die meisten Ergebnisse bleiben weit hinter den Erwartungen zurück. Eine ausgewogene Mischkost mit reichlich Gemüse und Obst ist zu empfehlen. Ein bis zwei Mal wöchentlich Fisch in jeglicher Form versorgt die unruhigen Kinder mit ungesättigten Fettsäuren, die auf ADHS einen günstigen Effekt haben können. Mit dem Verzicht auf Fertigmahlzeiten ersparen Sie den Kindern eine Vielzahl von Konservierungsstoffen und Veredlungschemikalien, auf die einige wenige Kinder mit Unruhe und Schlaflosigkeit reagieren können. Stimulierende Getränke wie Cola sollten unbedingt aus der Routineernährung verbannt sein. In sehr seltenen Fällen wird eine solche aufputschende Wirkung auch von Schokolade berichtet. Verzicht ist die einzige Lösung.

Diät

Die mangelhafte motorische Koordination der ADHS-Kinder führt immer wieder zu kleinen und großen Pannen beim Essen. Schimpfen oder Bestrafen machen einen Unfall nicht rückgängig und ein Kind nicht geschickter.

Ihre kluge Vorausschau aber hilft, Pannen zu verhindern:
- Eingießen in schlanke Gläser ist schwieriger als in breite Becher.
- Essen mit Messer und Gabel ist unfallträchtiger als nur mit Gabel/Löffel.

- Den Teller zu füllen, erfordert Geschick; besser hier wird geholfen.
- Über den Tisch zu greifen, lässt Gläser und Tassen stürzen, deshalb sollte man früh das Anreichen einüben.
- Tischdecken scheinen die Flecken um das ADHS-Kind herum anzuziehen; es geht auch ohne diesen Tischschmuck.

Kinder mit ADHS haben ähnlich wie andere Kinder Abneigungen gegen bestimmte Mahlzeiten. Sie reagieren allerdings wilder und dramatischer, wodurch die Situation unangenehmer wird. Wenn Sie die ungeliebten Menüs rechtzeitig ankündigen und einen akzeptablen Ausweg anbieten, ist dem Zorn die Spitze genommen.

Tischsitten

Tischsitten werden üblicherweise von Kindern aufgenommen wie die Grammatik ihrer Muttersprache. Bei ADHS-Kindern sollte man sich darauf aber nicht verlassen. Sie nehmen eben nicht wahr, was am elterlichen Tisch akzeptiert ist und was nicht. Sie tun gut daran, sich bewusst zu machen, was Ihnen selbst wirklich wichtig ist und was Sie für nebensächlich ansehen. Als Ergebnis dieser Überlegungen sollten Sie etwa vier bis fünf Regeln aufstellen können und möglichst bebildert als kleines Plakat sichtbar machen. So vielfältig wie das Familienleben nun mal ist, so unterschiedlich können solche Tischregeln ausfallen. Sie sollen allerdings für alle gelten – nicht nur für die Kinder, oder gar nur für das ADHS-Kind. Sehr wirksam sind Regeln, in denen Eltern eine aktive Funktion haben, z. B. Vater spricht das Tischgebet, vorher beginnt keiner mit dem Essen etc.

Gespräche am Tisch

Das Tischgespräch hat in allen Kulturen einen hohen Wert für die Familienkommunikation. Sie können das besonders gut lenken, wenn Sie selbst keine Sonderrechte für sich in Anspruch nehmen, z. B. Telefonieren, Post bearbeiten, Zeitung lesen etc. Mit ADHS-Kindern am Tisch entwickelt sich ein Gespräch meist nicht zwanglos und harmonisch. Um den vielen kleinen Streitereien unter den Geschwistern zuvorzukommen, setzen Sie das ADHS-Kind am besten zwischen Vater und Mutter. Bei viel aufgestauten Neuigkeiten, z. B. gleich nach der Schule, sollte das Kind vor der Mahlzeit Gelegenheit haben, ‚Dampf abzulassen'. Bei Tisch, in der Runde der Familie, gelten dann die allgemeinen Gesprächsregeln {96}. Um diese besser begreiflich zu machen, hat es sich bewährt, ein ‚Redezepter', eine kleine Figur o. Ä., herumzureichen, um das Wort zu erteilen. Zeitbegrenzungen fürs Reden, aber auch fürs Schweigen regeln ein allzu großes Durcheinander.

Unruhige Kinder können schlecht abwarten und so auch nicht gut am Tisch sitzen bleiben, wenn sie fertig gegessen haben. Die nötigen Regeln fallen ganz nach Geschmack und Wunsch der Familie aus. Ihr Ziel sollte es sein, dem ADHS-Kind das Warten zu erleichtern, ohne dass andere gestört werden. Wenn das Kind z. B. aufsteht und den Fernseher anschaltet, wird das die anderen stören. Wenn das Kind schon zum Spielen raus geht, wird die Mutter nicht mehr in Ruhe essen können, weil sie Aufsicht führen möchte.

Essensregeln und Tischsitten sind ein entscheidender Teil Ihres Lebensstils und Ihres Familienlebens; lassen Sie sich darin nicht fremd bestimmen.

Das allzu Alltägliche

Streit unter Kindern gehört zum normalen Familienleben und ist für die Entwicklung von Kindern nötig und nützlich. Die emotionale Nähe in einer Familie erzeugt zum einen Reibung untereinander und steht zum anderen dem Wunsch nach Individualität im Wege (71). Über Formen der Auseinandersetzung kann diskutiert werden. Letztendlich übertragen Eltern auch hierbei ihre eigenen Wertvorstellungen.

ADHS-Kinder nehmen sich und ihre Umgebung anders wahr, als wir es uns anhand unserer eigenen Erfahrung vorstellen. Sie lesen Mimik und Gestik nicht oder ungenau und verstehen die Körpersprache nicht immer richtig. Erst in fortgeschrittenem Alter nimmt der Streit mehr Erwachsenenformen an.

Für ADHS-Kinder gelten die gleichen Ratschläge wie für ihre Geschwister:

- Haben Sie keine zu hohe Erwartung an geschwisterliche Harmonie.
- Lassen Sie sich nicht von vermeintlichen Forderungen der Umgebung einspannen.
- Tolerieren Sie Streit in Maßen; Kinder brauchen ihn.
- Legen Sie einige wenige Streitregeln fest und erinnern Sie oft daran:
    - Keiner darf etwas ungefragt wegnehmen oder zerstören was ein anderer gemacht hat.
    - Keiner darf einem anderen wehtun. Schlagen verboten!
    - Das eigene Zimmer – die eigene Spielecke – ist ‚Hoheitsgebiet'.
    - Entschuldigungen beenden einen Streit.
- Lassen Sie sich nicht zum Schiedsrichter machen, gehen Sie nicht auf jedes Gezeter ein.
- Vermeiden Sie, Ihre Kinder im Spiel zu kontrollieren.
- Vertrauen Sie den Kindern, sie werden das richtige Maß schon finden.
  Viele ADHS-Kinder verhalten sich kompromisslos eigensinnig und überziehen ihre Möglichkeiten, eine Position zu vertreten. Sie können unerwartet gewalttätig werden und sind oft sehr nachtragend.
  Elterliche Präsenz und ruhiges Auftreten spielen die Hauptrolle. Das kann so gehen:
- Fühlen Sie sich nicht gezwungen, Ihre Kinder gleich behandeln zu müssen. Jedes hat seine eigene Wahrnehmung. Das heißt:
    - Verlangen Sie von den Geschwistern kein Mitleid und keine unübliche Rücksichtnahme für das ADHS-Kind.
    - Räumen Sie dem ADHS-Kind keine personenbezogenen Rechte ein.
- Denken Sie voraus und besprechen Sie Ihre geplanten Maßnahmen.
- Sagen Sie, was Sie wollen. Sprechen Sie in ‚Ich-Botschaften'.
- Treffen Sie ruhig Ihre vorbereiteten, auch unpopulären Entscheidungen, ohne zu diskutieren: Abbruch des gemeinsamen Spiels, ‚Auszeit' {16}.
- Bewahren Sie Entscheidungsmut und Standhaftigkeit.
- Erlauben Sie kein Petzen.
- Erteilen Sie nie einem ADHS-Kind die Aufsicht über seine Geschwister, oder umgekehrt.

Streitregeln

Lassen Sie Streit zu! Streit ist etwas ganz Natürliches und unvermeidbar. Ihre Wertvorstellungen bestimmen aber, wie er aussehen und ablaufen darf.

Fernsehen und Computer

Der kleine Stephan, der sonst jeden anrempelt, in allen Gesprächen laut schreit und wie ein Eichhörnchen im Klettergerüst herumwirbelt, kann ‚stundenlang' vor dem Computer ausharren und Filmen folgen oder einfache Spiele ausführen. Er ist dann ruhig, schreit nicht und fingert nicht herum.

Die besonderen Wahrnehmungsbedingungen bei ADHS machen das Fernsehen zu einem beliebten Medium für diese Kinder. Es spricht überwiegend die bei ADHS gut entwickelte visuelle Wahrnehmung an, erfordert kaum exekutive Anstrengung und entlastet jegliches Zeitmanagement. Planen, Problemlösen, Handlungskontrolle, Steuerung von Motivation und Emotionen fasst man als exekutive Funktionen zusammen. Exekutive Funktionen umfassen die bewusstseinsnahe Steuerung und Zielüberwachung komplexer, nicht automatisierter Verhaltensweisen, bei denen es gilt, mehrere kognitive Aspekte zu koordinieren.

Medien richtig nutzen

Bei Fehlern muss das Kind nicht mit Ermahnung oder Bestrafung rechnen. Das Geschehen auf dem Bildschirm erlaubt dem ADHS-Kind, sich angemessen und angenehm wahrzunehmen, so dass es sogar auf sein Gezappel verzichten kann. Ihm wird daraus Konzentrationsfähigkeit unterstellt; und das Kind selbst glaubt, am Bildschirm echte Lebenserfahrungen gemacht zu haben. Beides sind grundlegende Irrtümer! Wenn man dies berücksichtigt, können die elektronischen Medien bei sachgemäßem Einsatz sehr wohl Vorteile für ADHS-Schüler haben.

Wie alle Kinder haben sie Regeln einzuhalten, auch wenn es schwerfällt:

1. Kein Fernseher im Kinderzimmer, unter keinen Umständen!
2. Mediengenuss anfangs nur mit Vater oder Mutter!
3. Kein Fernsehen neben dem Arbeiten oder dem Essen!
4. Zeiten von vornherein festlegen: Uhr stellen!
5. Programme gemeinsam aussuchen; Eltern haben dabei das letzte Wort!
6. Über das Geschaute gemeinsam sprechen!
7. Kein spannender Mediengebrauch vor dem Schlafengehen!

Es gibt keine verlässlichen Empfehlungen, wie viel Zeit ein Kind mit oder ohne ADHS vor dem Bildschirm zubringen darf. Eltern müssen selbst das Maß finden, zumal sie am Fernsehkonsum des Kindes direkt beteiligt sein sollten. Sind Kinder immer wieder unausgeglichen, müde und gelangweilt, ängstlich und weinerlich, liegt das möglicherweise an zu viel Fremdunterhaltung.

Überforderung

Auch über das altersgemäße Fernsehbedürfnis von Kindern gehen die Meinungen weit auseinander. Die sogenannten Kinderprogramme sind keine Garantie, dass sie gerade Ihrem Kind bekommen. Sie tun gut daran, Ihren eigenen Geschmack zu Rate zu ziehen. Das ist auch kein Garant, aber dann immerhin Ihre verantwortete Entscheidung. Sie können Kinder nicht vor schlechten Programmen bewahren, aber durch ein anteilnehmendes, auch bewertendes Gespräch gleich im Anschluss an die Sendung können Sie einen gewichtigen Beitrag zur guten Medienerziehung leisten.

Sie müssen den Spagat wagen, gleichzeitig Programmdirektor und amüsierter Zuschauer zu sein.

Das allzu Alltägliche

Spielkonsolen und Handys

Über die Nutzung von Computern, Fernsehen, Handys und Spielekonsolen gibt es in Deutschland und anderen Ländern zahlreiche Studien (5, 55). Der Zusammenhang zwischen Mediennutzung und Schullaufbahn ist erschreckend negativ (57). Leider erfahren diese leicht zugänglichen Erkenntnisse aber unverständlich wenig Beachtung in der Erziehung von Kindern [19]. Grundsätzlich haben Nutzungsdauer und Programminhalt Einfluss auf das Lernen und die Entwicklung von Kindern. Für Eltern ist es deshalb wichtig, auf Zeiten am Bildschirm und auf die Programme Einfluss zu nehmen [36]. Behauptungen, ADHS würde unter anderem durch zu großen Mediengenuss ausgelöst, gehen wohl zu weit. Sicherlich wird aber die Anlage zu Hyperaktivität und Impulsivität davon negativ beeinflusst.

Ein besonderes Problem stellen die Spielkonsolen dar. Sie sind völlig überflüssig, leisten nichts für die gesunde Entwicklung eines Kindes, und betrügen gerade ADHS-Kinder um ein reales Weltbild. Kinder mögen damit die Gelenkigkeit ihres Daumens trainieren und auch die visuelle Auffassung für schnell bewegliche Objekte schulen, jedoch wird das nicht auf schulische oder alltagspraktische Tätigkeiten übertragen. Selbst Experten haben Schwierigkeiten, den Wert eines Spieles richtig einzuschätzen. Die Spiele sind zu komplex, um sie in einem Probedurchgang kennenzulernen. Die Beschreibungen dienen nicht der Information, sondern dem zügigen Verkauf. Vermeiden Sie die Anschaffung eines solchen Geräts.

auf Spielkonsolen verzichten

Das Handy ist heute nicht mehr wegzudenken. Richtig eingewiesen und ausgerüstet kann ein Handy auch für unkonzentrierte Kinder nützlich sein. Dazu gibt es zahlreiche, allgemein gehaltene Ratgeber im Internet [31, 39].

Es sind drei Problembereiche zu berücksichtigen: Verlust, Kosten und Nutzung. Hier müssen Sie sich zusammen mit dem Kind Sicherungen ausdenken, die sonst nicht üblich sind. Des Weiteren müssen ADHS-Kinder unbedingt vor der Kostenfalle bewahrt werden, weil ihr Umgang mit Geld recht spontan und intuitiv ist. Die aktive wie auch die passive Nutzungszeit müssen Sie in Absprache mit dem Kind festlegen. Auch SMS stören die Konzentration des Kindes.

Folgende Vorschläge haben sich bewährt:
1. Das Handy ist während der Mahlzeiten ausgeschaltet.
2. Die Handy-Regeln der Schule werden beachtet.
3. Das Handy ist bei Arbeiten für die Schule ausgeschaltet.
4. Das Handy wird zur Schlafenszeit ausgeschaltet und außerhalb des Schlafraumes aufbewahrt.
5. Die Handynutzung darf andere nicht belästigen oder stören.

Überlassen Sie Ihr Kind nicht unvorbereitet und ungeschützt den elektronischen Medien.

Helfen und häusliche Pflichten

„Warum soll ich das aufräumen? Ich bin doch nicht dein Sklave!", keift Melanie die Mutter an und rauft sich wütend die Haare. „Immer ich! Das kann genauso gut Papa machen. Aber der darf Fernsehen gucken!". Ein Wort gibt das andere. Die Szene wird immer unerfreulicher. Keiner scheint zu verstehen, wovon der andere spricht.

Zum Wünschen und Bitten braucht es genau wie beim Helfen und Schenken reife Gefühle von Selbstbewusstsein und Verständnis für andere. Bei allen Kinder muss dies reifen und gebildet werden. Dazu gehören Ordnungssinn und Planungsfähigkeit. Solche Entwicklungsprozesse gehen bei ADHS-Kindern unerwartet langsam vor sich. So kommt es immer wieder zu Protesten, wenn eine harmlose Bitte auf mangelndes Verständnis trifft.

früh angewöhnen

So selbstverständlich, wie Sie dem Kind mit der Zeit seine Körperpflege, sein Ankleiden und das Essen beigebracht haben, kann es auch an die Pflege seiner häuslichen Umgebung und an gemeinschaftliche Aufgaben herangeführt werden. Oft werden die Weichen dafür von den Eltern sehr spät gestellt. Beginnen Sie früh damit, schon im ersten Lebensjahr. Verhelfen Sie z. B. einem Baby zu seinem heruntergefallenem Spielzeug, indem Sie das Kind aufnehmen und so halten, dass es selbst seine Sache ergreifen kann. Wenn Sie erst mal zehn Jahre lang dem Kind hinterhergeräumt haben, ist es an den elterlichen ‚Allround-Service' gewöhnt. Wegen der neuen Zumutung, selbst aufräumen zu müssen, wird es widersprechen und protestieren. Oft können die Kinder mit dem Begriff ‚Aufräumen' selbst nichts anfangen, da sie keine Erfahrung damit gemacht haben.

Verantwortung übernehmen

Erlebt das Kind, wie seine Eltern von Anfang an bemüht sind, es in seinen Aktivitäten zu unterstützen, ohne ihm etwas abzunehmen, wird sich ein verbindendes Gemeinschaftsgefühl einstellen. Das spornt die Motivation des Kindes an, seine eigenen Dinge beieinander zu halten. Es wird aber auch seine Bereitschaft stärken, zusammen mit den Eltern andere häusliche Aufgaben zu erledigen. Aus diesem Gefühl des Miteinanders übernehmen Kinder gern Aufgaben, zu denen andere lange überredet werden müssen. So bringen diese Kinder bereitwillig den Mülleimer nach draußen oder holen regelmäßig das Mineralwasser aus dem Keller. Sie verstehen das als einen Teil der Ordnung in ihrer Familie und nicht als eine lästige Pflicht.

Es steht außer Frage, dass auch ADHS-Kinder häusliche Pflichten übernehmen können. Bloß sollten Sie sie nicht mit diesen Worten konfrontieren. Sie sind erfolgreicher, wenn Sie typische Vater- oder Mutteraufgaben ‚verschenken' und würdigen, wie vorbildlich sie erledigt wurden. Kinder lieben das Vertrauen, verantwortungsvolle Aufgaben zu übernehmen, z. B. die guten Gläser abtrocknen oder das Auto waschen.

Auf der lauten Ebene des Befehlens allerdings kommt es regelmäßig zu Konflikten. Manchmal können Sie direkte Anweisungen nicht umgehen, dann sind persönliche Aufwertungen besonders wichtig. Küren Sie z. B. einen ‚Rasenmäher-Champion'. Es tut dem Spaß

Das allzu Alltägliche

keinen Abbruch, wenn das nicht so ernst genommen wird. Ein Argumentieren um Leistung und Gegenleistung führt mit ADHS-Kindern in der Regel zu absurden Übertreibungen und Forderungen. Entlohnungen durch Geld scheint einen Effekt zu haben, dieser ist aber nur vordergründig und stärkt nicht das Gemeinschaftsgefühl. Stellen Sie eher einen gemeinsamen Kinobesuch oder Ähnliches in Aussicht.

ein 'Miteinander' schaffen

Sehr verbindend sind gemeinsames Kochen und Backen. Eine gute Einweisung und eine Portion Toleranz machen Korrekturhinweise und Kritik überflüssig. In einer solchen Beschäftigung geschieht viel mehr soziale Kommunikation als in einem gezielten Gespräch. Und mit dem schönen Endergebnis kann das Kind ganz berechtigte Aufmerksamkeit bei der übrigen Familie und bei Gästen gewinnen und wird voraussichtlich auf seine üblichen Faxen verzichten.

Trotz aller Bemühungen werden Protest und Opposition nicht zu vermeiden sein. Auch grobe Worte werden fallen: „Du bist wohl verrückt" und „Ich lass mich nicht erpressen". Solche Äußerungen sollten Sie nicht persönlich und nicht ernst nehmen, sondern ruhig einen neuen Versuch der Zusammenarbeit starten. Es wiegt weniger schwer, wenn ein Auftrag vorübergehend liegen bleibt, als wenn Sie nachgeben und die Aufgabe des Kindes selbst erledigen.

Geduld

Zusammenfassung:
- Ordnung ist fester Bestandteil des Familienlebens.
- Zuverlässlichkeit gilt für alle. Auch Vater und Mutter sind pünktlich und halten ihre Versprechen.
- Helfen ist ein freundliches Miteinander.
- Aufgaben sind verschenkte Vertrauensbeweise.

Wer in diese Grundhaltung hineinwächst, wird keinen Grund zu nachhaltigem Protest finden. ADHS-Kinder haben keine Probleme mit Gewohnheiten, aber sie geraten außer sich bei Unvorhergesehenem und Neuem, wie z. B. bei überraschenden Aufforderungen.

Hilfsbereitschaft und Pflichtgefühl sind Emotionen, die Ihre Kinder von Ihnen übernehmen, wie Liebenswürdigkeit und Respekt.

„Helfen ist ein freundliches Miteinander!"

10 Abends zu Bett gehen

Vor den Abenden graut es den Eltern immer. Leo geht zwar ohne zu murren ins Bett, doch dann kommt er alle zehn Minuten mit irgendeinem Wunsch wieder heraus. In seinem Zimmer singt er, turnt herum und spielt gut gelaunt. Wenn es still wird, schleicht er sich auf die Treppe, von wo er den elterlichen Fernseher im Blick hat. So geht das bis lange nach Mitternacht.

Schlafrhythmus

Natürlicherweise ist der Wachzustand am Tage hoch – mit einem kurzfristigen Einbruch um die Mittagszeit – und sinkt dann abends so weit herab, dass sich der Schlaf einstellt. Hormone steuern diesen Vorgang. Gerade Kinder mit ADHS brauchen einen langsamen, sanften Übergang vom Tagesgeschehen zur Ruhe der Nacht. Diese Phase kann sehr unterschiedlich lang sein. Nach unserer Erfahrung sollten Sie 30 bis 60 Minuten einplanen, also ziemlich viel Zeit. Diese Zeit können Sie gut mit Vorlesen – auch für Ältere reizvoll –, Brett- und Geduldspielen und Basteln anfüllen. Führen Sie Gespräche über Tagesereignisse nur, wenn die Kinder selbst damit beginnen. Geben Sie dieser Zeit eine dämpfende Struktur. Wenn dann endlich ‚Gute Nacht' gewünscht worden ist, sollte das Kind mit sich allein bleiben.

Wichtige Maßnahmen zur Vermeidung von Störungen sind:

nach dem Abendessen:
- keine Erziehungspredigten
- keine Schularbeiten (bei Jüngeren)
- keine ‚reißerischen' Filme
- keine stimulierenden Getränke

allgemein wichtig:
- kein Handy am Bett
- kein Fernseher o. Ä. im Schlafzimmer

Die Einschlafstörungen der ADHS-Kinder beruhen zum einen auf ihrem Hirnstoffwechsel, zum anderen auf unzweckmäßigen Ritualen beim Zu-Bett-Gehen. Nicht ‚tausend' Teddys helfen, sich wohl und geborgen zu fühlen, sondern der Lieblingsteddy alleine. Viele ADHS-Kinder sind auch im Schlaf hyperaktiv, drehen und wälzen sich viel und zerzausen das Bett. Das bedeutet aber nicht, dass sie schlecht schlafen und unausgeruht aufwachen. Tatsächlich kann und muss man diese Unruhe nicht behandeln. Anders ist es bei Alpträumen und Schlafwandeln, was für ADHS nicht typisch ist, aber doch gehäuft vorkommt.

beruhigende Rituale

Schlafmittel verbieten sich normalerweise. Nur in Ausnahmefällen sind sie unter ärztlicher Aufsicht zugelassen. Als harmlose, aber gut wirksame Hilfen stehen Ihnen Lavendelduft, ein frischer Apfel oder ein Becher heiße Milch vor dem Schlafen zur Verfügung.

Ob leise Musik und gedämpfte Beleuchtung das Einschlafen begünstigen, ist weder allgemein gültig noch ist es wissenschaftlich zu beantworten. Allerdings haben mir viele Kinder glaubhaft bestätigt, dass sie ‚nur' mit Musik bzw. bei Licht schlafen könnten. Jedoch ginge es auch ohne, wenn sie bei einem Freund oder bei Verwandten schliefen. Warum soll man sie nicht in ihrem Glauben lassen?

Nehmen Sie sich besonders abends viel Zeit, beim Einschlafen des Kindes besänftigend zu wirken.

Das allzu Alltägliche

Konfliktvermeidung durch Vorausschauen

Immer wieder entstand unter der Flurgarderobe ein wüstes Durcheinander von Schals, Jacken, Handschuhen und Stiefeln. Ermahnungen und Strafen änderten daran nur wenig, bis eines Tages der Vater aus einer unbestimmten Eingabe eine Reihe von Haken in Augenhöhe der Kinder anschraubte.

Viele Konflikte entstehen, weil die äußeren Bedingungen den Konflikt begünstigen. Es handelt sich dabei selten um Unvermögen oder böse Absicht der beteiligten Personen. So sollte bei allen wiederkehrenden Konflikten eine sorgfältige Analyse der auslösenden Ursachen erfolgen. Wenn man sich über das Ergebnis einigt, ist es eine Kleinigkeit, die Bedingungen neu zu arrangieren.

Ein weiteres Beispiel sagt mehr als viele Worte: Der morgendliche Aufbruch einer Familie entartet zu einem trotzigen, tränenreichen Chaos. Vater ist schon aus dem Haus zur Arbeit, wenn die Mutter und zwei Kinder aufstehen. Irgendwie ist das Badezimmer immer besetzt. Es wird gedrängt, gezetert, geboxt, ermahnt, laut geschimpft und geheult. Zum Frühstücken bleibt selten Zeit, weil der Aufbruch minutengenau zu erfolgen hat, da das eine Kind in den Kindergarten und das andere in die Schule gefahren werden muss. Schließlich muss die Mutter pünktlich im Büro ankommen, um den Kollegen die Tür aufzuschließen.

morgendlicher Konflikt

Eine Analyse der Situation unter den Eltern führte zu den entlastenden Entscheidungen. Der Vater hatte morgens genug Zeit und Ruhe, so übernahm er die Vorbereitung des Frühstücks, das auf die übrige Familie warten konnte. Die Mutter stand nicht mehr zusammen mit den Kindern auf, sondern 15 Minuten früher. Sie konnte dann die Kinder ganz persönlich und in Ruhe wecken und die Prozeduren im Bad und beim Anziehen im Auge behalten und gegebenenfalls helfend eingreifen. Die Aufgabe des Türschließers konnte sie an eine Kollegin abgeben und mit dem Chef eine flexible Arbeitszeit vereinbaren. Mit dem ADHS-Kind wurde eine zeitgesteuerte Checkliste vereinbart. Von Stund an ‚grauste' sich keiner mehr vor dem Morgen.

Situationsanalyse

Ein solch guter Erfolg setzt eine genaue Situationsanalyse voraus. Sie schreiben dazu alle Beobachtungen aus einer Situation auf, ohne sie zu werten oder zu erklären. Weisen Sie nicht voreilig Schuld zu und halten Sie vorerst Verbesserungsmaßnahmen zurück. Manchmal muss ein Außenstehender helfen, ein neutrales Bild entstehen zu lassen.

Schulische Hausaufgaben sind ein ganz besonders vielschichtiges Drama im Familienleben eines ADHS-Kindes {24, 28}. Im Vorfeld der Hausaufgaben sollten Sie alle Hindernisse beseitigten. Sind die Hausaufgaben nicht notiert, sollten Sie eine Telefonnummer für die notwendige Auskunft vorbereitet haben. Fehlt das entscheidende Heft oder Buch, gibt es ein Duplikat in Ihrer Schublade. Zerbrochene Füller oder abgebrochene Buntstifte sind kein Problem, Sie halten Ersatz bereit.

Hilfen erfinden

Ihre kluge Vorausschau kann die Hälfte aller Konflikte auflösen.

Vereinbarungen mit dem Kind

Ohne den Wunsch des Kindes nach Veränderung und seine Bereitschaft, sich anzustrengen, erreicht niemand eine Verbesserung. Gegen den kindlichen Widerstand wird man die eigenen Vorstellungen nicht umsetzen können. Es ist entscheidend, das Kind mit ins Boot zu holen. Vereinbarungen und Verabredungen mit dem Kind sind dabei eine notwendige Voraussetzung.

das Problem erkennen

Zuallererst müssen Sie das Kind überzeugen, dass es ein wirkliches Problem für sie alle gibt. Und zwar ein Problem für das Kind, daneben für die Eltern und auch für die ganze Familie. Solange das Kind der Meinung ist, damit leben zu können und nicht versteht, warum die Erwachsenen sich so aufregen, sind Veränderungsversuche eine Qual ohne Erfolgsaussichten. Bestes Beispiel hierfür liefert die Ordnung im Kinderzimmer oder auf dem Schreibtisch. Die logische Aneinanderreihung von stichhaltigen Argumenten macht auf ADHS-Kinder wenig Eindruck. Sie werden sich nur einsichtig zeigen, wenn sie gefühlsmäßig angesprochen sind und ein Bedürfnis verspüren, ihre Lage zu verbessern. So ist z. B. ein Kind für zusätzliches Üben nach einem traurigen Misserfolg, d. h. nach einer Fünf oder Sechs, eher zu gewinnen, als nach einer glücklichen Drei oder einer wackligen Vier. Schlechte Schulnoten können also durchaus ein Segen sein. Eine schriftliche Übereinkunft mit dem Kind über die einhelligen Absichten verhindert ein Zurückfallen auf den Stand vor der kalten ‚Dusche'.

kleine Schritte machen

Mit bloßen Verbesserungswünschen werden Sie nur Fantasien wecken, die leider keine realistische Lösung zulassen. Der nächste Schritt erfordert Ihr diplomatisches Geschick, um von den Träumereien Abschied zu nehmen und die Mühsal der kleinen Schritte anzugehen. Meist werden die Anforderungen zu hoch angesetzt, etwa nach dem Muster: „Beim nächsten Mal schaff ich schon eine Drei!". Die Enttäuschung ist dann schon vorprogrammiert. Um wirklich zu Erfolg zu gelangen, müssen Sie erst einmal die Grundlagen schaffen. Das ist langweilig und macht keinen Spaß. Deshalb sollten Sie die Anforderungen an zusätzliches Üben anfangs niedrig ansetzen. Die Bereitschaft zur Selbstbelastung fördern Sie durch eingeplante Selbstbestätigung.

Also machen Sie mit dem Kind kleine aber häufige Übungsphasen aus, z. B. zwei bis drei Mal täglich fünf Wörter buchstabieren, oder fünf bis sechs Einmaleins-Aufgaben richtig lösen etc. Das macht den Kindern mehr Spaß und erhöht die Motivation, weil sie mehrmals am Tag Erfolg erleben und gelobt werden. Die Übungszeiten sollten Sie so vereinbaren, dass Sie und das Kind wirklich Zeit haben und diese auch tatsächlich einhalten können. Schreiben oder zeichnen Sie jedes Mal einen kleinen Vertrag mit Unterschriften von allen Beteiligten; das bindet mehr als ein Ehrenwort.

Zum besseren Verständnis des Kindes müssen Sie auch den Bewertungsmaßstab genau festlegen, z. B. nicht die Schulnoten, sondern die Zahl der richtigen Wörter zählen. Wenn das Kind es nach vier Wochen von 50 Fehlern im Diktat auf 30 Fehler geschafft hat, ist das ein

Das allzu Alltägliche

großer Erfolg, obwohl das Diktat immer noch mit sechs bewertet wird. Schwieriger scheinen Bewertungen zu sein, bei denen ein Ermessensspielraum besteht, z. B. Zimmer aufräumen oder Zähne gründlich putzen. Da für ein ADHS-Kind nichts selbstverständlich ist, muss bei solchen Beispielen genau definiert werden, was und wann etwas erledigt sein soll. Zimmer aufräumen bedeutet dann z. B.: Dienstagmorgen 7:30 Uhr liegt nichts mehr auf dem Fußboden. Oder: Zähne putzen heißt, oben und unten jeweils eine Minute auf und ab, hin und her; Zahnbürste auswaschen, Tube zuschrauben und beides wegstellen eine weitere Minute; also zusammen drei Minuten! Das ist mühsam und hört sich kleinlich an, aber ohne solche klaren Leitlinien gibt es selten Erfolg und stattdessen viel unerfreuliche Diskussionen.

klare Vereinbarungen

Der gesamte Ablauf erfordert überdies eine einfache, schriftliche Protokollführung, möglichst so simpel, dass Ihr Kind dies selbst ausführen kann. Gewiss gibt es eine Betrugsmöglichkeit, doch da das Kind an einer Verbesserung der Situation selbst interessiert ist, würde es sich nur selbst betrügen. Diesen Zusammenhang versteht auch ein Kind mit ADHS.

Protokoll führen

Ihr Kind muss immer wissen, worum es geht, und wie lang es dauern wird. Am Ende seines besonderen Einsatzes, meist nach 14 Tagen oder drei Wochen, wird der Erfolg gemeinsam bewertet. Die Meinung des Kindes ist dabei sehr wichtig und sollte bei zukünftigen Plänen berücksichtigt werden. Hier entscheiden Sie über die angekündigten Belohnungen oder über eine eventuelle Wiederholung oder eine Fortsetzung, möglicherweise mit etwas geänderten Maßnahmen {13}.

Es sei noch ein Mal daran erinnert, dass Belohnungen besonders wirksam sind, wenn sie nicht immer materiell, z. B. Bonbon, Spielsachen etc. sind, sondern das Kind sozial ansprechen, z. B. gemeinsam spielen, etwas vorlesen, zusammen etwas unternehmen etc. {13}.

Ohne die Bereitschaft Ihres Kindes sind Sie wie ein Feldherr ohne Armee. Gewinnen Sie die Energie Ihres Kindes – langsam aber beharrlich.

„Dienstagmorgen um halb Acht liegt nichts mehr auf dem Fußboden!"

Erinnerungsstrategie

Selbst bei bestem Willen und guter Motivation ist jeder Plan durch Unachtsamkeit und Zwischenfälle gefährdet. Dies kann man vorhersehen und eher erfolgversprechende Hilfen und Erinnerungen einbauen. Solche Vorwarnsysteme müssen mit dem Kind ebenfalls vorher besprochen sein, damit es die Hinweise als Hilfen verstehen kann.

Erfolge einplanen

Erfolg ist die beste Motivation. Und da alle am Erfolg der Maßnahme interessiert sind, ist es völlig berechtigt, wenn Sie auf Hindernisse auf dem Weg dorthin hinweisen. Zeichen und Erinnerungen sollten neutral oder ermunternd formuliert werden, niemals ermahnend oder drohend. Nicht: „Ich zähle bis drei …", sondern: „Hast du schon dran gedacht …?" oder: „Ich habe den Eindruck, du hast noch nicht …" Auch positive Äußerungen haben einen guten Erinnerungswert, etwa wie: „Ich nehme mal an, dein Ranzen ist schon gepackt", und werden den richtigen Weg weisen.

Besonders hilfreich sind Unterstützungen, die als solche von anderen gar nicht wahrgenommen werden. Wenn es z. B. um das vernachlässigte Kämmen geht, haben Sie vereinbart, nur wortlos auf den Spiegel zu deuten, oder sich selbst ostentativ durchs eigene Haar zu streichen. Ihr Hinweis, doch einmal auf die gemeinsam angelegte Checkliste zu sehen, führt schneller zu Korrekturen, als eine direkte Aufforderung, etwas – endlich – zu tun.

‚Gelbe Karte' zeigen

Nonverbale Kommunikation hat ebenfalls einen positiven bis neutralen Korrekturcharakter. Der auf den Mund gelegte Zeigefinger bedarf keiner weiteren Erläuterung. Eine gehobene Hand mit der Handfläche nach außen gebietet ‚Stopp!' oder verlangsamt. Der intensive Blick auf die Uhr oder ein Fingerzeig auf das Handgelenk erinnert an einen wichtigen Zeitpunkt, der einzuhalten ist. Aus dem Sport kennen viele die ‚Gelbe Karte' als eine Verwarnung, das lässt sich leicht für den Hausgebrauch übernehmen. Ihrer Fantasie bei den Vereinbarungen sind hier keine Grenzen gesetzt.

Absolut nutzlos und sicher kontraproduktiv sind alle abfälligen Bemerkungen, Miesmachereien, oder gar fatalistische Wetten auf den Misserfolg. Solche Haltungen spornen nicht an, sondern entmutigen und enttäuschen und erzeugen vor allem den Eindruck, doch nicht in einem Boot zu sitzen.

Auch Kränkungen und Beleidigungen unter den gestressten Erwachsenen demotivieren und sind nicht witzig: „Den Verstand muss er von dir haben. Ich habe meinen noch!" – so etwas ist peinlich und nicht humorvoll. Es blockiert das Kind völlig.

Mit den richtigen Erinnerungen helfen Sie mehr als mit direkten Anweisungen.

Das allzu Alltägliche

Belohnungspläne

Belohnungspläne, besonders für unkonzentrierte, unruhige Kinder, werden in den Glanzpapiermagazinen der Erziehungsratgeber gepriesen und im Internet enthusiastisch diskutiert, als seien sie der Schlüssel zu allen Problemen. Es ist gut, dass offensichtlich der Belohnung in der Erziehung Vorrang vor der Bestrafung gegeben wird. Doch dürfen die verbreitete Vereinfachung der Methode sowie die Verschleierung ihrer Grenzen nicht übersehen werden.

Der Belohnungsplan ist nur Werkzeug im vielgestaltigen Arsenal der Verhaltenstherapie (3) und nicht jedermanns ‚Zauberstab', der alles richten kann. Misserfolg ist wahrscheinlich und Übung notwendig. Belohnungspläne bei ADHS sollten Sie tunlichst unter der Führung eines erfahrenen Verhaltenstherapeuten einsetzen, wenigstens anfangs. Trotzdem sollen Sie den Mut fassen, sich mit diesem Instrument vertraut zu machen. In der Verhaltenstherapie sind Belohnungspläne sehr wirksame Behandlungsmethoden, wenn sie richtig angewendet werden.

Am vorteilhaftesten beginnen Sie damit an einer Verhaltensweise, bei der schon gelegentlich Selbstkorrekturen beobachtet werden konnten. Die Motivation des Kindes ist hier einfacher zu gewinnen. Später können Sie Pläne zur Umorganisation schwierigerer Problemkreise aufbauen. Nach meiner Erfahrung müssen Sie in der Verhaltenstherapie sehr langsam vorgehen und immer bescheiden bleiben.

Wegweiser

Voraussetzungen für die Anwendung eines Belohnungssystems sind:

1. Das zu behandelnde Problem muss bei allen Beteiligten unstrittig erkannt und bezeichnet werden.
2. Es sollte nur jeweils ein Problem auf einmal behandelt werden.
3. Es muss ein Zielverhalten bestimmt werden, das alle erreichen wollen.
4. Es muss bei allen eine stabile Motivation für eine Veränderung der bestehenden Verhältnisse vorhanden sein.
5. Die ‚Belohnungen' dürfen nur für diesen Zweck eingesetzt werden und sonst nicht zugänglich sein.
6. Die Vergabe muss in unmittelbarem zeitlichen Zusammenhang mit dem erwünschten Verhalten stehen.
7. Der Zeitpunkt der Abrechnung muss festgelegt werden.
8. Belohnungssysteme verlieren nach zwei bis drei Wochen an Wirkung. Bei ausbleibendem Erfolg muss man sie dann abbrechen; bei Erreichen des Zielverhaltens sollte man das System ausklingen lassen.
9. Einige Menschen sprechen auf diese Behandlung gar nicht an. Am häufigsten passiert das, wenn aus einer allgemeinen Perspektivlosigkeit keine Bedürfnisse geäußert werden. Da ADHS-Kinder auch nur eine sehr vage Zukunftsvorstellung haben, sieht man bei ihnen oft Misserfolge.

Voraussetzungen

Die ‚Belohnungen' müssen eindeutig benannt sein, z. B. ein Mal zehn Minuten länger am Computer spielen.

Belohnungssysteme scheitern immer, wenn …
- das problematische Verhalten nicht eingestanden und kein alternatives Zielverhalten definiert wird,
- das Kind nicht motiviert ist,
- auch nur einige der Beteiligten, z. B. Eltern, Lehrer, Therapeuten, den Prozess halbherzig begleiten, oder sich gegenseitig bekämpfen,
- Inkonsequenz sich breit macht,
- ‚Belohnungen' auch außerhalb des Plans verfügbar sind, z. B. Kind spielt am Computer beliebig lange, wenn nicht beobachtet,
- nicht rechtzeitig abgebrochen und ein neuer Versuch gestartet wird.

Bei einvernehmlicher Einstellung lassen sich Belohnungssysteme sogar mit verschiedenen Institutionen gemeinsam durchführen, z. B. Schule und Elternhaus, Hort und Schule etc. Bei der Vergabe der Belohnungen beziehen Sie das Kind am besten mit ein. Es lernt sich viel schneller selbst steuern, wenn es sich selbst beurteilen muss und sein Urteil neben dem der Eltern oder Lehrer sieht. Eine Verwechslung von Belohnungssystem und pädagogischen Vereinbarungen muss dringend vermieden werden. Bei beiden wird zwar eine Vereinbarung zur Bewertung benutzt, doch nur das Belohnungssystem nutzt die positive Verstärkung zu einer gezielten Verhaltensmodifikation. Die pädagogischen Punkte sind eher ein Protokoll über angestrebte Leistungen und eine gute Gesprächsgrundlage für pädagogische Entscheidung.

Kind mit einbeziehen

Ein Belohnungssystem in einer gemischten Form, wo neben den positiven Verstärkungen für den Erfolg auch negative für den Misserfolg, bzw. bei Rückfall in das alte Verhalten benutzt werden, hat nur in der Hand sehr erfahrener Therapeuten und eigentlich nur unter stationären Bedingungen Aussicht auf Erfolg. Für den Familienalltag ist es reine Zeitverschwendung.

Sie müssen von vornherein wissen, dass Belohnungssysteme viel Selbstdisziplin von Ihnen verlangen. Mit linker Hand gewinnen Sie hier nichts.

„Als Belohnung darfst du heute zehn Minuten länger am Computer spielen!"

Das allzu Alltägliche

Negative Konsequenzen

Neben den Belohnungsplänen wird auch oft von negativen Konsequenzen gesprochen, die doch auch nötig seien. Dabei werden häufig negative Konsequenzen und Bestrafungen miteinander verwechselt.

Bestrafungen haben nur Sinn bei der Ahndung von Vergehen wie Diebstahl, Körperverletzung etc. Sie setzen eine Schuld und ein Unrechtsbewusstsein voraus, müssen an normativen Regeln gemessen werden und dürfen die Würde des Menschen nicht verletzen. Ob Strafen in der Pädagogik überhaupt einen Sinn haben, wird sehr unterschiedlich diskutiert.

In der Verhaltenstherapie hat das Prinzip der Bestrafung keinen Platz. Hingegen können negative Konsequenzen in der Therapie zur Umorganisation von Verhalten sehr wohl nützlich sein. Im Zusammenhang mit Konsequenzen bedeutet ‚positiv' ein Hinzufügen eines angenehmen Reizes und ‚negativ' ein Wegnehmen eines solchen Reizes, z. B. die Gute-Nacht-Geschichte versagen, die Fernsehzeit kürzen. Das Hinzufügen wird das Bewusstsein angenehm, also positiv, empfinden und das Wegnehmen unangenehm, also negativ, verstehen. Dieser Einfluss auf das Bewusstsein soll das Verhalten in beiden Fällen in Richtung auf das Zielverhalten lenken.

positive und negative Konsequenzen

Der allgemeine Sprachgebrauch führt leider manchmal zu Verwirrung. Der Begriff ‚Konsequenz' steht in der Verhaltenstherapie für eine möglichst automatisch einsetzende Maßnahme, die ein bestimmtes, unerwünschtes Verhalten umwandeln soll. In der Umgangssprache steht dieses Wort jedoch für Beharrlichkeit, Festigkeit und Zielstrebigkeit. Und das Adjektiv ‚konsequent' wird in der Betreuung von ADHS-Kindern für wohlwollendes, liebevolles, sicheres und beharrliches, nicht stures Handeln benutzt. Darüber sollte Klarheit bestehen.

Es ist für Sie viel einfacher, mit positiven Konsequenzen zu arbeiten und Erfolg zu haben. Negative Konsequenzen haben aber durchaus ihre Berechtigung, wenn es darum geht, Ängste und die damit verbundene Vermeidenshaltung zu behandeln, z. B. Prüfungsangst und die damit verbundene Neigung zu schwänzen. Ohne fachliche Begleitung werden Sie sich hier bald auf unsicheren Pfaden fühlen, besonders wenn Umstehende die Maßnahme missverstehen und Sie des Liebesentzugs bezichtigen. Es ist eben nicht einfach, mit negativen Konsequenzen sicher umzugehen. Doch wenn Sie sich sicher sind, bleiben Sie unbeirrt. Wenn sich eine Wolke vor die Sonne schiebt, stirbt auch nicht alles Wachsen und Reifen.

Versuchen Sie es mit positiven Konsequenzen!

16 Auszeit – Time-out

Der Begriff ‚Time-out' oder ‚Auszeit' ist aus der Sportwelt entliehen. Es ist dort eine klar aufgezeigte Spielregel, nach der für kurze Zeit das Spiel unterbrochen werden kann.

In der Pädagogik verwendet man diesen Begriff in der Methodik, die Disziplin von Schülern zu korrigieren. Nicht alle Pädagogen halten einen Ausschluss für eine angemessene Maßnahme. Dem beschämenden In-der-Ecke-Stehen früherer Schulpraktiken kommt dies eher strafende Verfahren allzu nahe.

Um aufgebrachte Gemüter – auch bei ADHS – zu beruhigen, hat sich dieses Verfahren gut bewährt, wenn es einvernehmlich und verständnisvoll eingesetzt wird (5). Aus der einführenden Erklärung dazu muss allerdings deutlich hervorgehen, dass damit weder eine Strafe noch eine Disziplinierung gemeint ist. Die Auszeit ist vielmehr eine gute Chance für den ‚Wüterich', aus einer ausweglosen Situation ohne Gesichtsverlust herauszukommen.

keine Strafe

Eine Auszeit können Sie folgendermaßen verabreden:

1. Immer wenn einer von uns ‚ausrastet', erregt, wütend oder ausfallend wird, unterbrechen wir auch scheinbar dringende Gespräche.
2. Jeder geht dann auf sein Zimmer. Oder wenn das nicht möglich ist, an einen Ersatzort, wo man nicht angesprochen wird oder sonst wie gestört werden kann. Dieser Platz muss allen bekannt und seine Funktion akzeptiert sein.
3. Dort bleibt ein jeder, bis er glaubt, sich beruhigt zu haben. Das dauert meist 15 bis 20 Minuten. Solange braucht das Gehirn, seinen Erregungszustand herunterzufahren. Die ‚Wut-Botenstoffe' müssen dort abgebaut werden. Bei Erwachsenen kann das manchmal länger dauern, weil sie durch ihre Reflexionsfähigkeit für Nachproduktion sorgen.
4. Danach geht das Leben normal weiter, als sei nichts geschehen:
   a) kein Nachtragen
   b) kein Schmollen oder sonstiges Grimassieren
   c) kein wohlmeinendes ‚Aufarbeiten'
5. Die Sache, um die es in dem gescheiterten Gespräch ging, behandeln wir später, wenn möglich nach vorheriger Ankündigung.

Manche Eltern haben kein Verständnis für die unbekümmerte Art des Kindes, das nach einer Auszeit ganz unvermittelt und unschuldig um etwas zu trinken oder einen anderen Gefallen bittet. Eltern halten das für gefühllos oder sogar für unverschämt, frech und provokant. Das ADHS-Kind lebt in seinem Hier und Jetzt. Der Zwischenfall vor einer halben Stunde ist einfach ‚ex und hopp'. ADHS-Kinder sind so; Sie können nichts daran ändern! Das hat auch sein Gutes, denn dieses Verhalten trägt zum Frieden bei. Die Auszeit hat den großen Vorteil, nicht auf das ADHS-Kind gemünzt zu sein. Tatsächlich kann jeder von diesem Prinzip der Ruhe und des Sich-Zurücknehmens profitieren. Eltern selbst können erklären, erst mal eine Auszeit nehmen zu müssen. Das hat einen erstaunlich besänftigenden Effekt auf die Situation und einen harmonisierenden Einfluss auf die ganze Familie.

Verständnis zeigen

Die Auszeit dient der Persönlichkeit, nicht der Problemlösung.

Das allzu Alltägliche

Familienkonferenz

In Familien mit mehreren Kindern und immer wiederkehrenden, gleichen Auseinandersetzungen ist es oft einfacher, regelmäßig Familienkonferenzen anzusetzen, als viele Einzelgespräche führen zu müssen. Vom Nutzen dieser Konferenzen sollten allerdings alle überzeugt sein. Sie müssen nicht kühl, geschäftsmäßig ablaufen, sondern können sehr wohl als gemütliches Beisammensein gestaltet werden, mit Keksen, Tee und Saft.

Einige allgemein akzeptierte Regeln sollten allerdings gelten (55). Zu diesen Regeln gehören folgende Voraussetzungen, über die hinaus Sie Ihre Konferenz nach eigenem Können und Wissen ausbauen können:

grundlegende Regeln

- Treffen sind für alle verbindlich.
- Es gibt einen genauen Termin mit festgesetzter Dauer.
- Es gibt eine Tagesordnung bei brisanten Themen.
- Es können nur eigene Angelegenheiten vorgebracht werden und eigene Beiträge zu Lösungen genannt werden.
- Es finden keine Verhöre und Verurteilungen statt.
- Alle halten sich an die Gesprächsregel.
- Man spricht nur, wenn man das Wort hat, Unterbrechungen sind nicht erwünscht.
- Eine großzügige Redezeit wird vereinbart.
- Einer hat die Gesprächsleitung.

Das Gespräch muss nicht immer von den Eltern geleitet werden, auch Jugendliche können das sehr gut – auch mit ADHS. Es gibt einige erprobte Tipps für solche Gespräche, auf die Kinder, aber besonders Jugendliche, gut ansprechen:

- ehrlich auftreten, nicht süßlich, nicht mit gespielter Höflichkeit,
- Tonfall und Mimik beherrschen, Anheben der Stimme löst oft sofort Widerstand aus,
- kein fixierender Blickkontakt bei Jugendlichen,
- nicht extrem loben, sondern ehrlich anerkennen,
- auf ‚Motzen' und ‚Nörgeln' nicht eingehen,
- beim Thema bleiben, keine ausufernden Beispiele,
- nur eine Frage zur Zeit stellen und auf die Antwort warten,
- Vorsicht mit überzogenen Vergleichen,
- bei gereizter Stimmung möglichst humorvolle Wendung finden, diese kann man schon vorbereitet haben.

Wenn es Ihnen schwerfällt, mit Ihren Kindern so souverän und gleichberechtigt umzugehen, hilft Ihnen eventuell die Imagination, dass sie gar nicht die eigenen Kinder, sondern die eines guten Freundes oder des Nachbarn seien. Solche Distanzierungen sind sehr entlastend. Respekt, der ohne den alles umhüllenden Mantel der Elternliebe auskommt, wertet die Persönlichkeit des Gegenübers auf. Und dazu können Familienkonferenzen beitragen (79).

Distanzierung

Werden Sie einfaches Familienmitglied an einem runden Tisch!

18 Gemeinsam reisen

Familienausflüge sind bei allen Kindern sehr beliebt und stehen auf ihren Wunschlisten ganz oben. Eltern sind dazu gelegentlich anders eingestellt. Und für Kinder mit ADHS sind solche Abenteuer oft reinster Horror. Das liegt nicht daran, dass die ADHS-Kinder ihre Familie nicht mögen oder das Ausflugsziel nicht schätzen.

keine Überraschungen

Alle Veränderungen sind für diese Kinder zuerst einmal bedrohlich. Jeder Szenenwechsel, wie er im Gesellschaftsspiel typisch ist, verwirrt. Die Enge im Autositz, wenn einem die Geschwister ‚auf die Pelle' rücken, ist unerträglich. Und dann die vielen, langen Wartezeiten! Und all die fremden Leute! ADHS-Kinder glauben, aus der Haut fahren zu müssen. Ihnen fällt immer etwas Neues ein, das Unternehmen unmöglich zu machen. Für Eltern kann so ein schöner Plan zu einer bangen Situation werden. Für sie ist das Kind mit ADHS nur eines in der Familie, und nicht alle sollen unter seinen Schwierigkeiten leiden. Anderseits kann seine Opposition so stark sein, dass keiner mehr Lust hat, etwas zu unternehmen. Was ist zu tun?

Da die meisten ADHS-Kinder freundlich und gutmütig sind, wenn Sie ihnen Aufmerksamkeit schenken, sollten Ausflüge oder Besuche bei Verwandten frühzeitig angekündigt und immer häufiger angesprochen werden, je näher der Reisetermin rückt. Machen Sie zusammen mit dem Kind Pläne, was zu tun ist, geben Sie ihm wichtige Aufgaben bei der Vorbereitung. Spielen Sie mit ihm in Gedanken durch, wie lange etwas dauern wird, wie es am Ziel aussehen wird etc. (41).

Ablenkung bieten

Im Auto schaffen Sie genug Platz für das Kind mit ADHS, oder genug Abstand zu den Geschwistern. Denken Sie an Ablenkungen, etwas zu naschen und zu trinken. Erlauben Sie Kopfhörer, obwohl diese Abkapselung dem Sinn eines gemeinsamen Familienausfluges widerspricht. Lassen Sie sich Spiele einfallen. Machen Sie häufiger Pausen und animieren Sie zum Herumtollen und Toben.

Bei Reisen mit Bahn, Bus und Flugzeug tun Sie sich selbst einen Gefallen, wenn Sie den Zeitrahmen großzügig bemessen. ADHS-Kinder brauchen Zeit, um Ortswechsel nachvollziehen zu können. In der Eisenbahn sollten ADHS-Familien Plätze reserviert haben, möglichst um einen Tisch, besser noch in einem Abteil. Längere Busreisen sind besonders anstrengend. Viele Kinder mit ADHS sind sehr empfindlich und entwickeln oft Übelkeit und Reisekrankheit.

Das allzu Alltägliche

Gesellschaftsspiele und Besuche

19

Bei Gesellschaftsspielen sollten Sie vorher nicht nur die Spielregel erklären, sondern auch an Verhaltensregeln erinnern: z. B. keine Nebentätigkeit, bis zum Schluss spielen, nichts zerstören oder hinwerfen. Ob Sie zum Sieg verhelfen wollen oder nicht, ist eine Temperamentsfrage. Kinder achten solche zugeschobenen Siege gering, da sollten Sie sich nichts vormachen. Auch ADHS-Kinder empfinden so, obwohl sie ihre Niederlagen kaum verkraften können. Hier kann man manchmal den Tränen vorbeugen, wenn Sie Partei ergreifen, z. B. gemeinsam gegen Papa spielen, oder wenn Sie einvernehmlich die Karten tauschen oder die Plätze wechseln. Nur offenes Schummeln sollten Sie nicht zulassen. Auch ADHS-Kinder können lernen, dass ein Spiel nur ein Spiel ist, und dass man mit einem Sieg genau derselbe bleibt wie mit einer Niederlage. Auch Spielzeiten sollten Sie ADHS-Kindern ankündigen, einschließlich ihres Endes.

Spiel- und Verhaltensregeln

Unvorhergesehene Besuche zu Hause stellen Sie oft vor besondere Probleme. Kinder mit ADHS führen sich dann plötzlich so penetrant auf, dass der Besuch sich überlegen wird, ob er jemals wiederkommen will. Ermahnungen helfen herzlich wenig und sind in dieser Situation für das Kind kränkend und für den Besuch peinlich. Wenn es Ihnen nicht gelingt, das Kind vorübergehend von anderen beaufsichtigen zu lassen, hilft wieder nur, dem Kind angemessene Aufmerksamkeit zu schenken. Kleine Aufträge, wie z. B. ein Glas Wasser für jeden zu holen, werten das Kind auf und lassen es ruhiger und angepasster werden. Ältere Kinder sollten es auch ertragen können, vorübergehend aus dem Raum verwiesen zu werden. Auch in einem guten Familienleben sollte jeder, d. h. auch die Mutter, die Gelegenheit haben, eine Privatsphäre zu pflegen (82).

das Kind beschäftigen

Wenn Ihnen Familiensinn und Gemeinschaftsgefühl wichtig sind, lassen Sie sich von den Ausweichmanövern Ihrer Kinder nicht beirren.

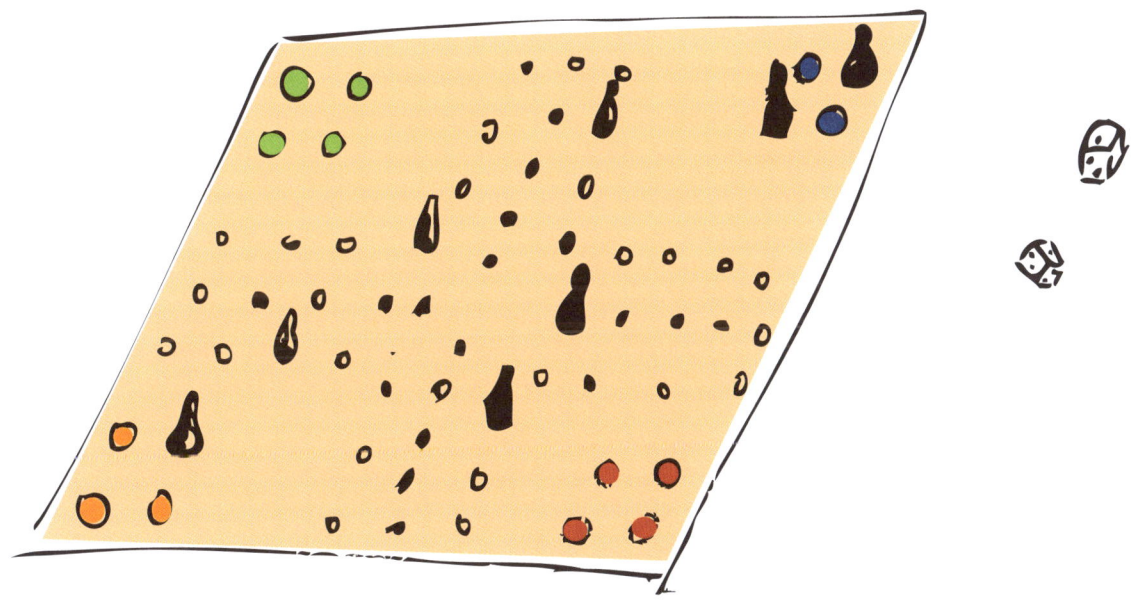

Hausaufgaben

20 Zeitplan

Der Heimweg von der Schule ist jeden Tag eine Plage. David ist mürrisch, schaut seine Mutter gar nicht an, tritt aggressiv nach kleinen Steinen und schimpft vor sich hin. „Sch… Hausaufgaben! Ich mache sie nicht! Nein, nein!" Zu Hause fliegt die Tasche in die Ecke und er kümmert sich sofort um seine Käfersammlung; ist kaum zum Mittagessen zu bewegen. Ihn später an die Hausaufgaben zu bringen, wird zu einem tränenreichen Familiendrama.

Nach der spielerischen Entdeckungsphase der ersten Schulwochen macht sich kein Kind mehr mit Freude an die Hausaufgaben. Für das ohnehin oppositionell eingestellte ADHS-Kind ist diese Fortsetzung des Schultages ohne die beziehungsstiftende Gegenwart des Lehrers eine einzige Qual. Die Stimmung ist gespannt und die Mutter muss den Eindruck bekommen, ein Folterknecht zu sein, wenn sie das Thema nur anspricht.

Entschärfung des Konflikts

Die negative Einstellung zu den Schularbeiten werden Sie nur berichtigen können, wenn Sie Verständnis für die Gefühlslage des Kindes zeigen, allerdings ohne seine Meinung zu teilen. Versuchen Sie, die Schularbeitensituation möglichst angenehm zu gestalten und gleichzeitig beim Kind Einsicht in die Notwendigkeit zu wecken. Der erste Teil dieser Forderung ist leicht zu erfüllen, wenn Sie sich nur an die eigene Stimmung bei Hausaufgaben erinnern, oder wenn das zu lang zurückliegt, wenn Sie an eigene gegenwärtige, unerfreuliche Verpflichtungen denken, z. B. schwierige Briefe, Kondolieren oder Absagen.

Für die zweite Forderung ein paar Vorschläge: Richten Sie zusammen mit dem Kind einen angenehmen Arbeitsplatz ein {21} und beschaffen Sie die geeigneten Organisationsmittel {22, 23, 27, 40}. Aber vor allem stellen Sie wieder mit dem Kind einen unumstößlichen Zeitplan auf.

Hausaufgaben müssen gemacht werden, das aber ist keine ‚Open-end-Veranstaltung' und muss in den familiären Tagesplan passen. Der Plan sollte auf die übrigen, regelmäßigen Wochen-Veranstaltungen wie Sport, Klavierstunde etc. Rücksicht nehmen.

Zeit begrenzen

In den unteren Schulklassen wird von den Kindern nicht mehr als 30 bis 45 Minuten häusliches Üben erwartet. In oberen Gymnasialklassen wird es schon mehr sein. In jedem Fall empfiehlt es sich, über dieses Thema mit der Schule Klarheit zu schaffen. Bei der Fächervielfalt wissen die Lehrer oft gar nicht, weil sie sich selten absprechen, wie viel ein Schüler am Nachmittag arbeiten muss [1, 28]. Wie dem auch sei, Schularbeiten haben einen Anfang und ein Ende, wie eine Klassenarbeit. Was am Ende nicht gemacht wurde, fehlt eben – sollte aber vielleicht mit einem Kommentar der Mutter versehen werden.

Das Kind muss das beglückende Gefühl haben können, dass es mit Abschluss der Hausaufgabenzeit frei ist.

Nur so wird es einsehen, dass Hausaufgaben nie verschoben werden, auch wenn draußen die Freunde schon warten, oder im Fernsehen eine einmalig wichtige Sendung läuft. Ein Zeitplan setzt nicht nur einen schriftlichen Plan voraus, sondern auch eine sichtbare Uhr zur ständigen Selbstkontrolle und zum Ansporn.

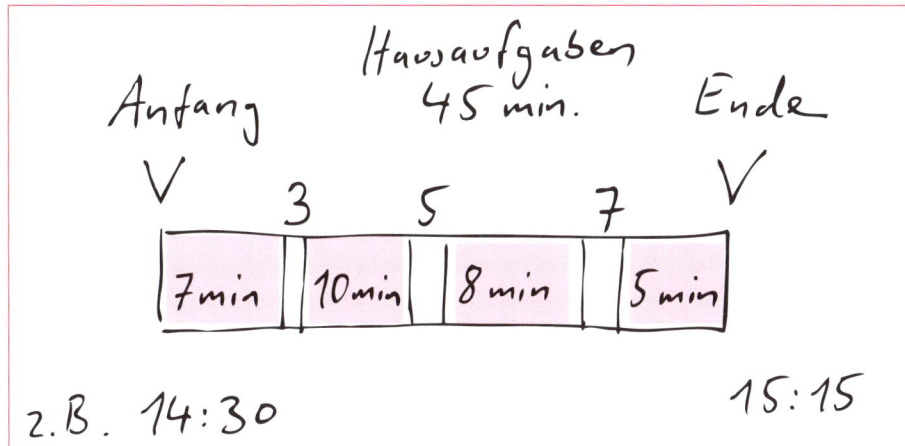
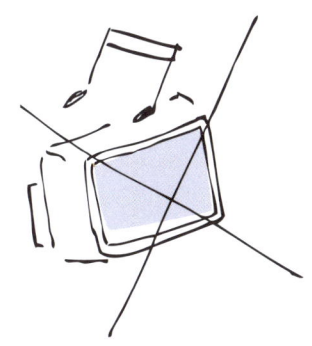

Entscheidend für das Gelingen dieses Zeitplans sind die bewusst eingebauten Pausen. ADHS-Kinder können sich nicht lange auf eine Arbeit einlassen. Wenn Sie ihnen keine Pausen zugestehen, nehmen sie sich unweigerlich welche, indem sie unruhig zappeln und mit irgendetwas spielen. In den kurzen, genau festgelegten Pausen sollten Sie sie zum Bewegen und Balancieren animieren. Toilette nicht vergessen, evtl. etwas trinken! Danach geht es wieder besser zur Sache.

Pausen sind wichtig

Im Allgemeinen sind unkonzentrierte Kinder durch zusätzliche Reize noch mehr abgelenkt, so sollen während der Schularbeiten Fernsehen und Radio natürlich ausgeschaltet sein. Leise Musik hat sich jedoch in Einzelfällen als positiv herausgestellt. An die Musik sind bestimmte Ansprüche zu stellen. Sie soll keine Worte enthalten und nicht zum Mitsingen einladen, nicht zu rhythmisch und nicht zu dynamisch sein.

Mit folgenden Stücken gibt es gute Erfahrungen:
- „Kleine Nachtmusik" (W. A. Mozart)
- „Clair de Lune" (Claude Debussy)
- „Nocturne" aus *Ein Sommernachtstraum* (Felix Mendelssohn)
- Filmmusik zu „Die Möwe Jonathan" (Neil Diamond)
- „Prélude à l'après-midi d'un Faun" (Claude Debussy)
- „Bilder einer Ausstellung" (M. Mussorgski)
- „March of the Toys" (Victor Herbert)
- „Summ-Chor" aus Madame Butterfly (Giacomo Puccini)

Ein laufendes Fernsehgerät hat noch niemals die Arbeitsbereitschaft und die Konzentrationsfähigkeit verbessert, auch wenn der Ton abgeschaltet wurde!

Fernsehen

Schaffen Sie sich neue Freiheit mit verbindlichen Zeitplänen.

21 Arbeitsplatz zu Hause

Elisabeth hat zwar ein eigenes Zimmer, doch dort schläft sie nur und hortet ihre Schätze. Spielen tut sie im ganzen Haus und genauso geht sie – gelegentlich – an ihre Schularbeiten heran. Ständig müssen Bücher, Hefte und Stifte gesucht werden, und Mutters fürsorgliche Kontrolle ist kaum möglich.

Der Arbeitsplatz zu Hause hat einen großen Einfluss auf den Arbeitsstil des Kindes. Sie haben alle Freiheit, darauf Einfluss zu nehmen. Es gelten dieselben Ansprüche wie in der Schule {59}. Tisch und Stuhl müssen zu der Größe des Kindes passen. Der Platz sollte hell und licht sein, aber nicht den direkten Blick aus dem Fenster erlauben. Es sollte möglichst immer der selbe Platz sein – wie es auch immer dieselbe Zeit sein sollte. Die modernen Schreibtischstühle, auf Rollen, drehbar und mit kippbarer Sitzschale sind bei ADHS-Kindern sehr beliebt, aber ebenso ungeeignet. Besser geht es mit einem normalen, auf die Beinlänge des Kindes eingestellten Stuhl. Dazu kann ein kleines Fußbänkchen den Füßen Halt geben.

Arbeitsumfeld gestalten

Die Tischoberfläche ist leer. Nichts sollte Anlass zur Ablenkung geben, wie Haustiere, Geschwister oder Spielzeug. In den ersten Schuljahren ist es besser, wenn Sie, Mutter oder Vater, mit am Tisch Platz nehmen. Später sollte es genügen, wenn Sie von Zeit zu Zeit herantreten. Hilfestellungen sind anfangs gerade bei unkonzentrierten Kindern ständig nötig. Später sollte das nach Wunsch des Kindes und nur zu bestimmten Augenblicken erfolgen. Auch ADHS-Kinder können lernen, Fragen aufzuschieben, auf Antworten zu warten und selbstständig zu arbeiten. Sie müssen aber konsequent dazu angehalten werden. Rückfragen und Aufmunterungen helfen: „Versuch es erst mal selbst!", „Was ist denn deine Meinung dazu?!", „Mach dir eine Notiz!", „Ich komme gleich!", „Überlege mal, ob du nicht schon Ähnliches kennst!" etc.

Eine sichtbare Uhr ist Voraussetzung, seine Arbeit steuern zu können.
Schreiben und Zeichnen gelingt vielen ADHS-Kindern oft auf dem Fußboden liegend besser und schneller. Am Tisch müssen Sie manchmal die richtige Schreibposition vorbereiten {26}. Lesen fällt vielen Kinder leichter, wenn sie es sich auf dem Sofa bequem machen können. Ob am gleichen Platz Geschwister spielen oder auch für die Schule arbeiten können, muss am Erfolg des konzentrationsgestörten Kindes beurteilt werden. Von ADHS-Kindern ist nicht viel Toleranz zu erwarten, so dass die anderen sich eher anpassen müssen.

gute Organisation

Bei den Bemühungen, sich besser zu organisieren, ist es sehr hilfreich, wenn das Kind seinen Arbeitsplatz jedes Mal am Ende der Hausaufgabenzeit aufräumt und die Schultasche anhand des Stundenplans fertig packt. Nur so kann sich das Kind von einer Pflicht erlöst fühlen. Falls für den Abend noch zusätzliches Üben {24} vorgesehen ist, kann man die Unterlagen dazu wieder hervorholen.

Schularbeiten sind nicht das Leben! Aber weil sie unausweichlich sind, sollten Sie Zeit und Raum dafür optimal einrichten und begrenzen.

Stunden- und Terminplan

Markus geht schon in die dritte Klasse und tut dies gern, doch er weiß immer noch nicht, wie spät es ist, oder welchen Wochentag man schreibt. So ist er auch schon mal an einem Sonntag mit all seinem Gepäck zur Schule aufgebrochen. Seine Eltern verspäten sich häufig und sind ganz ratlos.

Der Stundenplan ist ein bewährtes Organisationsmittel für die Schulwoche. Kinder und besonders solche mit ADHS schätzen den Wert oft sehr gering ein und wissen deshalb nicht, wie man damit am besten umgeht. Der Stundenplan sollte allgegenwärtig sein. Dazu muss er gut lesbar geschrieben sein und immer in der aktuellen Form vorliegen. Man braucht in der Regel mehrere Exemplare: eines in der Schultasche, ein anderes auf dem Schreibtisch, ein drittes dort, wo man sein Schulmaterial aufhebt und wo man seine Tasche packt. Oft ist es praktisch, eines neben den Spiegel zu kleben. Auch die Mutter sollte eines für sich haben.

Pläne machen

Das ist so wichtig, weil der Stundenplan nicht nur den Schulvormittag regelt, sondern auch auf den Rest des Tages wirkt. Er kann bedeutsam wie ein Drehbuch, wie ein Montageplan oder wie ein Aktenvorgang sein. Darum ist es nur konsequent, wenn der Nachmittag mit seinen festen Verpflichtungen, z. B. der Zeit für Hausaufgaben, für die Ballettstunde, für die Pfadfinder etc. auch darin aufgenommen wird. Ein Tages- oder besser Wochenplan hilft der gesamten Familie. Die freien Felder können Sie farblich kennzeichnen, um deutlich zu machen, dass dies wirklich freie Zeit ist, und keine unliebsamen Überraschungen drohen.

Der Stundenplan hilft, die morgendliche Aufstehzeit festzulegen, die aktuellen Hausaufgaben rechtzeitig zu erledigen, das selten gebrauchte Material wie Sport- oder Schwimmzeug, Malutensilien, Atlas etc. bereitzustellen. Er legt auch fest, wann das Mittagessen fertig sein muss, und wann die Freunde anrufen können.

Da es ADHS-Kinder schwierig finden, solche Pläne oder Listen im Kopf zu haben, ist es empfehlenswert, ihn ansehnlich zu gestalten und gut sichtbar an vielen Stellen auszulegen. Ein freundliches Hindeuten auf den Plan erübrigt manch lästige Ermahnung und erspart viel unerfreuliche Argumentation. Der Nutzen dieser Pläne kehrt sich manchmal ins Gegenteil, wenn sie zu häufig geändert werden, oder immer wieder Ausnahmen gelten. Verlässlichkeit und Beständigkeit helfen ADHS-Kindern, sich zu organisieren und gute Leistungen zu erbringen.

Organisation sichtbar machen

Eltern, die ihre eigenen Termine mit einem Taschenkalender oder einem Terminplaner sicher verwalten, beeinflussen ihre Kinder vorbildlich.

Es spricht auch nichts dagegen, einen solchen ‚Timer' auf dem Handy oder dem Blackberry zu führen. Viele Kinder können damit erstaunlich sicher und selbstverständlich umgehen. Nachteilig ist jedoch, dass diese ‚Wunderdinger' leicht verloren gehen, und dass die Eltern keine Kopie zur parallelen Kontrolle haben.

Versuchen Sie Ihr Familienleben rund um einen Terminplaner kreisen zu lassen. Das schafft Frieden und Sicherheit.

Hausaufgabenheft

Ohne Notizen kann sich kein Schüler seine Hausaufgaben sicher merken. Nutzen Sie dazu die besten Möglichkeiten. Leider wird selten und nur von wenigen Schulen auf so wichtige Organisationsmittel geachtet.

Zeiteinteilung

Kinder mit ADHS werden von ihrem Gedächtnis leicht im Stich gelassen, deshalb sollten sie schon früh an eine zuverlässige Weise gewöhnt werden, Wichtiges zu notieren. Da ADHS-Kinder mit Vertrautem gut und mit Neuem unsicher umgehen, sollte man eine Form des Hausaufgabenheftes wählen, die für die gesamte Schulzeit brauchbar ist. ADHS-Kinder haben immer mit der Zeiteinteilung und mit dem Zeitgefühl Probleme. Diesem Aspekt muss das Hausaufgabenheft Rechnung tragen. Der Markt bietet kaum eine Auswahl. Gestalten Sie sich ein Aufgabenheft selbst. Besonders gut eignen sich sogenannte ‚Chef-Kalender', DIN A5, eine Seite für einen Tag, mit folgender Aufteilung:

Montag				
Fach	Das hab ich auf:	Zeit geplant:	Zeit geschafft:	erledigt:
Deutsch	Lesen S.13			✓
Mathe	Nr. 3 alle Türme	15 min.	12 min.	
Englisch	Nichts auf!			
Bio	Igel malen	10 min.	18 min.	✓

Jeder Tag der Woche sollte mit den Fächern bereits vorgeschrieben sein, das tun Sie am besten am Sonntag zuvor. ADHS-Kinder haben in der Eile nach der Unterrichtsstunde keine Chancen, dies erst bei Bedarf auszufüllen.

Für die eigentlichen Hausaufgaben lassen sich Abkürzungen vereinbaren, damit es schneller geht. Sollte einmal in einem Fach keine Hausaufgabe anfallen, sollte das auch protokolliert werden, und zwar ausgeschrieben, nicht einfach mit einem Strich. Ein Strich verliert sich schon mal auf einer Seite.

Verständnisvolle Lehrer werden Sie dafür gewinnen können, die eingeschätzte Zeit für die jeweilige Hausaufgabe anzugeben. Wie viel Zeit dann tatsächlich gebraucht wurde, notiert das Kind selbstständig zu Hause. So hat es eine Möglichkeit, sein Arbeitstempo zu erkennen und Veränderungen daran zu beobachten.

Hausaufgaben planen

Die Spalte ‚erledigt' ist für das Wohlbefinden und die Selbstbestätigung wichtig, gerade bei Kindern, die oft Kritik erleben müssen. Hier darf ein dickes Häkchen gemacht werden, wenn die Aufgabe erledigt wurde.

Kinder mit ADHS schreiben sehr ungern. Ein kleines Diktiergerät könnte die Funktion des Hausaufgabenheftes übernehmen, wenn das Kind frühzeitig und gut daran gewöhnt ist.

Hausaufgabenhefte müssen Sie sich täglich ansehen.

Zusätzliches Lernen

Nach jahrelangen Anstrengungen macht Kevin seine Schularbeiten jetzt vollständig, aber zusätzlich lernen will er auf keinen Fall, obwohl es nötig wäre. Er wird bockig und weint; nichts geht!

Die besondere Art der Wahrnehmungsverarbeitung von Kindern mit ADHS macht, auch bei guter Intelligenz, regelmäßig zusätzliches Lernen erforderlich. Auch wenn die Notwendigkeit dafür an den schlechten Noten leicht erkannt werden kann, ist das zusätzliche Lernen außerordentlich unbeliebt. Die Kinder davon zu überzeugen, ist nötig, aber nicht einfach. Sie dazu zu überreden oder gar zu zwingen, bringt kaum den erwünschten Erfolg.

gemeinsamer Einsatz

Alle Kinder leiden unter schlechten Noten oder Blamagen. Sie hierin verständnisvoll anzunehmen und nicht ebenso niedergeschlagen zu reagieren, kann der erste Schritt zu einer besseren Lernmotivation sein. So kann eine ‚Sechs' auch mal ein Segen sein. Sie können mit dem Kind ein Bündnis schließen, diese unangenehme Erfahrung in Zukunft gemeinsam zu vermeiden. Dazu vereinbaren Sie eine gemeinsame Lernanstrengung neben den üblichen Schularbeiten. Jawohl, eine gemeinsame Anstrengung! Die Eltern sind sehr gefordert. Ohne die Kraft einer guten Beziehung wird das ADHS-Kind sich aus dem Tief nicht herausarbeiten können. Sie bereiten einen Zeitplan vor, der zu Ihrem Tagesablauf passt. Die Einzelheiten sollten vom Kind mitbestimmt werden können, aber an dem Grundsatz gibt es nichts zu diskutieren.

Das zusätzliche Lernen muss ganz konkret formuliert werden und darf nicht zu einem verwaschenen ‚Du musst Dich mehr auf Deinen Hosenboden setzen' werden. Wenn es um englische Vokabeln geht, könnten Sie z. B. vorsehen, dass jeden Abend gleich nach dem Essen abgefragt wird, bis fünf oder acht Vokabeln sicher gewusst werden. (Benutzen Sie hierbei die Lernbox {50}, das erhöht den Spaß!) Zwei oder drei sehr kurze Übungsphasen sind besser als eine lange. Und das geschieht so lange, bis das gesteckte Ziel erreicht ist, z. B. eine ‚Drei' im Vokabeltest. Das Kind wird ‚freigesprochen', das tut seinem Selbstbewusstsein gut. Dieses Vorgehen lässt sich jederzeit wiederholen, falls die Leistungen wieder schlechter geworden sind. Das gesamte Unternehmen kann eine erhebliche, zeitliche Belastung für Vater und Mutter werden, was das Kind natürlich nicht merken soll – und was es ihnen auch nicht danken wird.

kleine Erfolge

Heben Sie die Übungszeiten im Stundenplan mit greller Farbe hervor. Halten Sie diesen Plan strikt ein. Sparen Sie nicht mit Lob, wenn das Kind gut mitzieht, und feiern Sie den Moment erster Anerkennung aus der Schule. Mehr als ein Eisen kann man nicht schmieden. Es ist erfolgreicher und realistischer, wenn man sich nur auf eine Schwierigkeit konzentriert. Weitere Probleme müssen warten, auch wenn die anderen Fachlehrer drängen, in ihrem Fach vorrangig zu üben. Eine Überforderung produziert nur Misserfolg. Wenn Sie mit bestem Willen dazu nicht in der Lage sind, kann das zusätzliche Lernen auch auf andere Personen übertragen werden. Es sollte aber jemand sein, zu dem das Kind eine warmherzige Beziehung hat und der leicht zu erreichen ist. Nachhilfeinstitute erfüllen diese Forderung so gut wie nie. Sie sind deshalb nicht erfolglos, nur stellt sich ein Erfolg dort auf völlig andere, mühsamere Weise ein. Das Gleiche wurde bei zusätzlichem Lernen in Gruppen festgestellt.

Zusätzliches Lernen in kleinen Portionen, häufig und regelmäßig.

25 Schreiben
Handschrift

Die Handschrift von ADHS-Kindern ist sehr oft unleserlich und bereitet ihnen selbst und den Lehrern Kummer.

Die Erklärung ist: Etwa 50% der Schüler mit ADHS haben gleichzeitig eine sensomotorische Entwicklungsstörung. Die fein koordinierten Bewegungen der Hand, wie sie beim Schreiben gebraucht werden, sind noch nicht oder nur unvollkommen ausgereift. Die Entwicklung dieser Funktionen ist deutlich verzögert. Frühe Merkmale dafür sieht man beim Gebrauch der Schere, beim Eingießen von Getränken, beim Essen mit Messer und Gabel, beim Kämmen und Schleifebinden. Die ADHS-Kinder lernen also schreiben, bevor ihre neurophysiologischen Voraussetzungen dafür entwickelt sind. Besondere Regeln erlauben, sie in diesem Prozess zu ermutigen und nicht zu frustrieren [18, 30, 35].

sensomotorische Entwicklungsstörung

Bei ausgeprägter sensomotorischer Entwicklungsstörung sollte schon vor dem Schreibprozess eine psychomotorische Therapie {72} angewandt werden; später auch eine Ergotherapie mit gezieltem Auftrag, die Hand-Hand- bzw. Hand-Auge-Koordination und die Raum-Lage-Wahrnehmung zu verbessern.

Die in Deutschland übliche gebundene kursive Ausgangsschrift hat für ADHS-Schüler Nachteile. Die Strichführung ist diskontinuierlich und nicht fließend, was ihre Handkoordination überfordert. Die Übergänge von einem zum anderen Buchstaben sind nicht sicher erkennbar. ADHS-Kinder können nicht entscheiden, wo ein Buchstabe endet und der nächste beginnt. Eine handschriftliche Druckschrift verbessert nicht nur die Lesbarkeit, sondern auch die Orthographie. Alle schriftlichen Anforderungen können mit dieser Schreibweise bewältigt werden. In England ist diese Art Handschrift die Norm. Die Bundesländer Hamburg und Bayern lassen die Druckschrift als Variante der Handschrift ausdrücklich zu. Alle Schulen haben die Möglichkeit, davon Gebrauch zu machen. Man muss nur daran denken und darüber reden.

persönlicher Stil

Die Bedeutung der Handschrift für eine gute Kommunikation wird häufig überbewertet, zumal am Ende des Lernprozesses doch jeder so schreibt, wie es ihm am leichtesten von der Hand geht. Bei der Bewertung der Schrift sollte nicht übersehen werden, dass die Handschrift als etwas sehr Persönliches empfunden wird, und ständige Kritik einen starken Einfluss auf das Selbstwertgefühl hat. Kinder mit ADHS sind sich ihrer Handgeschicklichkeit bewusst. Sie haben oft gute Gedanken im Kopf, trauen sich aber nicht, sie niederzuschreiben.

Schreiben als Strafmaßnahme stärkt nur Minderwertigkeitsgefühle und eine Schreibunlust, nicht aber die Schönschrift.

Auf lange Sicht lösen ADHS-Betroffene das Problem ihrer unleserlichen Schrift mit dem Computer, deshalb ist es sinnvoll, früh mit dem Training eines Zehn-Finger-Systems zu beginnen [41]. Tragbare Word-Prozessoren sind eine einfache und preiswertere Möglichkeit [27].

Also bitte die Handschrift nicht überbewerten und nach Auswegen suchen. Wir leben nicht mehr in der Zeit handgeschriebener Bücher und Kanzleiakten.

Schreibposition

Stuhl und Tisch sollen so gewählt werden, dass das Kind mit beiden Füßen mit ganzer Sohle den Boden erreichen kann. Es sollte mit vollem Gesäß und Oberschenkeln auf dem Stuhl sitzen und beide Unterarme flach auf den Tisch legen können. Im Ellbogen entsteht so ein rechter Winkel.

Ohne diese stabile Haltung mit sicherer Bodenhaftung werden ADHS-Kinder unruhig sitzen, weil ihre Körperwahrnehmung durch Bewegung Bestätigung suchen wird. In der Schule werden diese Bedingungen meist erfüllt, zu Hause ist das seltener der Fall. Ihre Unruhe ist zum Teil ein Kompensationsversuch zunehmenden Unsicherheitsgefühls. So bedeutet Stillsitzen für sie eine besondere Anstrengung. Andere Positionen können sie dagegen entlasten. Schaffen Sie die Möglichkeit, an einem Stehpult oder auf dem Fußboden liegend zu schreiben und zu lesen. Oft sind die Ergebnisse sofort spürbar besser. Die Sitzposition sollten Sie dennoch als die Norm anstreben.

stabile Haltung

Die Schreibunterlage sollte um etwa 5 Grad nach oben angeschrägt sein, um das Handgelenk locker und gestreckt halten zu können. Eine Antirutsch-Gummimatte verbessert das Ganze [14]. Legen Sie das Schreibpapier halb schräg vor das Kind, damit es aufrecht sitzend immer sehen kann, was es schreibt. Die korrekte Lage finden Sie, indem das Kind mit flach aufliegenden Unterarmen die Hände so zusammenführt, dass die Unterarme einen rechten Winkel bilden. Für einen Rechtshänder legen Sie die Oberkante des Papiers nun parallel zum linken Unterarm und für Linkshänder entsprechend zum rechten Unterarm. So vermeidet der Linkshänder überdies die Entwicklung der ungünstigen ‚Hakenhand', die das Geschriebene verdecken kann. Mit einem schmalen Kreppklebeband kann die Position auf der Schreibunterlage markiert bleiben.

Auf eine vorteilhafte Stifthaltung müssen Sie spätestens ab der Einschulung achten. Es gibt erstaunlich bizarre Stifthaltungen bei vielen Menschen, die dennoch eine gut lesbare Handschrift produzieren. Bei den motorischen Schwierigkeiten der ADHS-Kinder lassen Sie dennoch besser keine Haltung zu, die die Schreibmotorik zusätzlich erschwert. Der Stift sollte so zwischen Daumen und Zeigefinger gehalten werden, dass zwischen ihnen ein freier Zwischenraum bleibt. Der Mittelfinger hält den Stift von unten. So sind alle Schreibbewegungen am besten zu steuern. Kinder mit ADHS wählen häufig spontan einen Faust- oder Halbfaustgriff, bei dem der Stift zwischen dem Mittelfinger und dem Ringfinger herausschaut. Diese Haltung erfordert große Anstrengung und Konzentration, wenn die Strichrichtung umgekehrt wird. Leider sind alle Bemühungen um eine gute Stifthaltung mit häufigen Erinnerungen verbunden, was diese Kinder nicht mögen. Sie brauchen also Taktgefühl und eine umsichtige Strategie. Eine einmal angewöhnte Stifthaltung ist nach dem achten Lebensjahr nur mit allergrößter Mühe und mit Hilfe von Therapeuten zu ändern. Sie selbst können nach diesem Alter kaum noch etwas ausrichten und brauchen auch nicht länger zu ermahnen.

gute Stifthaltung

Nur am Anfang müssen Sie kleinlich auf die scheinbar nebensächlichen Hilfen für ungeschickte Schreiber achten.

Schreibmaterial

Bei der Auswahl des Schreibmaterials muss besondere Sorgfalt walten. Der Fachhandel kann alle Bedürfnisse befriedigen.

Bedingt durch ihre sensomotorischen Schwierigkeiten arbeiten Kinder mit ADHS besser mit dicken, langen Stiften. Eckige Stifte sind günstiger als runde, da sie nicht so oft davonrollen. Wählen Sie die beste Qualität an Bleistiften und Buntstiften. Sie brechen nicht so leicht ab, verschmieren nicht und lassen sich einfacher wieder anspitzen. Filzstifte und Marker sollten eine sehr feste Spitze haben, sind dann allerdings teurer. Halten Sie Reserven bereit, da ADHS-Kinder sehr viel häufiger etwas verbummeln (67).

die richtigen Stifte wählen

Das Schreiben mit einer sich spreizenden Feder, wie beim Füllfederhalter, sollten Sie nach Möglichkeit umgehen. Die Kleckserei und die komplizierte Strichführung mit ständig wechselndem Druck auf die Feder ist für ADHS-Kinder purer Stress und versperrt ihren Blick für das korrekte Wortbild. Gute Nadelschreiber oder Penball-Schreiber ergeben auch eine Tintenschrift, ohne die beschwerlichen Nachteile des Füllers.

- Die besten Stifte, Buntstifte, Marker
  - eckig statt rund
  - mit großem Umfang
  - evtl. Stifthalter
- Feste Filzspitzen oder Nadelschreiber
  - keine Füller
  - keine Killer
- Gutes Papier
- Tafelmaterial anpassen

Den Umfang der schlanken Schreibstifte passen Sie am einfachsten mit einer Greifhilfe aus Weichplastik an. Preiswerter ist es, wenn Sie drei Stifte mit Tesafilm so zusammenbinden, dass der gewünschte Stift um 2 cm unten herausschaut. Auch die Papierqualität hat Einfluss auf die Schrift. Es sollte nicht zu rau, nicht zu saugfähig und nicht zu fest sein. Man sollte darauf radieren können, und es sollte nicht leicht knittern. Normales Druckerpapier, 80 gr/qm erfüllt diese Ansprüche. Wenn die Seiten abgeheftet werden müssen, sollten sie bereits vor Gebrauch gelocht sein. Allerdings können ADHS-Kinder in unterschiedlichen, broschierten Heften besser Ordnung und Übersicht halten als auf losen Blättern.

Papierqualität beachten

Zu Beginn geben Sie besser unliniertes Papier aus, da alle vorgegebenen Hilfslinien das ADHS-Kind erst einmal verwirren. Für ihre großräumigen Schreibbewegungen sind die Linien zu eng. Ein Grenzstrich neben dem linken und rechten Rand hilft den Kindern bei der Raumaufteilung. Es erleichtert die Organisation, wenn Sie je einen Satz an Stiften und Papier für die Schule und für zu Hause anschaffen. Das erspart viel Ärger, setzt aber voraus, dass die Schule für die Kinder persönliche Fächer bereithält.

Nehmen Sie nur sehr gutes Material, auch wenn es teurer ist und vom Kind achtlos behandelt wird.

Schreibmotivation

Das Wichtigste ist aber nicht das richtige Sitzen und das beste Material, sondern eine lebhafte Schreibmotivation. Es wäre falsch anzunehmen, die Motivation würde sich mit der Einschulung schon einstellen. Leider ist durch unglückliche Umstände oft das Gegenteil der Fall.

Schon vor der Schule sollten Sie Kinder mit ihren Stiften und ihrem richtigen Gebrauch vertraut gemacht haben. Ebenso sollten Sie schriftliche oder gezeichnete Mitteilungen eingesetzt haben. In Familien, in denen das nicht üblich ist, tun sich die Kinder viel schwerer, die Anstrengungen des Schreiblernprozesses zu meistern. Doch jedes Defizit lässt sich durch entwicklungsgerechtes Üben aufholen. Kein Meister ist vom Himmel gefallen!

Legen Sie Wert darauf, dass Sie in erster Linie die Freude am Schreiben und nicht die Normschrift oder die Rechtschreibung fördern wollen! Für den Anfänger muss das Schreiben einen Sinn machen oder einen Vorteil haben. Das gilt besonders für ADHS-Kinder, die immer im Hier und Jetzt leben und nicht den Sinn und Nutzen in ferner Zukunft suchen (80).

Diesen Kindern gehen eher kontraproduktive Gedanken durch den Kopf:

- „Wann ist endlich Pause?"
- „Ich will eigentlich lieber laufen und toben!"
- „Warum muss ich schreiben, wo ich es doch alles sagen kann?"
- „Macht mir Schreiben überhaupt Spaß?"
- „Geht es nicht auch ohne?"

Es ist Ihre große Aufgabe, diese Skepsis und dieses Desinteresse aufzulösen. Es erfordert Ihr ganzes persönliches Engagement und eine ansteckende Begeisterung. Kinder mit ADHS dürfen Sie dabei nicht mit Reizen überhäufen. Sie können sehr gut selbst bestimmen, was sie gerade brauchen.

Ein direkter persönlicher Bezug zum Text lässt die Kinder die Mühe des Schreibens auf sich nehmen. Den eigenen Namen schreiben können, die heimatliche Adresse, eine Grußkarte an die Oma, Einladungen an Freunde und den Wunschzettel zu Weihnachten spornt an und lässt größere Pläne zu. Ihre Fortschritte sollten die Schüler selbst leicht feststellen können.

Im Allgemeinen helfen Sie einem Schüler mit ADHS, indem Sie ihm von Anfang an seinem Entwicklungsstand entsprechend mehr Zeit und mehr Raum einräumen. Trotzdem müssen Sie seine Graphomotorik insgesamt entschleunigen. Textvorlagen für Jüngere erhöhen die Erfolgsaussichten und damit den Spaß.

Zusätzliche Übungsphasen sind außerordentlich unbeliebt, deshalb sollten Sie dies nur in kleinen Portionen, aber häufig und regelmäßig tun. Diskrete Anreize wie farbig getöntes Papier oder interessant zugeschnittene Papierformate unterstützen die Ausdauer. Jedes Wort in einer anderen Farbe schreiben zu dürfen, hilft dem ADHS-Kind durchzuhalten und sich besser auf das Geschehen zu konzentrieren (81).

Schreiben muss ein aufregendes Erlebnis bleiben, das nicht von fehlenden i-Punkten und mangelhaften Unterlängen abgeschossen werden darf.

Rechtschreibung

Schreiben ist ein Problem, Rechtschreiben ein weiteres. In diesem Kapitel geht es vor allem um die notwendigen Voraussetzungen dazu.

gestörte phonologische Bewusstheit

Neben ihren motorischen Problemen haben viele ADHS-Kinder auch akustische Wahrnehmungsdefizite. Ihre Ohren sind gesund; der Hörtest wird normal ausfallen. Sie können jedoch schlecht ähnliche Laute auseinander halten, Silben erkennen, den Rhythmus halten und sich Lautfolgen merken. Ihr akustisches Gedächtnis ist unzuverlässig. Viel besser ist ihr visuelles Erinnern. Voraussetzungen für eine sichere Rechtschreibung bilden sich lange bevor ein Stift in die Hand genommen wurde. Im Kleinkindalter haben Sie evtl. eine verzögerte oder eigentümliche Entwicklung der Sprache beobachtet. Man spricht in solchen Fällen von einer gestörten phonologischen Bewusstheit (36).

Mit dem Bielefelder Screening (BISC) kann hier leicht Klarheit geschaffen und Fördermaßnahmen gefunden werden. Damit sollte schon im Kindergarten begonnen werden, doch ist es bei Bedarf auch zu jeder Zeit später möglich. Ohne eine sichere Lauterkennung kann ein Kind den Höreindruck nicht in ein Schreibzeichen übertragen.

Das BISC überprüft z. B.:

- Laut-zu-Wort-Zuordnung (o in Sonne?)
- Wort-zu-Wort-Zuordnung (Meer/Maus?)
- Reime erkennen (Haus-Maus?)
- Laute isolieren (Rose?)
- Phoneme segmentieren (Ho-se?)
- Phoneme zählen
- Laute verbinden (H_au_s)
- zusätzlich wird geprüft:
  - Aufmerksamkeitsleistung
  - Gedächtnisleistung

Sprachtherapeuten, aber auch Kindergärtnerinnen können dabei behilflich sein. Die Förderung können Sie zu Hause durchführen. Materialien können Sie in den meisten Stadtbibliotheken leihen. Die Anschaffung ist auch nicht unerschwinglich. Mit ein bisschen Fantasie und Erinnerung fallen Ihnen Kinderlieder mit eingängigen Refrains ein oder Sprachspiele wie: „Ich packe meinen Koffer" etc. Witze und kleine, lustige Gedichte auswendig lernen unterstützt die phonologische Bewusstheit ebenfalls.

Sprache fördern

Oft mögen oder können Kinder mit ADHS nicht frei vor einer Gruppe sprechen. Sie trauen ihren sprachlichen Fähigkeiten nicht. Doch um sich schriftlich auszudrücken, muss man das auch sprachlich beherrschen. Es sollte also darauf hingewirkt werden, dass das Kind vor der Familie oder vor der Klasse regelmäßig über seine Erlebnisse und seine Pläne berichtet. Das hat überdies den Vorteil, dass das ADHS-Kind lernt, zuzuhören und zu warten, bis es an der Reihe ist und andere wiederum warten werden.

freies Sprechen üben

Bisher ging es darum, Kinder mit ADHS sprachlich und phonologisch zu fördern. Da sie aber ausgesprochen gute visuelle Lerner sind, können Sie mit ihnen Wortbilder wiederfinden, Vexierbilder durchmustern oder winzige Details in Chaos-Bildern wiederfinden. Das spricht sie sehr an und stimuliert ihr Erfolgsbedürfnis. Puzzeln hingegen hat wenig Verbindung zur Rechtschreibung.

Vor der Rechtschreibung müssen Sie das rechte Hinhören und das klare Sprechen üben und zwar möglichst schon vor der Einschulung.

Diktate, ohne zu schreiben

Beim Diktat wird der ADHS-Schüler gleich auf mehrere seiner Schwächen angesprochen. Mit seiner unsicheren akustischen Wahrnehmung bzw. schlechten phonologischen Bewusstheit muss er Laute differenzieren und sie mit seiner insuffizienten Handmotorik in Schrift übertragen. Auf diesem Wege kann sein mangelhaftes Arbeitsgedächtnis die richtige Abfolge nicht immer zuverlässig festlegen.

Die Fehlertypen sind aus der Legasthenie-Diagnostik bekannt: (62, 74) [9, 23]:
- spiegelbildliche Verdrehung von Buchstaben: db, pq, un
- Umstellung im Wort: lief – leif
- Verwechslungen von ähnlichen Lauten: t/d, b/p, g/k, e/ä
- Auslassen oder Einfügen von Buchstaben   **häufige Fehler**
- Dehnungsfehler
- Groß- und Kleinschreibung

Diktate sind bei uns die gebräuchlichste Methode, die Fähigkeiten in Rechtschreibung zu überprüfen. Es gibt aber auch andere bewährte Verfahren wie z. B. Buchstabieren, Wortkarten nach falsch/richtig sortieren.

Die Hilfe für ADHS-Kinder hat bei ihren Stärken anzusetzen (17); und das ist der visuelle Wahrnehmungsstrang. Es geht darum, die Einprägearbeit, die bei Rechtschreibung nun mal nötig ist, auf der visuellen Wahrnehmungsebene zu etablieren. Die Kinder sollen das richtige Wort ‚abfotografieren' und im visuellen Gedächtnis speichern (77).

Wie soll das gehen?

Die meisten Wörter lernt ein Kind mit ADHS genauso wie andere Kinder. Es bleiben aber einige Problemwörter, die immer wieder und oft in verschiedener Weise falsch geschrieben werden. Diese Wörter sollten Sie das Kind einzeln auf kleine Zettel (DIN A7)* schreiben lassen. Z. B. kann das Wort ‚Wäsche' dann so aussehen:

Dass dies nicht korrekt ist, sagen Sie dem Kind ohne ausschweifende Erklärung und Nachfrage. Das Zettelchen wenden Sie sofort, um das falsche Wortbild aus dem Blick des Kindes verschwinden zu lassen. Auf einem neuen Zettel schreiben Sie in klarer Handschrift das Wort richtig nieder und bittet das Kind, sich Zeit zu nehmen, um sich dieses Wort wie ein Bild einzuprägen. (‚abfotografieren').   **visuelle Erinnerung**

Wenn das Kind meint, damit fertig zu sein, drehen Sie den Zettel um. Das Kind beginnt nun, das Wort zu buchstabieren. Ob es das phonetisch oder alphabetisch tut, spielt für den Lernprozess keine Rolle. Ist es dabei erfolgreich, stimmen Sie zu und zeigen das Wort noch ein Mal. Bei Misserfolg zeigen Sie das Wort kommentarlos und bitten, den ganzen Vorgang zu wiederholen.   **mit Zetteln üben**

*Die Übungszettel kann man sehr preiswert erhalten, wenn man in einem Fachgeschäft ein Paket Druckerpapier, 80 gr/qm (500 Blatt) kauft und entsprechend in DIN A7 schneiden lässt. Für etwa 5 € hat man so 4000 Zettelchen. Das reicht für mehr als ein Jahr.

Besonders gut eignet sich diese Lernmethode für Diktatkorrekturen. Das übliche Abschreiben einzelner Wörter oder des ganzen Diktats stürzt ein ADHS-Kind nur in Verzweiflung und hat keinen Lerneffekt.

Die Zettelchen sammeln Sie in einer Lernbox {50} für spätere Wiederholungen. Jeden Tag sollten Sie zwei bis vier Problemwörter bearbeiten. Das dauert 10-15 Minuten. Pro Woche sind das 15-20 Wörter und pro Jahr 750-1000; genau die Menge, die die Schule als jährlichen Zugewinn einplant.

visuelles statt akustisches Gedächtnis

Bei dieser Art zu üben, beobachten Sie das Kind von vorn. Sollte Ihr Kind beim Buchstabieren das Wort still nachsprechen, brechen Sie ab und zeigen das Wort erneut, lassen es anschauen, verdecken es wieder und bitten, mit dem Buchstabieren von vorn zu beginnen. Das stille Nachsprechen erkennen Sie an den stillen Lippenbewegungen des Kindes kurz vor oder während des Buchstabierens. Dies zeigt, dass es sein schwächeres akustisches, und nicht sein visuelles Kurzzeitgedächtnis benutzt. Das wollen Sie aber vermeiden, und fordern deshalb das Kind auf, das Wort nun von hinten her zu buchstabieren.

Wie beim Betrachten und Verstehen eines Bildes die Blickrichtung nicht festgelegt ist, so ist es auch kein Problem, ein Wort von vorn oder hinten zu betrachten und zu buchstabieren. Greift das Kind nun wirklich auf sein zuverlässigeres visuelles Gedächtnis zurück, verdreht es seine Augen ein wenig nach oben, als wollte es hinter seiner Stirn etwas ablesen. Dieses Rückwärts-Buchstabieren hat sich besonders dann bewährt, wenn Kinder immer wieder in das stille Lautieren verfallen, was eben sehr fehleranfällig ist. Diese Methode, ob nun vorwärts oder rückwärts, eignet sich besonders für einfache Lernwörter der 1. und 2. Klassen und für alle Stammwörter.

Bei zusammengesetzten Wörtern ist das visuelle Gedächtnis bald überfordert. Das scheint ein Nachteil dieses Verfahrens zu sein. Doch durch logisches Zerlegen langer Wörter können Sie es auch in höheren Klassen anwenden. Das Zerlegen hilft überdies, den Aufbau deutscher Worte besser zu verstehen.

Einige Beispiele von Mark Twain:
Stadtverordnetenversammlung = Stadt-ver/ordneten-ver/samml/ung oder Waffenstillstands-verhandlung = Waffen-still-stand(s)-ver/handl/ung.

Große Vorteile hat diese visuelle Verautomatisierung beim Lernen von Fremdsprachen, besonders solchen, bei denen Schreibweise und Aussprache kaum eine regelhafte Verbindung haben, z. B. bei Englisch [11, 24].

Wörter zerlegen

Die Formeln im Chemieunterricht und natürlich alle Grafiken aus anderen Fächern lernt man ausschließlich über den visuellen Weg. Bei Geschichtsdaten macht es so beinahe jeder unbewusst, was Sie gut an der Augenverdrehung beobachten können, falls Sie jemanden unverhofft danach fragen.

Bedenken Sie, nur 20 % deutscher Wörter werden so geschrieben, wie sie gesprochen werden.

Schreiben

Wort-bau-stelle

Die Wortbaustelle ist eine spielerische Lernmethode, bei der lange, zusammengesetzte Wörter in überschaubare Teile zergliedert werden. An vielen Schulen ist diese Methode bekannt und wird genutzt. Leider wissen viele Eltern nichts davon und können sie beim häuslichen Üben nicht einsetzen.

Die Kinder lernen dabei, dass Vor- und Nachsilben immer auf die gleiche Weise geschrieben werden, gleichgültig zu welchem Wort sie gehören. Solche Regelhaftigkeit hilft Schülern mit ADHS sehr. Darüber hinaus lernen sie, das Stammwort zu finden und mit seiner Wortfamilie zu assoziieren.

mit Wortspielen trainieren

Mit der Wortbaustelle brauchen Sie sich täglich nur drei bis fünf Minuten zu befassen, um den Prozess der Verautomatisierung zu festigen. Ein bis zwei schwierige Wörter am Tag genügen Ihrem Kind.

Bücher und Material für dieses ‚Spiel' gibt es im Fachhandel [15]. Sie können es aber genauso gut und billiger selbst anfertigen. Auf kleine Kärtchen schreiben Sie jeweils eine Vor- oder Nachsilbe, auf etwas größere die Stammwörter. Wählen Sie ein pastellgelbes Papier für die Vor- und ein pastellblaues für die Nachsilben; weiß für die Stammwörter. Das erleichtert den Überblick und macht den Kindern mehr Spaß.

Die erste Aufgabe lautet: „Wie viele Wörter kannst du bilden?". Die Kinder legen nun selbstständig gelbe Vorsilben und blaue Nachsilben an die Stammwörter. Durch aktives, motivierendes Handeln entstehen zahlreiche Wörter, manchmal Fantasiegebilde, die Sie zu einem heiteren Gespräch nutzen, wodurch der ganze Lernprozess unmerklich vertieft wird.

Silben kombinieren

„Wie viele Wörter kannst du bilden?

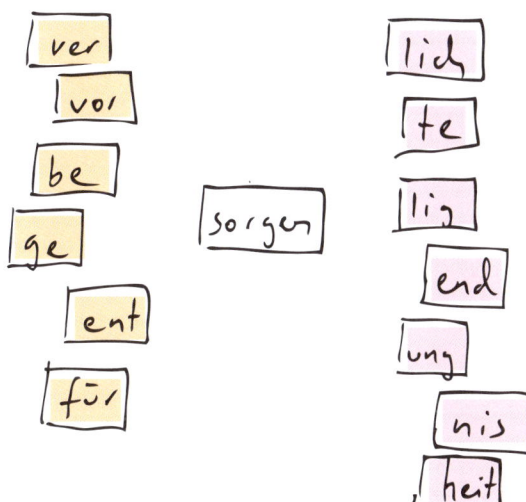

Das zweite Spiel lautet: *„Kannst du die Vorsilbe(n) und die Nachsilbe(n) finden?".* Beginnen Sie einfach! Es gibt natürlich komplizierte Wörter mit zwei, sogar drei Vorsilben und auch mehreren Nachsilben: Un/vor/her/seh/bar, aber un/miss/ver/ständ/lich! Warten Sie damit.

„Kannst du die Vorsilbe(n) und Nachsilbe(n) finden?"
Z. B. für *fürsorglich:*

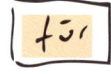 

Manchmal wird hier beim Stammwort aus einem ‚a' ein ‚ä'; eine ganz besondere Schwierigkeit für die Wahrnehmung von ADHS-Kindern. Doch bei diesem Verfahren lässt sich dieser Lautwandel leicht mitlernen, wenn Sie noch ein anderes farbiges Kärtchen mit einem ‚ä' anlegen.
vorläufig – wird dann:

Neben der Regelhaftigkeit des Aufbaus deutscher Wörter erfährt das Kind die Einfachheit der Schreibweise der einzelnen Morpheme. Sie lehren feste Regeln, ohne langatmige Erklärungen herleiten zu müssen.

Wörter zergliedern

Z. B.: Die Nachsilben ‚-lig' und ‚-ich' kommen in unserer Sprache nicht vor! Das gesprochene ‚lustich' muss also immer ‚lustig' geschrieben werden. Und beim Wort ‚füllig' ist die Nachsilbe ‚-ig', nicht ‚-lich', sondern der Wortstamm ‚füll'.

Wortanfänge mit gesprochenem ‚for-' oder ‚fer-' werden in den allermeisten Fällen mit ‚vor-' oder ‚ver-' geschrieben.

Diesen Lernvorgang beim Schreiben können Sie auch beim Lesen anwenden. Einige Wörter in der deutschen Sprache sind so lang, dass selbst ein geübter Leser ins Stolpern kommen kann, und Lernanfänger nur eine unübersehbare Prozession von Buchstaben sehen. Für ADHS-Kinder sind oft schon Wörter aus drei Buchstaben ein Problem. Darum muss man mit ihnen sehr lange sehr einfache Texte üben. Die Zergliederung in Morpheme, wie Vorsilbe, Stammwort und Nachsilbe, hilft bei diesem Bestreben.

Es gibt nur ein knappes Dutzend deutscher Wörter, die nicht mit ‚ver-' geschrieben werden, wenn man sie ‚fer-' spricht. Die lassen sich leicht auswendig lernen.

fern	*Fähre*	*Pferd*
Fermate	*Fährte*	*Pferch*
fertig	*(er) fährt*	
Ferment		
fertil		
Ferse		*aber auch: fair!*

Mit unkonzentrierten Kindern können Sie nur die kleinsten Bausteine beim Lernen verwenden. Aber ein prächtiges Schloss ist auch nur aus handlichen Ziegeln gebaut!

Regeln und Eselsbrücken

Regeln und Merksätze helfen Kindern mit ADHS wie Fahrpläne einem Reisenden. Wie bei dem Reisenden sind sie ihnen jedoch nur von Nutzen, wenn sie jederzeit zur Hand bzw. vor den Augen sind.

Legen Sie zusammen mit dem Kind Karten oder Bögen an, auf denen die Merksätze plakativ ins Auge springen. Dieses Anschauungsmaterial sollte bei jeder Arbeit zur Verfügung stehen. Das Auswendig-Können kommt mit der Zeit und sollte nicht sonderlich forciert werden.

Hier ein paar Muster; aber man kann noch viele mehr erfinden.

Nach l, n, r, das merke ja,
steht nie tz und nie ck!

rz	rtz
lz	ltz
nz	ntz
rk	rtz
lk	lck
nk	nck

niemals!!   *immer!*

schb	
schp	sp
sb	
scht	
schd	st
sd	

Nach ei, au, eu, äu
kein h, tz oder ck!

eiz	eitz
euz	eutz
eik	eick
auk	auck

Immer groß, wenn Nachsilbe

-heit
-keit
-tum
-schaft
-nis
-ung
-er
-el

*h **nur***
***vor** l, m, n und r!*

Auch die Groß- und Kleinschreibung können Sie mit einem einfachen Plakat veranschaulichen. Wichtigster Grundsatz:

Die Großschreibung ist die Ausnahme! Diese muss man lernen.

Groß geschrieben werden/wird:
1. alle Namen
2. immer am Satzanfang, also nach jedem Punkt.
3. jedes Namenwort / Hauptwort / Nomen
   - Hauptwörter bezeichnen alles, was ich sehen, fühlen, hören, riechen, schmecken und denken kann.
   - Viele dieser Wörter erkennt man leicht an ihren Nachsilben -nis, -schaft, -heit, -keit, -tum, -ung.
4. wenn den Wörtern ‚der, die, das' vorangeht
   - oder deren ‚Verwandte': am, ans, aufs, im, ins, vom, vor, vors, zum, zur, bei, beim

Hauptregel 1: Namen
Hauptregel 2: am Satzanfang
Hauptregel 3: mit einem Begleiter: der   des
                                        die   dem
                                        das   den

Merke: Alles (Gegenstände, Lebewesen, Gefühle),
was ich anfassen, sehen oder fühlen kann, wird groß geschrieben.

Trick 1:	*Trick 2:*
Namenwörter mit dem Nachbau:	*Nach den Wörtchen:*
-heit -tum	am
-keit -schaft	in, ins
-ung -nis	vom, vor
	beim, bei
	zum, zur

Das ist alles, was man am Anfang lernen muss! Ausnahmen kommen später.

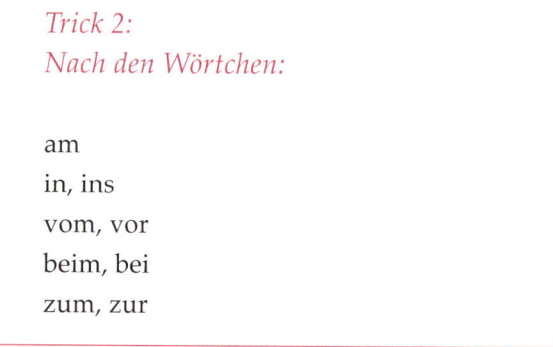

Korrekturvereinbarungen

Timo, immer fröhlich und wieselflink, ist ein begeisterter Zeichner und Schreiber. Doch kaum ein Wort gelingt auf Anhieb. Es wird gestrichen, übermalt und eingefügt. Der Text ist nicht lesbar und gefällt Timo auch nicht.

Viele Kinder machen ihren mühsam geschriebenen Text durch zahlreiche, unkoordinierte Korrekturen unansehnlich. Fehler werden überkritzelt oder unter einem ‚Tintenkiller' verborgen, die Verbesserung wird irgendwo hineingezwängt, was die Lesbarkeit nicht steigert. ADHS-Kinder sind wahre Meister in diesem Massaker. Gleichzeitig mit dem Schreiben können Sie allgemein verbindliche Korrekturverfahren lehren. Es existieren dafür ausreichend standardisierte Vorschläge der deutschen Korrekturverbände. Gerade ADHS-Kinder profitieren von klaren Regeln.

Korrekturregeln schaffen

Wichtige Grundregeln:
- Fehler kommen vor und dürfen verbessert werden.
- Regeln für Verbesserungen werden vereinbart.
- Korrekturen haben denselben Wert wie sofort richtig Geschriebenes.
- Streichungen und Ergänzungen dürfen nicht zu einer nachteiligen Bewertung führen, wenn sie richtig sind.

Jeder Schriftsteller oder Journalist muss seine Texte nacharbeiten. So sollten alle Schreibanfänger und Schüler dieselben Möglichkeiten nutzen dürfen. Das ist nur fair und erspart ADHS-Kindern sehr viel Ärger und Tränen.

Folgende Korrekturvorschriften haben sich bewährt:
- Es wird ein breiter rechter Rand gelassen (senkrechter Strich).
- Die Verbesserung geschieht im Text durch Korrekturzeichen.
- Alle Korrekturzeichen werden auf dem Rand wiederholt.
- Die erforderliche Änderung wird dazu geschrieben.

Korrekturzeichen

Auf diese Weise erübrigen sich Radiergummi und Tintenkiller. Sie können die Gedankengänge Ihrer Kinder besser nachvollziehen. ADHS-Kindern ist geholfen, wenn das Hantieren mit Radierern und Killern wegfällt.

Vorschlag für Korrekturzeichen:
- Streichung: ———
- Ergänzung: √
- Umstellung: ⌐⌐
- falscher Buchstabe: /
- fehlender Buchstabe: ⊢
- fehlendes Wort: /⁻

Je nach Notwendigkeit kann mit den Kindern eine Erweiterung der Liste erarbeitet werden.

Fehler dürfen sein! Mit Witz und Geschicklichkeit zeigen Sie, wie man aus Fehlern lernen kann.

Texte zu Hause

In vertrauter Umgebung erzählt David gerne und unterhaltsam. Manchmal hat er wirklich erstaunlich Gescheites zu sagen. Selten kann er das in einem späteren Gespräch vertiefen, weil er die einst gute Formulierung vergessen hat; und etwas aufzuschreiben, liegt ihm nicht. Zu große Mühe und zu viel Misserfolg!

In Familien, in denen wenig geschrieben und gelesen wird, haben alle Kinder – und Kinder mit ADHS ganz besonders – schlechte Aussichten, Schreiben als eine Möglichkeit zu schätzen, sich mitzuteilen. Eine der vordringlichsten Aufgaben ist es deshalb, über die Vertrautheit mit dem geschriebenen Wort zu einer Freude am eigenen Schreiben zu kommen.

Eltern sollten sich an eine ‚Zettelwirtschaft' gewöhnen:

Zettelwirtschaft

- Komme gleich wieder.
- Bin im Keller.
- Mittag heute schon um 12 Uhr.
- Sonntag Besuch von Oma.
- Dein Essen steht im Kühlschrank. Und vieles mehr.

Auch etwas mehr ausgearbeitete Schriftstücke tun ihre Wirkung:
- Einladung zum …
- Gutschein für …
- Gratulation zu …
- Programm für … und vieles mehr.

Wochen-, Essenspläne oder auch häusliche Menükarten können Sie zu einem viel beachteten Lesestoff machen. Die guten Wünsche zum Geburtstag können Sie neben den herzlichen Worten und Umarmungen auch als kleinen Brief verfassen. Wunschlisten zu Weihnachten kann der Weihnachtsmann ohnehin nur handschriftlich lesen! Kleine Gedichte zum Muttertag oder zu Weihnachten können ein schöner Brauch werden. Doch all dies kommt nicht von selbst!

Ältere Kinder sollten Sie motivieren, ein Tagebuch zu führen oder die gehörten, besten Witze schriftlich zu sammeln. Grußkarten an nahe Verwandte und gute Freunde erfreuen den Empfänger und stärken eine schriftliche Redseligkeit.

Schreibkiller Handy

All diese familiären Mitteilungen werden Sie natürlich nicht zensieren und nicht auf Fehler durchsehen. Das wäre der sichere Tod jeder aufkeimenden Schreibfreude. Es geht eben nicht um die Form einer Nachricht, sondern um den Inhalt – nur der motiviert zum Schreiben. Der intensive Gebrauch des Handys, wie heute schon bei sehr jungen Kindern üblich, steht den Bemühungen um die Schreibfreude entgegen. Die mit zahlreichen Abkürzungen und Piktogrammen gespickten SMS sind kein gleichwertiger Ersatz – eher das Gegenteil.

Schreiben in der Schule

In der Schule soll Schreiben in erster Linie Spaß machen, aber die Pflicht zu schreiben, löst eher stärkere negative Gefühle aus. Weil beim Schreiben nichts leicht zurückgenommen werden kann, rechnet das Kind ständig mit Kritik und Bewertung. Dieses Erwartungsgefühl ist für das ADHS-Kind ein düsteres Kapitel. Sie sollten darauf eingehen können und die Wege seiner Kreativität ebnen, indem Sie Mut machen und eigene Zufriedenheit zeigen.

Wenn bei der Bewertung konsequent Form und Inhalt getrennt werden, fühlen sich die ADHS-Schüler gerechter behandelt. Den Lehrern gibt der sogenannte Nachteilausgleich einen oft ungeahnten Spielraum, den ADHS-Schüler zu motivieren (35) {103}. Sprechen Sie sie darauf an.

Bei kreativer Textproduktion, z. B. einem Aufsatz, fehlt ADHS-Schülern ein konzeptioneller Plan. Ihre Unfähigkeit, selbst zu planen, lässt sie oft ohne Zusammenhang schreiben, was natürlich ihre Leistung abwertet. Für sie ist ein Muster der Aufgabe eine wichtige Hilfe {33}. Um dem Anspruch der Gleichbehandlung gerecht zu werden, kann jedes Kind in der Klasse eine solche Mustervorlage auf dem Tisch haben. Wer sie nicht braucht, wird dadurch auch nicht irritiert.

Wie an anderer Stelle schon beschrieben {25}, hemmt die ungelenke Handschrift den kreativen Prozess sehr. Es sind gute Ergebnisse erreicht worden, wenn die ADHS-Kinder ihre Texte einer zweiten Person diktieren können. Schulbegleiter oder Assistenzlehrer können diese Rolle neutral übernehmen. Zu Hause dürfen Sie den Sekretär spielen. Über die nötige Zurückhaltung, den genuinen Arbeitsprozess des Kindes nicht zu beeinflussen, können Sie mit der Schule sprechen (33).

kreatives Schreiben fördern

Wenn Sie konsequent weiterdenken, werden Sie auch nichts gegen die Benutzung von Diktiergeräten oder gar sprach-gesteuerten Laptops einwenden können. Im Einzelunterricht hat sich dieses Verfahren bereits bewährt. In Schulen müssen die Voraussetzungen oft erst geschaffen werden; aber als unbezahlbare Utopie sollte es nicht abgetan werden. Ist es nicht ohnehin unser aller Ziel, einen Schüler so erfolgreich zu entwickeln, dass er einen Beruf finden möge, in dem er diese Geräte sowieso benutzen kann, oder ihm eine Sekretärin zusteht?

Halten Sie die Freude am Schreiben wach und formen Sie das Geschriebene behutsam. Ihre Achtung beflügelt den Schreibprozess!

Zu Hause

Textvorlagen und Muster

Vorschlag eines Musterplans für einen Erlebnisaufsatz:

Einleitung	*„Ein schönes Ferienerlebnis"*
• *zwei Sätze* • *wer, was, wo, wann?*	Ich finde meinen Opa toll. Als wir im letzten Jahr in den Urlaub gefahren sind, ist meinem Opa was Lustiges passiert.
Hauptteil • *zuerst überlegen:* *Was soll der Höhepunkt sein?* • *schnelle Hinführung* *zum Höhepunkt* • *Ausgestaltung des Höhepunktes:* *- wörtliche Rede* *- Gedanken* *- Gefühle*	Mit Mama, Papa, meinem Bruder und meiner kleinen Schwester und Opa wollten wir mit dem Auto ans Meer fahren. Ganz früh morgens sind wir noch müde aufgebrochen. Irgendwann haben wir gehalten und in einem Gasthof an der Straße etwas gegessen. Ich hatte einen Saft. Auf der Weiterfahrt haben wir im Auto gesungen. Da habe ich gesehen, dass Opa keine Zähne mehr hat. Oh weh! Wo waren sie? Nicht auf dem Sitz, nicht am Fußboden, nicht in der Tasche! Papa wurde wütend, Mama stöhnte und meine Schwester fing an zu weinen. Wir mussten zurück nach Hause fahren. Als wir an dem Gasthof vorbeikamen, rief Opa ganz laut: „Da grinsen sie ja!". Und wirklich, auf dem Gartentisch strahlten Opas Zähne in der Sonne.
kurzer Schluss, evtl. nur ein Satz	Da waren alle wieder froh. Und im Urlaub haben wir immer alle auf Opas Zähne aufgepasst.

Solche Mustervorlagen können Sie für alle erdenklichen Textproduktionen erstellen und als Hilfestellung einsetzen.

In der Schule wird eine Vielzahl verschiedener Aufsätze gelehrt und geübt. Der Lehrplan nennt: Erlebnisaufsatz, Nacherzählung, Bildergeschichte, Brief, Erörterungsaufsatz, Reportage, Protokoll, Beschreibung, Referat, Interpretation, Facharbeit. Davor müssen Sie keine Angst haben, denn der Aufbau aller Aufsatztypen ist sehr ähnlich. Sie unterscheiden sich nur im Stil und in den jeweiligen Schwerpunkten (10).

Thema	Was sind die Schlüsselwörter? Was will ich dazu sagen?
Einleitung	Kurz! Begriffsbestimmung und Definition, Zeitrahmen
Hauptteil	vorweg Ideen- und Stoffsammlung, These und Antithese, ausführlich (pro und contra)
Folgerung, Stellungnahme	eigenes Urteil, Begründung
Schluss	kurz, zusammenfassen, Ausblick (darf auch mal humorvoll sein)

Ähnliche Schemata sollten sichtbar auf jedem Arbeitsplatz liegen dürfen. Sie helfen immer, und für ADHS-Schüler sind sie der Schlüssel zum Erfolg.

Schriftliche Ausarbeitungen werden nach meiner Beobachtung heute viel zu wenig geübt, und die wenigen eingeforderten werden zu hoch bewertet. ADHS-Kinder werden dadurch eher benachteiligt als geschont. Sie brauchen immer mehrere Versuche, um an das gesteckte Ziel zu kommen.

hilfreiche Schemata

Wie man persönliche Briefe schreibt, sollte jedem selbst überlassen bleiben. Sie sollten zwar leserlich und, wenn es geht, fehlerarm sein, doch die Form unterliegt nur dem persönlichen Geschmack. Dennoch wird um Rat gefragt, aber Sie sollten darauf warten können und erst dann mit viel Taktgefühl Vorschläge machen.

Oft werden Briefe nicht nur ihrem Inhalt nach bewertet, auf den es dem Briefschreiber ankommt, sondern auch nach ihrer Form. Ist die Form gewahrt, wird sie kaum wahrgenommen, ist sie jedoch verfehlt, wird über den Inhalt meist flüchtig hinweg gelesen. Die Mühe des Briefschreibers war also vergeblich. Junge Leute können sich darüber ärgern, und es als ungerecht empfinden. Aber so funktioniert es im Geschäftsleben nun mal! Sie überzeugen Ihren Sohn oder Ihre Tochter davon nur durch Ihr Vorbild und Ihre aktive Hilfe. Wie Briefe gut aussehen, finden Sie leicht in entsprechenden Anleitungen (16) und im Internet [26]. Und natürlich in Ihrer eigenen Erfahrung.

Briefe schreiben

Haben Sie keine Scheu vor schematischen Arbeitsanweisungen. Sie hemmen nicht die Kreativität, sondern befreien den schöpferischen Gedanken.

Grammatik

Die Anforderungen im Grammatikunterricht stellen die Welt der ADHS-Kinder manchmal auf den Kopf. Entsprechend chaotisch können ihre Reaktionen ausfallen. Ihnen ist wie einem Radfahrer zu Mute, der in voller Fahrt erklären muss, warum er nicht vom Rad fällt. Wahrscheinlich stürzt der Radler gerade dann.

Wie alle Kinder haben auch ADHS-Schüler schon vor der Einschulung ein grammatisches Wissen, nur ist es ihnen nicht bewusst. Sie halten sich beim Sprechen an grammatische Regeln, ohne sie zu kennen und ohne gravierende Fehler zu machen. Dennoch muss Grammatik gelehrt werden, um Beherrschtes verbessern und um Genutztes überprüfen zu können (40).

Kinder mit ADHS sind schlechte Planer und miserable Analytiker. Solche Aufgaben bringen sie durcheinander und strapazieren ihre Geduld. Die Folge ist Ablehnung und Verärgerung – und natürlich Misserfolg. Ich zitiere einen ADHS-Schüler: „Wenn ich einen Kuchen backen kann, sagt mir das Rezept noch lange nicht, warum er so gut schmeckt. Das Rezept bringt mich nur durcheinander." Systematik wird nie eine Stärke von ADHS-Kindern werden, und Grammatik lässt sich schlecht intuitiv lehren. Dieser Widerspruch wird selten aufgelöst.

Grammatik anschaulich gestalten

„Der Dativ ist dem Genitiv sein Tod" – Der Grammatikunterricht kann das für die Schülerlaufbahn eines ADHS-Kindes ausmachen, wenn er zu formal analytisch durchgeführt wird. Besonders die technischen Aspekte überfordern oft unkonzentrierte Kinder. Das Unterstreichen oder Einkreisen von einzelnen Wörtern oder Satzteilen mit vielen unterschiedlichen Farbstiften auf engstem Raum erfordert einfach zu viel Aufmerksamkeit und Geschicklichkeit von ihnen. Das schlechte Ergebnis ist selten Ausdruck ihrer Grammatikkenntnisse. Diese Kinder brauchen einen handlungsorientierten, spielerischen Grammatikunterricht für alle Sinne (77, 43). In Bewegung lernen sie auch Schachtelsätze zu verstehen. Merkverse können die Basiskenntnisse stabilisieren, doch darf das Schülerwissen sich nicht darauf beschränken.

Beispielkärtchen:
Durch viele, einfache Wiederholungen hat das Kleinkind das grammatische Konzept seiner Muttersprache unbemerkt gelernt und angenommen. Mit diesem Wiederholungsprinzip können Sie auch während der Schulzeit das Sprachgefühl und die Kenntnis der Regeln verbessern.

> *Mit, nach, von, seit, aus, zu, bei*
> *verlangen stets Fall Nummer drei!*

Üben Sie jeden Tag ein oder zwei Beispiele; wie immer bei ADHS-Kindern: regelmäßig, häufig und in kleinen Portionen. Liebevoll und beharrlich!

Vorraussetzungen fürs Lesen

Als Puppenmutter hat Regina, 6 Jahre, noch mit viel Betonung und Begeisterung ihren Puppen fließend ‚vorgelesen'. Es war eine Freude, ihr zuzuhören. Sie war allerdings nicht sehr textgetreu. Doch am Ende der ersten Klasse konnte sie nicht mehr zum Lesen bewegt werden. All ihre Bücher hat sie aus ihrem Zimmer verbannt, und wenn man Lesen vorschlug, füllten sich die Augen mit Tränen, und das lange Haar wurde vor das Gesicht geschüttelt.

Etwa jedes dritte Kind mit ADHS hat bei normaler Intelligenz doppelt so häufig eine Leseschwäche wie eine Schreibschwäche. Sehr hilfreich für die Abschätzung der Probleme beim Lesen ist die Kenntnis der frühkindlichen Sprachentwicklung und der phonologischen Bewusstheit {36}.

Gerade beim Lesenlernen haben alle Erwachsenen eine wichtige Vorbildrolle. Kinder, die ihre Eltern beim Lesen beobachten können und erleben, wie vertieft, erheitert und gefesselt sie sein können, sind motiviert, bald selbst dieses Vergnügen zu haben. Vorgelesen zu bekommen ist sehr beliebt und auch dann motivierend, wenn ADHS-Kinder dabei häufig unruhig herumzappeln und gar nicht bei der Sache zu sein scheinen.

zum Lesen motivieren

Wie alle Kinder mit Leseschwierigkeiten soll Ihr ADHS-Kind auch beim Augenarzt vorgestellt werden. Beim Vorliegen irgendeiner Sehschwäche kann eine Brille die entscheidende Hilfe bringen. Kommt allerdings als einziger Befund eine ‚Winkelfehlsichtigkeit' heraus und wird dazu sofort eine Prismenbrille verschrieben, sollten Sie besser eine zweite Meinung einholen.

Ist bei Ihrem Kind die Diagnose ‚Legasthenie/Dyslexie' gestellt worden, fragen Sie den Gutachter sehr genau nach seiner Arbeitsweise und lassen Sie sich seine Therapievorschläge erklären. Immerhin existieren in der Fachwelt 28 unterschiedliche Definitionen für Legasthenie, da sollten Sie schon mal genauer nachfragen.

Ähnlich wie beim Schreiben treffen beim Lesen mehrere defizitäre Anlagen von ADHS aufeinander und addieren ihre Wirkung (7, 54). Am besten gelingt den ADHS-Kindern noch die Symbolerkennung (Wiedererkennen von Buchstaben). Schwieriger fällt ihnen das Laut- und Klangerkennen. Ihre phonologische Bewusstheit ist meist schwach entwickelt. Deshalb können sie auch schlecht Buchstabe und Laut miteinander verbinden (kodieren). Leichter fällt es ihnen – auch schon vor der Einschulung –, kurze, vertraute Wörter wiederzuerkennen und zu ‚lesen', z. B.: ‚Esso', ‚Mars', ‚ALDI', ‚Audi' etc. Leider hat das mit der Physiologie des Lesens wenig zu tun. Es zeugt eher davon, dass sie Symbole gut wiedererkennen können, wie z. B. auch Pik oder Karo.

Phonologie fördern

Die phonologische Förderung steht an erster Stelle und kann schon im Kindergarten beginnen [9] (39). Es geht um die Klangsicherheit. Zahllose Kinderlieder und Kinderspiele unterstützen diese Entwicklung. Also singen Sie mit Ihrem Kind viel mit deutlicher Aussprache und guter Texttreue.

Lesen wird über das laute Lesen gelernt. Das stumme Lesen wird erst später praktiziert, und auch dann sprechen die meisten von uns innerlich. Wenn zwischen den gesprochenen Lauten des Lehrers und des Kindes ein deutlicher Unterschied besteht, ist das Kodieren anfangs unsicher. Doch auch Kinder, die primär mundartlich sprechen, bewältigen dies. Es dauert nur länger, und Sie müssen mehr üben.

lautes Lesen

Liegen jedoch auditive Wahrnehmungsstörungen vor, müssen geeignete Maßnahmen der Sonderpädagogik herangezogen werden, die Sie zu Hause fortsetzen können (11). Schon bei leichten Sprechstörungen im Kindergartenalter sollten Sie ADHS-Kinder früh in Sprachheilbehandlung (Logopädie) schicken. Bei anderen Kindern kann die natürliche Entwicklung abgewartet werden.

Anders als beim Schreiben, wo die Reizverarbeitung sequenziell (nacheinander) abläuft, ist beim Lesen der Prozess von der Wahrnehmung zur Ausführung relativ simultan (zeitgleich). Der Blick eilt auf der Zeile ein Stück dem gerade gesprochenen Wort voraus, und dieses Wort wird etwas zeitversetzt kontrollierend mitgehört. Stimme und Betonung werden überdies von dem zeitgleich ablaufenden Verstehen eingerichtet. Der geübte Leser kann mit seinen Augen im Text ganz woanders sein als seine momentane Sprache. Bei den schlechten Arbeitsspeichern der ADHS-Schüler geht das nicht. Sie starten gut, kommen aber bald ins Stocken, oder wenn sie gut begabt sind, ins Raten und Fabulieren. Sie verlieren den rechten Wortklang und damit den Sinn des Wortes. Schließlich müssen sie abbrechen, weil sie nicht nur den Kontext, sondern auch die Zeile verloren haben. Beim Üben muss dieser Vorgang entzerrt werden. Die Augen müssen lernen, lang genug auf einer Buchstabengruppe zu ruhen und danach nur zur nächsten zu springen und nicht sonst irgendwohin. Für dieses Training braucht Ihr Kind einen Lerntherapeuten.

klare Linien schaffen

Eine einfache Maßnahme können Sie auch selbst durchführen, indem Sie tonlos, also flüsternd, lesen lassen. So irritiert die eigene Stimme nicht so sehr den komplexen Wahrnehmungs- und Ausführungsprozess [23]. Man kann durchaus gut vernehmbar flüstern. Andere Lesehilfen werden noch besprochen.

Lesen ist ein Vergnügen. Darum sollten die Begleitumstände angenehm und entspannt sein. Zum Lesen soll das Kind einen bequemen, gemütlichen, hellen Platz haben, an dem man seine Bemühungen gut beobachten und gegebenenfalls Hilfen geben kann {25}. Die Haltung des Buches spielt eine untergeordnete Rolle, es sollte nur etwa 30 cm von den Augen entfernt sein.

Lesevergnügen

Viele leseschwache Kinder haben beim Lesen die Angewohnheit, an den Seitenrändern oder den Buchecken herumzufingern. Tolerieren Sie das und halten Sie sich mit Ermahnungen zurück. Es ist verständlich, dass das schwerfallen kann, doch die Kinder versuchen damit, ihre Anspannung zu beherrschen, um besser lesen zu können.

Geben Sie Ihren Kindern mit Leseschwierigkeiten das Vergnügen zurück, das in den Büchern auf sie wartet.

Lesehilfen

Es ist so trivial, dass es gesagt werden muss, weil es immer wieder übersehen wird: Der Zeigefinger zeigt den Weg! Die puristische Einstellung, die den Finger auf der Zeile sogar verbietet, ist absurd beim Lesenlernen.

Beim Lesen ruht der Punkt des schärfsten Sehens für etwa 0,3 Sekunden auf einer Gruppe von drei bis fünf Buchstaben und springt dann der Zeile entlang weiter. Leider ist das nicht so zuverlässig bei ADHS-Schülern.

Um die sprunghafte Fixation des Auges besser an der richtigen Stelle zu halten, ist der Zeigefinger einem leseschwachen Kind eine große und einfache Lesehilfe. Der Finger auf der Zeile, für ADHS-Kinder vielleicht sogar mit einem Pfeil in Leserichtung markiert, macht deshalb das Lesen sicherer.

Finger erlaubt

Ein Leselineal, das Sie leicht selbst zurechtschneiden können, tut einen ähnlichen Dienst. Es kann auch so angefertigt werden, dass es nur ein Lesefenster für etwa 10 Buchstaben hat und den übrigen Text in der Umgebung verdeckt. Das kann das abirrende Umherspringen der Fixation verhindern.

> Ein Leselineal, das Sie leicht selbst zurechtschneiden können, tut einen ähnlichen Dienst.
>
> LESELINEAL

Halbrunde Lesestäbe aus optisch reinem Kunststoff mit einem 1,5-fachen Lupeneffekt haben sich gut bewährt. Bei Augenoptikern gibt es so etwas zu kaufen.

Lesestäbe

Die Brille ist eine technische Lesehilfe von großer Bedeutung. Kinder sollten im Lesen nicht getestet werden, wenn sie ihre Brille vergessen haben. Leider kommt das bei ADHS-Kindern relativ häufig vor, so dass sie nur selten geprüft werden könnten. Eine Zweitbrille, in der Schule sicher deponiert, umgeht diese unerfreuliche Einschränkung.

Brillen

Sie können jede Lesehilfe zulassen, mit der das Kind besser liest.

Geeignete Texte

In der ersten Lesephase haben Kinder oft nicht mehr als die Schullektüre zur Auswahl. Das ist langweilig. Für zusätzliches Üben möchte ich gerne zu weiterem Lesestoff raten. Im Buchhandel findet man viel für Leseanfänger, aber vieles ist für ADHS-Kinder ungeeignet.

keine Langeweile

Kinder mit ADHS brauchen viele Wiederholungen in interessanter Abwandlung. Ihre Lesefertigkeit darf nicht überfordert werden, weil sie dann lustlos abbrechen. Die Texte sollen also aus kurzen und ähnlichen Wörtern bestehen, die oft wieder auftauchen, ohne die Geschichte langweilig zu machen. Es sollte nur ein einziger Schrifttyp verwendet werden, und die Abstände zwischen den Wörtern sollten groß sein [24, 20] (39, 57). Vorbildliche Verlage nennt Ihnen gern jede Fachbuchhandlung. Viele findet man im Internet [32].

In besonderen Fällen kommt man mit Texten besser voran, bei denen zwischen den Silben und Wörtern kleine Zeichen (Punkte) gesetzt sind [25].

> Der . klei.ne . Bär . und . der . klei.ne . Tiger . sit.zen . auf . dem . So.fa.
> Sie . be.ra.ten . ob . sie . ei.nen . Aus.flug . ma.chen . sol.len.

Auch Arbeiten mit Silbenkärtchen kann Kinder zum Lesen anregen. Sie finden solches Material in Schulbibliotheken oder im Fachhandel. Mit ein bisschen Geduld und Geschick können Sie das auch selbst basteln.

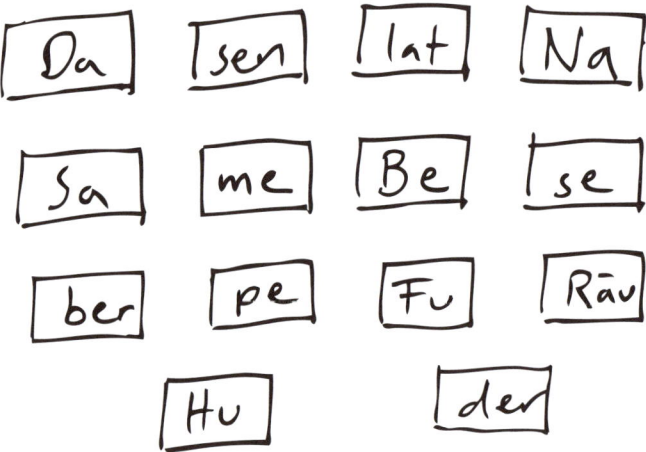

Doch Vorsicht! Machen Sie kein Puzzle daraus. Die Grapheme müssen für sich gut erkennbar sein.

Te gosoku subuzu Ru
pege Mukitu dapi Ga sasufi
fu ghalau Bo zu wuzu Dige

Leseübungen mit sinnlosen Wörtern machen für unkonzentrierte Schüler keinen Sinn. Gerade ADHS-Kinder lernen nur aus Vertrautem und durch Wiederholung des Gleichen. Die Anstrengung muss für sie einen Sinn machen. Auch mit dem folgenden Beispiel werden Sie sie nur verschrecken und gegen alle Leseanstrengungen sperren. Normalleser dagegen können das durchaus witzig finden und mit viel Vergnügen ihre ohnehin guten Lesefertigkeiten weiter steigern.

Vor grafischen Spielereien möchte ich warnen, auch wenn sie in renommierten Verlagen erscheinen. Zum einen ist Lesen für ADHS-Kinder keine Spielerei, sondern immer sehr anstrengend. Zum anderen wird bei zu fantasievoller Gestaltung die Wahrnehmung dieser Kinder überfordert.

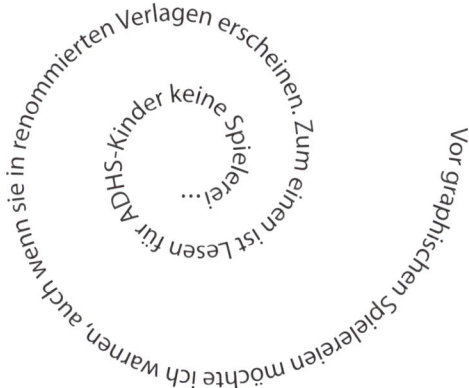

Bebilderte Bücher faszinieren alle Kinder. Auch ADHS-Kinder sollten solche bekommen. Haben Sie keine Angst vor geschmackvollen Comics. Das Zusammengehen von Bild und Sprechblase animiert mehr zum Lesen, als dass es ablenkt. Beim Leselernprozess können die Bilder jedoch zu stark ablenken und zum Fabulieren verführen. Evtl. müssen Sie sie zeitweise abdecken. Texte, in denen kleine Bilder Wörter ersetzen, sind ganz lustig, doch zum Lesenlernen ungeeignet, weil das einprägsame Wortbild fehlt.

Verlassen Sie sich nicht allein auf die Schule. Zeigen Sie Ihre Lesefreude und wählen Sie klug den Lesestoff für Ihre Kinder. Das fördert die Bereitschaft Ihres Kindes sehr.

Effektives Üben

Lesen braucht Anlässe. Lesen ist eine ganz alltägliche und unterhaltsame Beschäftigung in der Familie. Zu Büchern, Magazinen, auch Comics sollten alle freien Zugang haben. Zeitschriften zu einem Hobby sind besonders motivierend.

Sie wissen schon vom Nutzen von:
- kleinen Notizen · Einkaufszetteln · Speisekarten · Grußkarten

Verwenden Sie auch:
- Noten · Landkarten · Fahrpläne · Modellzeichnungen

Auch das bedeutet Lesen.

Nehmen Sie den Kindern nie das Lesen ab, damit es schneller geht. Um die Leseübungen optimal zu gestalten, erinnern Sie sich einmal an die besondere Situation des ADHS-Schülers:

- Stabilität der Fixationen ist schlechter.
- Lesen ist viel anstrengender.
- Identifizierungsgruppen sind kleiner.
- Automatisierung ist geringer.
- Erfolge sind kaum spürbar.
- Emotionen sind negativ.

Beim Lesetraining geht es nicht um das Abarbeiten der Hausaufgabe ‚Lesen', sondern um ein systematisches Wiederholen von sicheren Wörtern neben wiederkehrenden Stolpersteinen. Sie brauchen also einen guten Überblick über den Lernstand; vielleicht müssen Sie sich ein paar Notizen machen.

sich Zeit nehmen

Aufgrund Ihrer Erfahrung können Sie Probleme voraussehen und ihnen die Spitze nehmen. Das bedeutet, Sie müssen sich Zeit nehmen und Ruhe haben, um das Üben entspannt leiten zu können. Während des Kochens oder beim Windelnwechseln des Jüngsten gelingt Ihnen das nicht gut. Vereinbaren Sie mit dem Kind regelmäßige, feste Übungszeiten, an denen Sie wirklich zur Verfügung stehen. Möglichst an jedem Tag zur selben Zeit. Legen Sie mit Ihrem Kind die Übungsdauer genau fest. Anfangs genügen fünf Minuten; oder wenn es überzeugender ist, 30 Wörter oder 3 Zeilen, diese aber zwei bis drei Mal täglich (auch am Wochenende und in den Ferien).

Die Stimmung sollte freundlich und entspannt sein. Wütend oder gar unter Tränen lesen, hat keinen positiven Übungseffekt. Haben Sie schon mal durch Tränen lesen müssen?

Alle Menschen lesen fließender, wenn sie den Text kennen. Deshalb können Sie Ihrem Kind einen unbekannten Text auch einmal vorlesen. Es hat aber keinen Übungseffekt, wenn Sie halblaut mit dem Kind mitlesen. Auswendiglernen führt nicht zu besserer Lesefertigkeit. Kinder können damit nur eine Zeit lang ihre Lehrer täuschen.

Was können Sie nun tun, wenn das Kind sich verliest? Sprechen Sie von ‚Wiederholungen' oder ‚Korrekturen', nicht von ‚Fehlern'. Die Kinder merken sie oft selbst, gehen aber darüber hinweg, als sei nichts geschehen. Auf barsche, ungeduldige Unterbrechung: „Falsch!", „Halt!" reagieren sie eingeschüchtert und schnell mit schlechter Laune, die sich zu Unlust und Verweigerung aufbläht. Am besten vereinbaren Sie mit dem Kind im Voraus, wie Sie auf ein Verlesen aufmerksam machen. Nonverbale Methoden haben den Vorzug, emotional neutraler zu sein. Eine leichte Berührung an Arm oder Schulter oder ein anderes Handzeichen könnte das Signal sein, bei dem ein Wort noch einmal wiederholt werden soll. Ein Räuspern oder Kopfschütteln, auch eine freundliche Aufforderung: „Bitte nochmal!" sind ebenso brauchbar. Weichen Sie nicht von diesen Vereinbarungen ab, auch wenn Ihre Geduld zunehmend strapaziert wird. Jenseits eines Wutausbruchs geht nichts mehr.

nonverbale Methoden

Der Weg beim Lesenlernen geht immer vom Buchstabieren über das Lautieren von Buchstabengruppen zur Wortentschlüsselung. Mit ein wenig Übung kann der Leseanfänger schließlich gewisse Wortteile und kleine Wörter sofort erkennen und liest immer schneller und fließender. Zur Korrektur seiner Lesefehler muss das Kind manchmal auf eine niedere Stufe des Lesens zurückgreifen. Meist müssen Sie allerdings darauf hinweisen: „Buchstabiere doch mal!" oder „Schau mal! Welche Wortteile kennst du schon?".

Sparen Sie nicht mit Lob für Zwischenerfolge und halten Sie am Ende eine Belohnung bereit. Das hat nichts mit Verwöhnung oder gar Dressur zu tun, sondern pflegt die Stimmung fürs nächste Mal.

Eine besonders motivierende Übung ist es, wenn Kinder Jüngeren etwas vorlesen dürfen, z. B. kleineren Geschwistern oder noch besser in der Schule unteren Klassen. Natürlich wollen sie den Text schon mal vorweg geübt haben, obwohl bei diesem Publikum die unbeliebten Korrekturunterbrechungen ausbleiben werden. Die freudig aufmerksamen Gesichter der Kleinen sind für sie eine Belohnung an sich.

anderen vorlesen

Besonders bei ADHS-Kindern:
- Nicht überfordern!
- Täglich üben!
- Absprachen zum Üben im Voraus!
- Systematische Wiederholung von Wörtern!
- Nicht laut mitlesen!
- Selbstständig erlesen lassen!
- Nonverbale Verbesserungshinweise geben!
- Kein *Wechsel* der *Schriftarten* & andere Faxen!

Machen Sie aus der Leseübung ein ganz privates, inniges Beisammensein mit Ihrem Kind.

Gelesenes verstehen

Mit dem Erlesen von einzelnen Wörtern ist das Ziel des Lesenlernens noch nicht erreicht. Erst wenn ein Textverständnis erlangt wird, hat das Kind einen Gewinn für seine Lesemühe.

Die Dauer des Erlesens eines Satzes darf wenige Sekunden nicht übersteigen, weil sonst der Anfang des Satzes schon wieder vergessen wurde. Texte mit relativ kurzen und einfachen Sätzen sind anfangs eine Voraussetzung. Erst mit zunehmender Lesegeschwindigkeit dürfen die Sätze länger werden, ohne dass die Sinnentnahme leidet. Sehr lange, verschachtelte Sätze erschließen sich nur geübten Lesern. Das hat jeder erfahren, der einen juristischen oder philosophischen, medizinischen oder technischen Text durcharbeiten musste. Mit der schlechten Speicherkapazität ihres Kurzzeitgedächtnisses befinden sich die ADHS-Schüler schon bei einfachen Sätzen in einer vergleichbaren Situation.

mit kurzen Sätzen beginnen

Das sinnerfassende Lesen unterstützen Sie, indem Sie helfen, die Signalwörter eines Satzes zu erkennen. Dazu kann es vorübergehend helfen, diese Wörter zu unterstreichen oder zu markieren. Wenn Sie aus der Betonung vermuten, das Gelesene sei nicht verstanden, machen Sie am Ende des Satzes eine Lesepause und lassen Sie das Kind den Satzinhalt mit eigenen Worten wiedergeben. Wenn eine solche Satzaussage glückt, erkennt das Kind auch bald, wie ein Satz auf den anderen aufbaut. Jeder Absatz im Text ist eine gute Gelegenheit für Sie, über das gerade Gelesene zu sprechen, ehe der nächste Abschnitt begonnen wird.

den Sinn erfassen

Zeigen Sie dem Kind, dass die wesentliche Aussage eines Absatzes meist in den ersten Sätzen steht. Diese Technik wird dem Kind später in anderen Lernfächern sehr von Nutzen sein.

In dieser Lernphase eignen sich ausformulierte Witze besonders gut als Lesestoff. Die Heiterkeit eines Witzes entsteht durch die unerwartete, verblüffende Richtungsänderung des Erzählstrangs, sodass der Leser jeden Satzteil verstehen muss, um seinen Spaß zu haben – und Kinder lieben Witze.

Verstehen:
- Signalwörter
- Satzaussagen
- Absatzgedanken
  - erkennen
  - selbst formulieren

Öffnen Sie trotz aller Mühen beim Lesen Ihrem Kind die Tore in die Gedankenwelt der Menschheit.

Rechnen

Zahlensinn und Rechenschwäche

Wissenschaftliche Experimente mit Säuglingen sprechen dafür, dass schon Babys kleine Mengen (1 bis 3) wahrnehmen und auf Veränderungen an diesen Mengen mit Erstaunen reagieren. Diese Reaktion kommt einem Rechenvorgang sehr nahe. Doch mehr ist uns leider nicht in die Wiege gelegt worden. Die Entwicklung rechnerischen Denkens ist an viele äußere Umstände geknüpft.

Anders als beim Sprechen und Bewegen ist das Rechnen nicht an umschriebenen Orten im Gehirn zentriert, sondern mit mehreren unscharfen Regionen über das ganze Gehirn verteilt und durch weit gespannte Nervenbahnen miteinander verbunden. Dabei gibt es viele Überschneidungen mit den Gebieten, in denen Aufmerksamkeit und Gedankenplanung gesteuert werden, also jene, in denen wir die Ursachen für ADHS sehen.

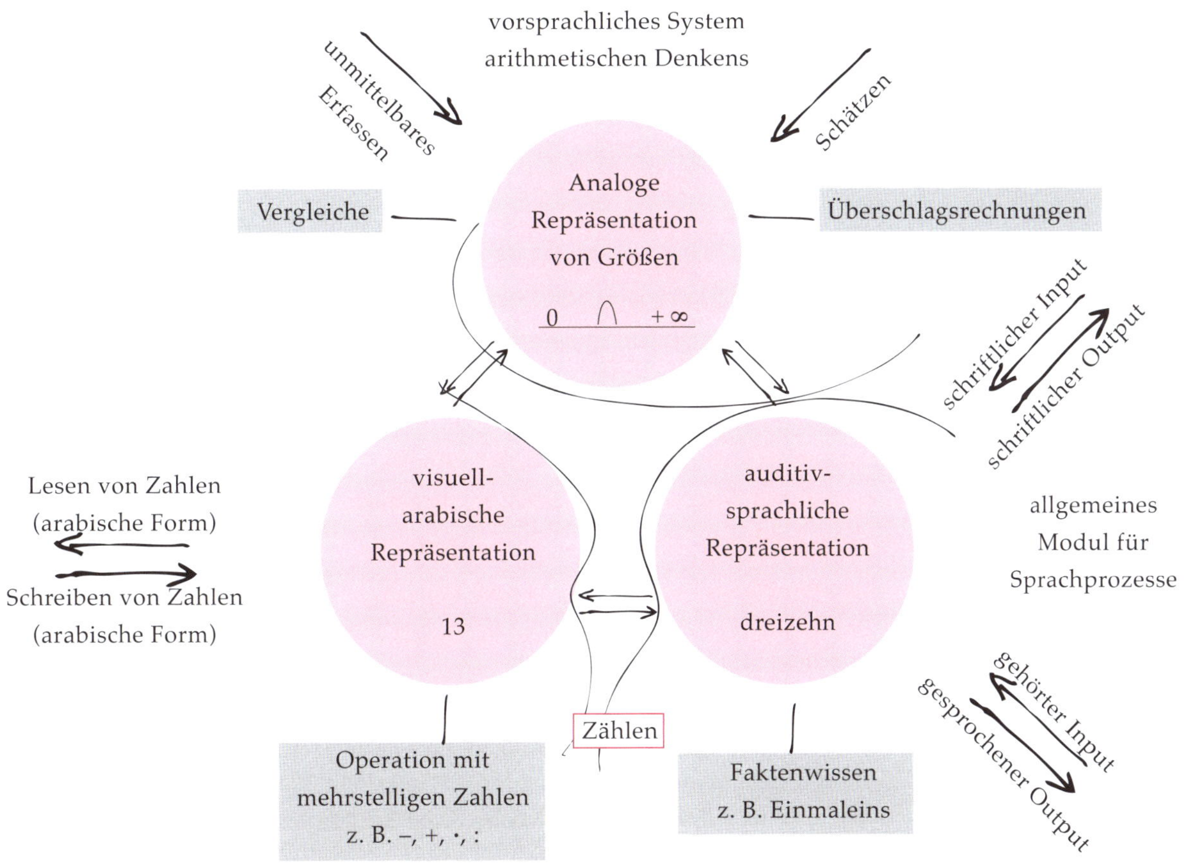

Dieses ‚Triple-Code-Modell' von Stanislas Dahaene erklärt uns heute am besten die komplexen Vorgänge beim Rechnen (12). Viele ADHS-Kinder haben Schwierigkeiten, mit der unvorstellbaren Freiheit der Zahlenwelt (analoge Repräsentation) umzugehen und ihr Rechnen sprachlich zu formulieren (auditive-sprachliche Repräsentation). Gerade für sie ist der frühzeitige Aufbau einer eigenen Mengenvorstellung und einer Zahlenwelt von Bedeutung.

Komplexität beim Rechnen

Rechnerisches Denken können Sie schon frühzeitig mit dem Angebot von Mengen, Größen und Zahlen anregen. Die Konstanz von Mengen als auch ihre Veränderbarkeit können von Kindern erlebt werden. Sie sind allerdings auf die Anregungen aus ihrer Umgebung angewiesen. Damit soll Ihnen aber nicht zu einem vorschulischen Zählen oder Rechnen geraten sein. Das sollten Sie unter allen Umständen vermeiden.

Jedes Kind können Sie aber vertraut machen mit:
- seinem Alter und Geburtstag
- dem Alter von Mutter, Vater, Großeltern usw.
- einem Zollstock
- einer Waage
- der Haus- und Telefonnummer
- seiner Kleider- und Schuhgröße
- der Geschwisterzahl
- der Uhr
- Kleingeld
- Würfeln
- Spielkarten

„Aber kein vorschulisches Rechnen!"

Mengen erkennen

Kleinkinder, auch rastlose und unaufmerksame, werden dann bald Mengen von 3 oder 4 spontan erkennen, benennen und verändern können. Das macht den Eindruck von Sinnesreifung, tatsächlich ist es aber ein Lernergebnis. Ziffern und Rechenzeichen sollten Sie jetzt noch nicht einführen, das verwirrt eher. Neben den Anlageproblemen ist der Mangel an frühkindlicher Anregung eine der entscheidenden Bedingungen, Dyskalkulie oder auch Rechenschwäche entstehen zu lassen. ADHS-Kinder sind dafür besonders anfällig, weil sie sich selten die Zeit nehmen, Erfahrungen mit Mengen in Beziehung zu schon Bekanntem aufzunehmen. So lassen sie sich leicht in die Irre führen, wenn man ihnen unterschiedliche Mengen und Zahlen in verzerrter Darstellung anbietet:

• • •   oder   • • • •   3   oder   8
Welches ist die kleinere Menge?   Was ist die größere Zahl?

Früherkennung

Die nächste wichtige Entscheidung fällt in den beiden ersten Schuljahren durch die Herangehensweise an das Fach Rechnen. Lehrer stehen hier vor einer systemimmanenten Schwierigkeit. Der Wissensstand der Erstklässler kann ohne Rechenaufgaben schlecht geprüft werden. Doch gerade in der Früherkennung liegt die beste Chance einer nachhaltigen Behandlung. Die Hilfe muss immer in einer individuellen Therapie bei spezialisierten Lerntherapeuten gesucht werden. Nachhilfeunterricht oder zusätzliches Üben allein helfen nicht aus der Klemme. Neben der Früherkennung kommen der Unterrichtsmethode und der Auswahl von Anschauungsmaterial {10} eine große Bedeutung zu. Ihre Wahl werden Lehrer im Fach Rechnen verantwortungsbewusster getroffen haben als beim Schreibenlernen. Beim Schreiben muss eine Konvention gelernt, und beim Rechnen eine innere, unerschütterliche Logik verstanden werden. ADHS-Kinder haben mit beiden Aufgaben ihre Schwierigkeiten. Aber da ihnen Regeln und Rituale eher helfen, können sie doch richtig schreiben lernen. Hingegen werden sie durch schrittweise aufbauende Denkprozesse einer Rechenlogik schnell überfordert. Die Kunst, Rechnen beizubringen, ist eine ureigene Aufgabe der Schule.

Ich vermeide hier ganz bewusst das Wort ‚Mathematik' {50}, weil es keine Mathematikschwäche, sondern nur eine Rechenschwäche gibt. Ein Schüler, der an Algebra scheitert oder sich in der Geometrie verirrt, hat keine Rechenschwäche. Wahrscheinlich hat er nicht aufgepasst oder einen Gedanken missverstanden.

Kinder mit ADHS haben typischerweise eine sehr rasche Wahrnehmung, sind mit ihrer Perzeption aber sehr ungenau. Das kann dazu führen, dass es ihnen gleichgültig ist, welche Zahl z. B. vor oder hinter einem Minuszeichen steht. Sie erfassen ihre Welt eher simultan in einer Gesamtschau. Rechenzeichen und Zahlen müssen jedoch seriell wahrgenommen werden. Zum Rechnen braucht ein jeder einen gewissen Arbeitsspeicher, um sich mindestens zwei Zahlen und ein Rechenzeichen unabhängig voneinander merken zu können. Das ist jedoch eine Schwäche bei ADHS. Vorausdenken und Zurückdenken ist für die Planung und Prüfung einer Rechnung wichtig. Beides liegt flatterhaften Kindern nicht. Zusammen mit ihrer geringen Frustrationstoleranz führt das zur voreiligen Akzeptanz auch völlig widersinniger Rechenergebnisse.

ungenaue Perzeption

Zusammenfassend sind die Probleme von ADHS-Kindern:
- zu schnelle, deshalb ungenaue Perzeption
- serielle Wahrnehmung unbeliebt, ungeübt
- Vor- und Nach-denken nicht gewöhnt
- unsichere Handlungsplanung
- unkritische Bewertung von Ergebnissen
- geringe Frustrationstoleranz, Umdeutung der Aufgabe
- keine Kritikfähigkeit, Abwehrverhalten

Im Einzelnen haben ADHS-Kinder Probleme mit der Zahlensemantik, das bedeutet, sie haben unsichere Mengen- und Größenvorstellungen und können sie nicht in Worte fassen und ihre Beziehung zueinander beschreiben. In Folge dieser Unsicherheit können sie schlecht schätzen und vergleichen. Mit zehn Ziffern kann die Unendlichkeit aller Zahlen dargestellt werden. Diese einfache Logik des arabischen Stellenwertsystems wird aber sprachlich unlogisch ausgedrückt. Das macht den Kindern mit ADHS, die immer bemüht sind, in einem System sicher zu sein, neue Verständnisprobleme. Es gibt keinen intelligenten Ausweg; sie müssen durch viel Wiederholung lernen, beide Systeme zu beherrschen. Alle Rechenzeichen müssen sowohl als Symbol erkannt, als auch sprachlich formuliert werden. Das gelingt nur, wenn der rechnerische Gedanke, der hinter dem Zeichen steht, verstanden worden ist.

Wiederholen

Befreien Sie sich von dem Vorurteil, es gäbe ein Rechenzentrum im Gehirn und ein Rechen-Gen, das Sie vererbt haben könnten.

Veranschaulichung und Hilfsmittel

Als bunt bedruckte Tapeten und Bettwäsche hat ‚mathematisches Anschauungsmaterial' in viele Kinderzimmer schon vor der Schulzeit Einzug gehalten. Auch wenn es als pädagogisch wertvoll verkauft wird – was für Kleinkinder nie überprüft wurde –, ist es völlig überflüssig, und oft sind die bildnerischen Darstellungen falsch und haben mit Rechnen nichts zu tun.

Mengen und Größen

Mathematik ist zwar eine abstrakte Wissenschaft, aber die Grundlagen erlernen alle auf ganz anschauliche und praktisch handelnde Weise. Am Anfang steht das konkrete Handeln mit Mengen und Größen aus der alltäglichen Vorstellungswelt. Mit der Einschulung geht es nicht mehr um Alltägliches, sondern um Zahlen.

Auf dem Weg von den begreifbaren Bauklötzen zu den begriffenen Ziffern gibt es viele Fallgruben. Damit das Ziel der Abstraktionsfähigkeit wirklich erreicht wird, haben Pädagogen Anschauungsmaterial eingeführt, also nicht, um damit Aufgaben zu lösen. Dieses Anschauungsmaterial ist wie eine Grammatik, mit der man die Sprache der Mathematik lernt. Die Lehrer wählen es ganz gezielt für ihren Rechenunterricht aus. Eine Vermischung mit anderem Material wird zumindest die ADHS-Kinder in die Irre führen, da sie sich nur auf vertrauten Pfaden sicher fühlen. Es gibt praktisches Material und umständliches, hübsches und weniger ansehnliches, teures und preiswertes, allerdings ist alles Material nur so gut, wie seine Anwender damit umzugehen verstehen. Wenn Lehrer eine Vorliebe haben, sollte sie immer pädagogisch begründet und den Eltern vermittelbar sein.

Anschauungsmaterial erfragen

Fragen Sie die Lehrer nach ihrer Methode und ihrem Anschauungsmaterial. Ohne eine abgestimmte Zusammenarbeit werden Kinder die Logik des rechnerischen Denkens nur lückenhaft erlernen. Es könnte Ihre Aufgabe sein, die Übungen aus der Schule zu wiederholen und kleine Erfolgserlebnisse zu schaffen. Neben dem Mangel an Mengenvorstellung ist die Konfusion in der Anschauung der Rechenvorgänge die häufigste Ursache einer Rechenschwäche.

Methodenwechsel stellen in dieser Lernphase, ähnlich wie Lehrer- oder Schulwechsel, ein Problem dar. Wenn nicht am Stil und Material festgehalten werden kann, ist das oft eine Katastrophe für ADHS-Kinder mit schwerwiegenden Spätfolgen für ihre Rechenfähigkeit. In der letzten Phase des Rechnenlernens soll der Schüler in der Lage sein, für eine Rechenaufgabe eine Lösung zu ‚erfinden'. Er sollte nicht mehr auf Anschauungsmaterial angewiesen sein. Doch oft wird das Material noch als Abzählmaterial missbraucht. Die erworbene Rechenfähigkeit wird nicht voll genutzt oder verlernt. Dies kann ein weiterer Grund für eine Rechenschwäche sein.

Der gezielte Entzug des Materials zum rechten Moment ist eine pädagogische Notwendigkeit.

Zahlenstrahl

In den ersten vier Schuljahren – und nicht, wie viele Eltern befürchten, in den ersten vier Monaten! – werden die Kinder mit den vier Grundrechenarten vertraut gemacht: Addieren, Subtrahieren, Multiplizieren und Dividieren.*

Oft braucht die Schule geraume Zeit, das bei uns gebräuchliche Dezimalsystem in den Köpfen der Kinder heimisch zu machen. Es gibt durchaus noch andere Zahlensysteme z. B. binaere. Manche kleinen ‚Schnelldenker' spüren das und müssen dann langsam auf das Zehnersystem festgelegt werden (25).

Jeder rechnende Mensch hat sich seine Zahlenwelt im Kopf gemacht und solange er damit seine Aufgaben lösen kann, ist es auch die richtige Welt. Es fällt allerdings schwer, diese Zahlenwelt anderen zu beschreiben. Wir wissen selten, wie unsere Kinder sich Zahlen vorstellen und wie sie es anstellen, mit ihrer Vorstellung Rechenoperationen zu behandeln. Beispiele einer individuellen Zahlenwelt:

eigene Zahlenwelt

·1
·2
·3
·4
·5
·6
·7
·8
·9

1	6	9
3	5	8
7	4	2

1 -1 -2 -3 -4 -5 -6 -7 -8 -9

Als besonders praktisch hat sich der Zahlenstrahl erwiesen. Hier stellt man sich Zahlen auf- oder absteigend auf einer unendlichen Linie vor, die sich durch ein Universum schlängelt. Mit diesem Bild kann man sich gut den Null-Übergang und auch ‚Unendlich' klarmachen. Die Abstände aller Zahlen zu ihren Nachbarn sind natürlich gleich. In der Vorstellung jedoch werden diese Zwischenräume zwischen Zahlen immer unschärfer, je seltener man sich in diesem Bereich befindet. So sind Finanzminister sicher im Umgang mit dem Milliardenbereich, nicht aber bei den winzigen Zahlen der Nanotechniker.

Zahlenstrahl

Zahlenstrahl

* Eine eindeutige Sprachregelung ist gerade für ADHS-Kinder nötig. Sie dient ihnen wie ein Handlauf an der Treppe. Mögen einige Begriffe anfangs auch fremd klingen, bekommen sie doch bald eine feste, allgemeingültige Bedeutung. Die Lehrer werden die Regelung vorgeben und sich hoffentlich selbst daran halten.

Es ist immer der Bereich, mit dem Sie viel rechnen, der sich relativ geradlinig und überschaubar vor dem geistigen Auge zeigt. Wenn Kinder eine solche visuelle Vorstellung entwickelt haben, ist der weitere Weg zum Rechnen viel einfacher. Gerade mit ADHS-Kindern sollte man früh eine systematische Zahlensicht einüben, weil sie es vorziehen, eher intuitiv, unsystematisch zu denken. Es besteht aber die Möglichkeit, dass Kinder auch ganz andere, ebenso zweckmäßige Zahlenreihen wählen, um sich zu orientieren. Z. B.:

Quadratzahlen:
2-4-9-16-25-36-49-64-81-100-121-…

Primzahlen:
2-3-5-7-11-13-17-19-23-29-31-37-…

Dreieckszahlen:
1-3-6-10-15-21-28-36-45-55-66-73-…
und viele andere mehr (21).

,Wandern' auf dem Zahlenstrahl

Mit dieser einfachen Zahlenvorstellung wird das Addieren zu einer Wanderung nach rechts auf dem Zahlenstrahl, und eine Subtraktion ein Spaziergang nach links. Vor einer Subtraktion muss man also nicht mehr Angst haben als vor einer Addition. Und gedankliche Zehnerübergänge sind nicht schwieriger als ein anderer Schritt auf dem Zahlenstrahl. Multiplikationen werden zu einer bestimmten Anzahl gleich großer Schritte auf dem Zahlenstrahl. Wem diese Vorstellung gelingt, der wird mit rechentechnischen Überlegungen keine großen Probleme haben.

Die Division kann man sich auf dem Zahlenstrahl nur vorstellen, wenn man sich mehrere Versuche erlaubt, einen Zahlenabstand in gleichgroße Stücke aufzuteilen. Anfangs ist die Hilfskonstruktion eines sogenannten ,Rests' erforderlich. Hier kommt die menschliche Vorstellungsgabe an ihre Grenzen, und so nennt man die Ergebnisse ,nicht aufgehender' Divisionen auch ,irrationale Zahlen'.

Übersichtlichkeit

Neben dem rechnerischen Denken kommt der Sicherheit der Rechentechniken große Bedeutung zu. Schon wie Zahlen geschrieben und zueinander gestellt werden, entscheidet über das Ergebnis. ADHS-Kinder schreiben Ziffern oft sehr unleserlich und vertauschen einzelne Ziffern aus einer mehrstelligen Zahl. Sie verteilen Aufgaben häufig unübersichtlich auf dem Blatt und achten nicht auf die Position gleichstelliger Ziffern. Diese Hindernisse erlauben den Kindern gar nicht erst, mit dem eigentlichen Rechnen erfolgversprechend anzufangen.

Legen Sie Wert auf die schlafwandlerische Sicherheit auf dem Zahlenstrahl, dann machen die Grundrechenarten wenig Probleme.

Papierauswahl

Anders als beim Schreibenlernen, wo ich ein blankes Papier empfohlen habe, brauchen ADHS-Kinder beim Rechnen immer Hilfslinien. In der Regel verlangt die Schule auch kariertes Papier, doch leider werden die Karos für die Schrift der ADHS-Kinder oft zu klein gewählt. Nach meiner Erfahrung brauchen Kinder mit ADHS während der gesamten Grundschulzeit groß kariertes oder rautiertes Papier. Der Ordnung auf dem Blatt kommt beim Rechnen eine viel größere Bedeutung zu als der Schönschrift beim Schreiben, weil sie ein Bestandteil der Logik der Zahlenwelt ist. Die übersichtliche Darstellung einer Aufgabe fördert eine korrekte Ausdrucksweise und ein sauberes Denken. Selbst der ausreichende Zeilenabstand, z. B. bei Brüchen, Indizes und Exponenten, hat Einfluss auf den verständlichen Lösungsweg. Die Raumaufteilung auf dem Papier soll die Aufgabenlösung begünstigen und die Rechenstrategie durchschaubar machen.

das richtige Papier

[Abbildung: Rechenbeispiele auf kariertem Papier – Aufgabe: 313 − 208 = 105; 176 − 99 = 77; 33 + 87 = 120; Nebenrechnung in schriftlicher Form]

Wenigstens ADHS-Kinder sollten alle Nebenrechnungen auf dem Hauptblatt schriftlich durchführen dürfen, auch wenn es dann nicht so ‚sauber' aussieht. Nur so können Sie nachvollziehen, wie sie rechnerisch gedacht haben, und wo sich eventuell Fehler eingeschlichen haben. Sie sollten überlegen, auch andere Techniken zuzulassen, z. B. die assistierte Mitschrift durch Eltern oder Unterstützungslehrer.

Nebenrechnungen

Wenn unkonzentrierte Kinder – insbesondere Kinder mit ADHS – eine Rechenschwäche aufweisen, müssen Sie vorrangig an bestimmten Stellen arbeiten und Sicherheit erzeugen.

Die Kinder sind nämlich:
- am Zahlenstrahl unsicher,
- im Dezimalsystem desorientiert,
- mit Additionen und Subtraktionen im Neunerraum ungeübt,
- beim Zehnerübergang blockiert,
- ohne Sinn für formale, logische Ordnung,
- mit einem schlechten auditiven Gedächtnis ausgestattet,
- ohne Erfahrung mit mehrschrittigen Denkprozessen.

Rechenschritte automatisieren

Vorausgesetzt, eine sichere Zahlenvorstellung hat sich gefestigt und die Funktionen der Grundrechenarten sind verstanden, dann beginnt die Phase der Automatisierung von Rechenvorgängen. Diese Automatisierung ist ein wichtiger Schritt, um das Rechnen schneller, sicherer und letztendlich kreativer zu machen.

Gerade flüchtige, unkonzentrierte Kinder, also auch ADHS-Kinder, gewinnen durch auswendig Gelerntes an Sicherheit und Freiheit für eigene Überlegungen.

Ich habe beobachtet, dass ADHS-Kinder selbst einfache Additionen und Subtraktionen im Neunerbereich auch in höheren Klassen noch durch Abzählen lösen. Das kostet viel Zeit und ist vor allem fehleranfällig. Diese Rechenvorgänge sind so häufig, dass sie ‚wie im Traum' funktionieren müssen. Da alle Additionen und Subtraktionen um 1 in den Bereich der Vorstellung einer Zahlenwelt gehören, können Sie diesen Rechenschritt bei der Automatisierung vernachlässigen. So bleiben lediglich 21 Aufgaben, die Sie schließlich üben müssen:

2 + 2						4
2 + 3	3 + 2					5
2 + 4	3 + 3	4 + 2				6
2 + 5	3 + 4	4 + 3	5 + 2			7
2 + 6	3 + 5	4 + 4	5 + 3	6 + 2		8
2 + 7	3 + 6	4 + 5	5 + 4	6 + 3	7 + 2	9

Kärtchenspiel: Addition

Schreiben Sie diese Aufgaben auf kleine Kärtchen (DIN A7) und auf die Rückseite das Ergebnis. Die Kärtchen zeigen Sie unsortiert, und das Kind soll in ein bis zwei Sekunden das Ergebnis sagen. Dann wird die Rückseite gezeigt und das Kind für seine richtige Antwort gelobt. Bei nicht richtiger Antwort wird das Kärtchen in den Stapel zurückgesteckt. Das Kärtchen mit der richtigen Lösung bekommt das Kind, es gehört jetzt zu seinen ‚Schätzen'. Verzögert sich die Antwort, zeigen Sie die Rückseite und sagen das Ergebnis – sonst kein Kommentar.

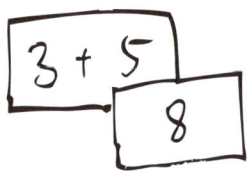

Subtraktion

In dieser Phase ist es noch wesentlich, die umkehrbaren Additionen nebeneinander anzubieten. Für ADHS-Kinder ist 5 + 3 nicht dasselbe wie 3 + 5, und tatsächlich liegt ja auch ein anderer Rechenvorgang zugrunde. Das Gleiche müssen Sie auch mit den gängigen Subtraktionen üben. Es ist sogar ein Vorteil, wenn Sie mit den Subtraktionen beginnen, weil Sie ihnen so ihren unberechtigt schlechten Ruf nehmen können. Und tatsächlich ist eine Subtraktion nur eine Addition einer negativen Zahl.

9 – 2						7
9 – 3	8 – 2					6
9 – 4	8 – 3	7 – 2				5
9 – 5	8 – 4	7 – 3	6 – 2			4
9 – 6	8 – 5	7 – 4	6 – 3	5 – 2		3
9 – 7	8 – 6	7 – 5	6 – 4	5 – 3	4 – 2	2

Beherrscht das Kind den Neunerbereich, muss es entdecken, was es mit dem Zehnerraum auf sich hat. Überschreitet man dessen Grenzen, bilden sich aus den bekannten Ziffern neue Zahlen.

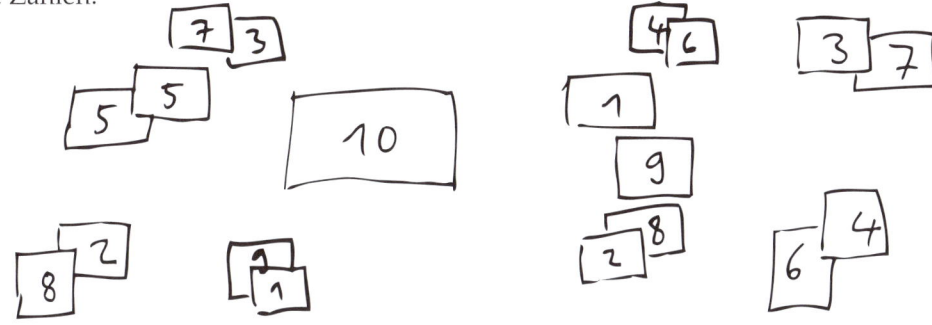

Mit diesem ‚Zehner-Pärchen-Spiel' lernen die Kinder spielend, aus welchen Zahlen sich die Zehn zusammensetzen oder in welche sie sich zerlegen lässt. Sie spielen es wie ein normales Memoryspiel. Man darf die Kärtchen an sich nehmen, wenn man ein Pärchen, also zwei nicht gleiche Zahlen, gefunden hat. Ausnahme sind die Fünfen, die sind gleich.

Zehnerraum

Beherrscht das Kind beide Spiele, ist es unerschrocken, wenn der Zehnerraum überschritten wird: Für 7 + 8 gilt dann: 7 bis 10 braucht 3, die der 8 dann fehlen; bleiben also 8 – 3. nämlich 5, die noch zu den schon geschaffenen 10 dazukommen, also 15 ergeben. Oder bei der Subtraktion: 24 – 16 bedeutet: Mit den 6 Einern geht man an die Zehnergrenze, bleiben noch 2, mit denen man den nächsten Zehner anfängt zu zerlegen, bleiben also 18, von denen man jetzt noch die verbliebenen 10 subtrahieren muss: also 8.

Auswendiglernen macht nicht blöd, sondern sicherer und schneller!

Kopfrechnen vereinfachen

Der komplexere Gedankengang der Multiplikation muss schon einmal richtig verstanden worden sein, auch von unkonzentrierten Kindern. Doch niemand muss sich diesen Gedanken bei jeder Multiplikation ständig vergegenwärtigen. Die geläufigen Multiplikationen muss man einfach im Kopf haben, um leichter und schneller rechnen zu können. Das Einmaleins kennt man auswendig wie den Schulweg! Dabei ist es eher hinderlich, die einzelnen Zahlenreihen als geschlossenes Ganzes wie eine Litanei herunterzuleiern. Für das Rechnen besteht keine logische Notwendigkeit, mit dem Faktor Zehn die Reihe zu begrenzen. Es ist eher zweckmäßig bis Faktor Neunzehn weiterzulernen. Hierbei helfen Ihnen wieder die DIN-A7-Kärtchen weiter. Vorne steht die Aufgabe und auf der Rückseite das Ergebnis.

Der Stapel ist jetzt schon ein bisschen dicker, aber nicht entmutigend, weil er mit der Zeit in den Besitz des Kindes übergeht. Die sogenannte Einer- und Zehner-Reihe müssen Sie nicht als Kärtchen aufnehmen, die weiß das Kind schon längst.

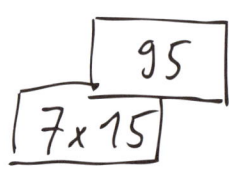

Multiplizieren mit Kärtchen

Diese Methode erlaubt Ihnen, die Motivation zu steuern, indem Sie gleich am Anfang eine bestimmte Zahl erfolgreicher Kärtchen vereinbaren. Sie dürfen sogar den Spieß umkehren und dem Kind den Stapel geben sowie die Aufgaben präsentieren lassen. Wenn Sie dann nicht Ihre ganze Überlegenheit ausspielen und ein paar Fehler produzieren, freut sich das Kind und lernt so unterschwellig mit. Wenn Kinder eine gewisse Sicherheit mit den Kärtchen erworben haben, sollten Sie die Fragestellung auch umkehren. Sie zeigen die Rückseite und fragen, welche Multiplikation wohl dazu geführt haben könnte. So teilen Sie das Üben einfach in kleine, aber häufige Portionen auf. Im Laufe der Zeit entwickelt das ADHS-Kind ein erstaunliches Faktenwissen und hat seinen Kopf frei, um über kompliziertere Lösungswege nachzudenken. Weitere Spiele mit den Kärtchen kann man bei Oehler und Born nachlesen (9).

Diese Merktechnik hat weitere Vorteile. Die Kinder entdecken bald, dass bestimmte Zahlen als Ergebnis häufiger auftauchen. Die 36 kann sowohl 6 x 6 als auch 4 x 9 oder 3 x 12 oder 2 x 18 sein. Solche Entdeckungen führen zu weiterem Beobachten und Nachdenken. Die 17 oder die 37 und einige mehr sind auf den Kärtchen gar nicht anzutreffen. Warum? Und schon sind Sie bei den Primzahlen und ihren Überraschungen angelangt.

neue Entdeckungen

Das einfache Dividieren ergibt sich aus der Sicherheit beim Multiplizieren fast von allein. Komplexere Divisionen und Aufgaben mit sehr großen Zahlen erfordern aber andere Techniken.

Jeder kann das Rechnen jedoch beschleunigen und das Nachdenken erleichtern, wenn er die Routineschritte auswendig kann. Vorausgesetzt, der Rechenvorgang an sich ist verstanden. Wenn es erforderlich wird, trainieren Sie die Ergebnisse der gängigsten Wurzeln aus 2, 3, 5, 6, 7, 8, 10, 11 usw., oder die äquivalenten Dezimalzahlen zu häufig vorkommenden Brüchen.

Zu den Automatisierungsprozessen sollten Sie auch die Kontrollgedanken zählen. Ihre Bedeutung wird leider von den ‚Normalrechnern' unterschätzt. Bei einer Addition z. B. darf das Ergebnis nicht kleiner als eine der beiden Summanden sein, und bei einer Subtraktion kann es nicht größer sein, als die Zahl, mit der gestartet wurde. Das ist zwar völlig klar, wenn man ein gutes Zahlenverständnis hat, aber eben nicht für unkonzentrierte Kinder. Ob eine Division ‚aufgeht', können Sie folgendermaßen leicht abschätzen:

XXXXX : 2 geht auf, wenn gerade Endziffer und 0
XXXXX : 3 geht auf, wenn Quersumme durch 3 teilbar ist
XXXXX : 4 geht auf, wenn die beiden letzten Ziffern durch 4 teilbar sind
XXXXX : 5 geht auf, wenn Endziffer 0 oder 5
XXXXX : 6 geht auf, wenn gerade Endziffer und Quersumme durch 3 teilbar ist
XXXXX : 8 geht auf, wenn die letzten drei Ziffern durch 8 teilbar sind
XXXXX : 9 geht auf, wenn Quersumme durch 9 zu teilen ist.

Textaufgaben, oder sogenannte ‚eingekleidete' Aufgaben, stellen ADHS-Kinder vor besondere Schwierigkeiten. Für sie ist das Textverständnis beim Lesen schon ein Problem und das Erkennen der Rechenaufgabe fast unmöglich. Besondere Aufmerksamkeit ist den in Worten versteckten Zahlen zu widmen, z. B.: ‚halbieren', oder ‚das Dreifache'. Eine übersichtliche Checkliste kann eine Brücke zwischen beiden Denkebenen schlagen:

Textaufgaben

- Lesen, wieder lesen und noch mal lesen!
- Mit eigenen Worten die Aufgabe neu formulieren und aufschreiben, Skizzen anlegen, anderen erklären!
- Welche Zahlen, auch als Worte gegeben, sind bekannt?
- Was ist gesucht? Die Unbekannte ist immer eine Zahl.
- Welche Formel für diese Aufgabe kennst du schon?
- Welches Rechenmodell kannst du benutzen, welche Gleichung musst du schreiben?
- Wie muss der Antwortsatz lauten?
- Wie kannst du das Ergebnis überprüfen?
- STOPP! Kann das stimmen, ist es sinnvoll?

Einen solchen Merkzettel sollten Sie sichtbar zur Verfügung stellen, möglichst auch in der Schule. Solche ‚Marschpläne' nehmen den Kindern nicht das rechnerische Denken ab, sondern helfen ihnen, Schritt für Schritt auf dem rechten Weg zu bleiben. Sie sind für ADHS-Kinder keine unzulässige Hilfe, genauso wenig wie es der Stock eines Lahmen ist.

Verhelfen Sie durch automatisiertes Einprägen dem Kopf zum kreativen Denken!

49 Musteraufgaben und Formeln

Vielleicht haben Sie es schon selbst erlebt: Nach Jahren der Untätigkeit beherrschen Sie einen Rechenweg nicht mehr sicher, den Sie einst gut konnten. In einem nicht trainierten Arbeitsgedächtnis geht einmal Gelerntes verloren. Formelsammlungen und Mathematiklexika sind in solcher Situation deshalb nützliche Nachschlagewerke. Bei Fragen zu Rechtschreibproblemen greifen Sie ja auch wie selbstverständlich zum Duden.

Formeln nutzen

Da ADHS-Kinder typischerweise ein schlechtes Arbeitsgedächtnis haben, liegt es nahe, sie mit einer Auswahl wichtiger Formeln und Strukturen auszustatten. Um diese Formeln anwenden zu können, müssen sie natürlich den zugrunde liegenden Rechengedanken ein Mal verstanden haben. Mit den Formeln sind sie allerdings nicht gezwungen, jedes Mal all diese Gedanken nachvollziehen zu müssen. Das spart Zeit und gibt Sicherheit.

Z. B. lassen sich Dreisatz-Aufgaben oder Prozentrechnung durch Umstellung der Variablen auf wenige sichere Formeln reduzieren:

$$\text{Zins} = \text{Kapital} \times \frac{\text{Prozentsatz}}{100} \quad \text{führt zu}$$

$$Z = \frac{K \times P}{100} \quad \text{oder} \quad K = \frac{Z \times 100}{P} \quad \text{oder} \quad P = \frac{Z \times 100}{K}$$

Bei bestimmten Rechenvorgängen gelten immer die gleichen Regeln. Wer diese Regeln vor Augen hat, kann schneller und sicherer das eigentliche Rechenproblem angehen, z. B. bei der Bruchrechnung.

Vorschlag für eine einfache Memo-Karte:

,Fahrplan' für Bruchrechnung	
1. Schritt	Punkt- oder Strichrechnung?
2. Schritt	Strichrechnung! Also Nenner gleichnamig machen!
3. Schritt	Gleichnamig machen: Ich muss …
4. Schritt	Für den gleichnamigen Nenner die Zähler ausrechnen.
5. Schritt	Die Strichrechnung ausführen, evtl. kürzen. Fertig!
6. Schritt	Stopp! Kann das stimmen?

Oder auch in dieser Schreibweise:

$$\frac{a}{b} \pm \frac{c}{d} = \frac{a-c}{b-d} \pm \frac{c-b}{b-d} \quad \text{und} \quad \frac{a}{b} \times \frac{c}{d} = \frac{a-c}{b-d} \quad \text{und} \quad \frac{a}{b} \div \frac{c}{d} = \frac{a-b}{b-c}$$

Noch eindrucksvoller sind die Effekte auf die Gedankenfreiheit, wenn der rechnende Kopf mit neuen Begriffen und Dimensionen mühelos und richtig umgehen kann. Anschauungskärtchen wie die folgenden geben ADHS-Kindern eine große Sicherheit. Für solche regelhaften Zusammenhänge können Sie ADHS-Kinder begeistern. Selbstverständlich müssen sie den Inhalt nicht auswendig lernen.

	10^{24}	Yota	Y		1 000 000 000 000 000 000 000 000
	10^{21}	Zetta	Z		1 000 000 000 000 000 000 000
	10^{18}	Exa	E		1 000 000 000 000 000 000
	10^{15}	Peta	P		1 000 000 000 000 000
	10^{12}	Tera	T		1 000 000 000 000
	10^{9}	Giga	G		1 000 000 000
	10^{6}	Mega	M		1 000 000
	10^{3}	Kilo	k		1 000
	10^{2}	Hekto	h		100
	10	Deka	da		10
	1				1
	10^{-1}	Dezi	d		0,1
	10^{-2}	Zenti	c		0,01
	10^{-3}	Milli	m		0,001
	10^{-6}	Mikro	u		0,000 001
	10^{-9}	Nano	n		0,000 000 001
	10^{-12}	Piko	p		0,000 000 000 001
	10^{-15}	Femto	f		0,000 000 000 000 001
	10^{-18}	Atto	a		0,000 000 000 000 000 001
	10^{-21}	Zepto	z		0,000 000 000 000 000 000 001
	10^{-24}	Yocto	y		0,000 000 000 000 000 000 000 001

Das Umwandeln von einer Dimension in eine andere fällt mit solchem Wissen viel leichter. Der Umwandlungsprozess gelingt mit standardisierten Dezimaltabellen noch besser. Beispiel:

$25 \text{ dm}^2 = ? \text{ m}^2$ oder $372 \text{ m}^2 = ? \text{ cm}^2$ oder $19,5 \text{ km}^2 = ? \text{ m}^2$

	km²		ha		a		m²		dm²		cm²		mm²
								2	5				
							0,	2	5				
					3	7	2						
					3	7	2	0	0	0	0		
						3,	7	2					
1	9,	5											
1	9	5	0	0	0	0	0						

Besonders in der Geometrie hilft gutes Anschauungsmaterial, den besten Lösungsweg zu finden:

Geometrie

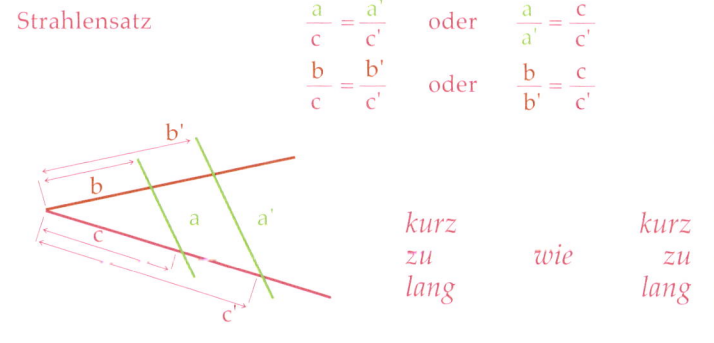

Flächenberechnung

Rechteck
A = a·b

h: Höhe

Dreieck
$A = \frac{1}{2} a \cdot h$

Winkel und Strecken

Strahlensatz

$\frac{a}{c} = \frac{a'}{c'}$ oder $\frac{a}{a'} = \frac{c}{c'}$

$\frac{b}{c} = \frac{b'}{c'}$ oder $\frac{b}{b'} = \frac{c}{c'}$

kurz   kurz
zu   wie   zu
lang   lang

Mathematik

In der Unter- und Mittelstufe ist das Fach ‚Mathematik' meist auf das Erlernen der Rechenfertigkeit beschränkt. So sollte es deshalb zum besseren Verständnis auch ‚Rechnen' genannt werden. ADHS-Kinder neigen dazu, verbale Äußerungen wörtlich zu nehmen, auch wenn es keinen Sinn macht.

Mathematik ist die Wissenschaft, die abstrakte Strukturen auf ihre Eigenschaft und ihre Gültigkeit untersucht. In der Oberstufe kommt auch der ADHS-Schüler damit in Berührung. Unter günstigen Bedingungen macht ihm das keine zusätzlichen Probleme, wenn er eine solide Rechenfertigkeit erworben hat. Dann fällt es ihm auch nicht schwer zu akzeptieren, dass die Subtraktion eine Addition von negativen Zahlen und die Division eigentlich eine Sonderform der Multiplikation ist. Der Umgang mit:

- Algebra
- analytischer Geometrie
- gekrümmten Flächen
- Mengenlehre
- Wahrscheinlichkeitsrechnung
- oder Informatik

stellt an die ADHS-Kinder die gleichen Anforderungen wie an alle anderen. Sie müssen jedoch eine Sicherheit in den Grundrechenarten und ein logisches, schrittweises Denken erlernt haben. Dyskalkulie für Algebra oder Geometrie gibt es nicht. Misserfolge hierin sind eher Ausdruck von Desinteresse oder Denkfaulheit, mangelnder Übung oder ungünstiger Pädagogik.

Rechenschwäche

Die Folgen einer Rechenschwäche können sich allerdings bis ins Gymnasium auswirken. Dann bleibt Ihnen nichts anderes übrig, als in die Niederungen des Anfangsrechnens zurückzukehren und evtl. das Einmaleins oder die Bruchrechnung ‚einzuhämmern'. Oft werden im jugendlichen Elan auch nur die Ordnungsstrukturen des Zahlenschreibens vernachlässigt.

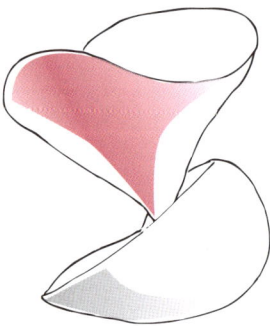

Wer wirklich wissen will, wie die Lösung von $x^2 = y^2 z^3 + z^4$ aussieht, wird mit einem so schönen Gebilde als Lösung belohnt.

Lernstrategien

Skizzen und Cartoons

Lernen müssen Sie anschaulich machen, das trifft für alle Kinder zu. Kinder mit ADHS sind gute visuelle Lerner, und so kommt den Darstellungen von Lerninhalten große Bedeutung zu. Klar gegliederte, übersichtliche Seiten ohne überflüssige schmückende Attribute sollten eine Selbstverständlichkeit sein, genauso eine einheitliche große Schrift.

Einige wenige Symbole helfen, die Aufmerksamkeit zu lenken. Kleine Bilder als Aufkleber können das unter Umständen noch verbessern. Aber Vorsicht, ein Zuviel kann schnell zu Verwirrung und damit zu Bedeutungslosigkeit führen.

Einsatz von Comics

An die richtige Stelle gebracht können Sie kleine, selbst gezeichnete Comic-Figuren grenzenlos einsetzen. Doch wer kann schon Comics zeichnen? Sie können es leicht lernen, wenn Sie es wirklich anwenden möchten. Am Wohnort finden Sie oft Zeichenschulen, z. B. an Volkshochschulen, wo Sie Comiczeichnen lernen können. Selbst im Internet finden Sie Anleitungen [50].

Es ist so einfach, einen schwungvollen Bogen zu zeichnen.

Versuchen Sie es!

Und dann einen zweiten dagegen.

Zwei Sechsen darüber. Erkennen Sie, wo es hingeht?

Noch zwei kleine, aber sehr charakteristische Bögen …

… und eine Frisur und ein Ohr.

Jetzt etwas zum Anziehen, und fertig!

Es sieht nicht nur einfach aus, es ist es auch! Sie lernen das in wenigen Minuten. Sie müssen nur die vorgefasste Ansicht über Bord werfen, Sie könnten sowieso nicht zeichnen. Mit ein bisschen Übung bringt es jeder zu einer charakteristischen Perfektion. Die Kritik, das sei doch kindisch und albern, wird vor der Freude der Kinder und dem Erfolg Ihrer Botschaften verstummen.

Charaktere erfinden

Auf die gleiche einfache Weise können Sie eine Schar von Charakteren erfinden. Nur kleine Veränderungen am Mund – für die Stimmung – und an der Nase und an den Haaren – für den jeweiligen Typ – und Sie haben immer die richtige Person für die entscheidende Botschaft zur Hand.

Mit solchen Typen lernen all diejenigen, die mit ihren Augen besser als mit ihren Ohren aufnehmen, viel schneller und gründlicher. Und plötzlich macht Lernen sogar Spaß.

Mit Ihrer Kreativität werden Sie Ihr Kind anstecken. ADHS-Kinder sprechen auf ein bisschen ‚Verrücktheit' gut an.

Andere Lernstrategien

Mind-Map

Kinder mit ADHS mögen nicht gerne lange lesen und lernen nicht so erfolgreich vom geschriebenen Text. Sie erinnern Gelesenes nicht leicht. Mit Schautafeln sind sie da viel effektiver. Sie mögen gerne den kompletten Überblick und arbeiten sich von dort zu den Einzelheiten durch.

Sogenannte Mind-Maps sind das ideale Hilfsmittel. Sie müssen von den Kindern selbst entworfen und gezeichnet werden. Das ist leicht zu lernen und mit einiger Erfahrung zu einer gewissen Perfektion zu entwickeln.

Und so funktioniert es: Um das Stichwort des Hauptthemas gruppiert man die Unterthemen. Von diesen verzweigt man zu wichtigen Einzelheiten, die man auch nummerieren kann. Um das Ganze gut erinnerlich zu machen, kann man sich vorstellen, dass das Hauptthema in die Mitte des Zimmers gelegt wird, und die Unterthemen immer in der gleichen Reihenfolge auf bestimmten Möbeln oder Raumteilen abgelegt werden. Nummerierungen machen nur bei Stichworten einen Sinn und nur in gut überschaubarer Gesamtzahl (drei bis fünf).

Erinnerungsstütze Mind-Map

So könnte eine simple Mind-Map zum Thema ,Schwalben' aussehen:

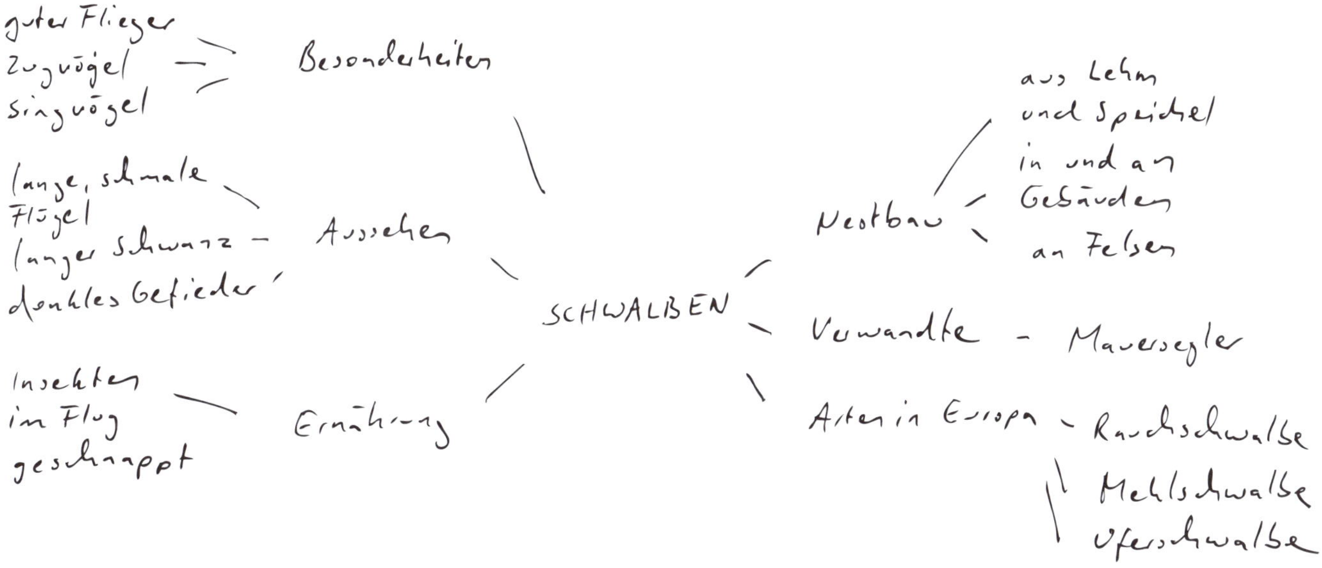

guter Flieger, Zugvögel, Singvögel → *Besonderheiten*

lange, schmale Flügel, langer Schwanz, dunkles Gefieder → *Aussehen*

Insekten im Flug geschnappt → *Ernährung*

SCHWALBEN

Nestbau → *aus Lehm und Speichel, in und an Gebäuden, an Felsen*

Verwandte → *Mauersegler*

Arten in Europa → *Rauchschwalbe, Mehlschwalbe, Uferschwalbe*

Mit solchen Erinnerungsstützen kann auch ein sonst hastig und flüchtig erzählender ADHS-Schüler einen gegliederten Vortrag halten.

Wissenschaftliche Studien (33) haben ergeben, dass Mind-Maps
- die Konzentration verbessern,
- den Schüler länger bei der Sache halten,
- den Frage-Antwort-Prozess in der Gruppe beleben,
- das Selbstvertrauen zum eigenen Denken und Tun vergrößern,
- die Selbstständigkeit stärken.

Bilder in Mind-Maps

Noch wirkungsvoller sind solche Übersichten, wenn sie mit Skizzen und kleinen Bildern angelegt werden. Das darf ruhig laienhaft und improvisiert aussehen, wenn es nur selbst gezeichnet wurde, denn dann hat es für das Gedächtnis eine besonders eingängige Form. Mind-Maps abzuschreiben macht überhaupt keinen Sinn, weil sie nicht das ganz persönliche Denken und Erinnern darstellen, und ‚Geklautes' eben nicht erfolgreich übertragen werden kann. Dies ist übrigens das Geheimnis der Wirksamkeit von ‚Spickzetteln'. Wenn Lehrer sichergehen wollen, dass die Schüler selbstständig arbeiten, sollten sie diese Mind-Maps/Spickzettel offiziell einführen und ihren Gebrauch nicht unter die Bank oder in den Ärmel verbannen, sondern offen auf dem Tisch zulassen.

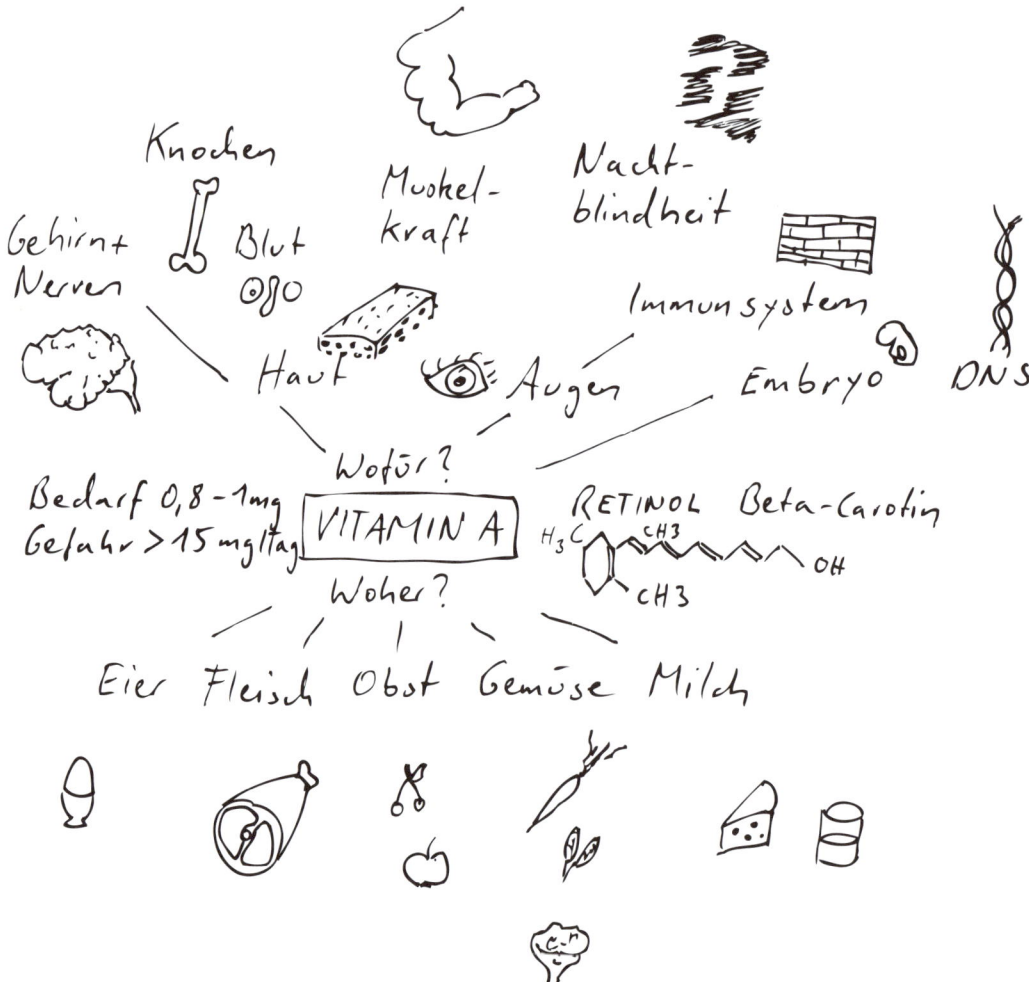

Die Kinder brauchen ein bisschen mehr Zeit, eine Mind-Map anzulegen, als wenn sie vor dem geistigen Auge etwas lernen und sich zurechtlegen. Dieser scheinbare Nachteil ist für ADHS-Kinder aber eher ein Vorzug, weil so ihr Kurz- und Langzeitgedächtnis intensiver beansprucht wird. Die Primitivität der Darstellungen ist kein Nachteil, vielmehr wird dadurch der eigene Geist angeregt, zu interpretieren und Erinnerungsstützen einzubeziehen.

Sie werden mit dieser Technik nicht nur mehr Erfolg haben, sondern die Freude am Lernen zurückgewinnen.

Andere Lernstrategien

Laptops

Laptops oder die kleinere Version, Netbooks, haben viele Vorteile für Kinder mit Konzentrationsstörung. Sie können bei einiger Routine das Gedächtnis entlasten, die Zuverlässigkeit erhöhen und den anstrengenden Schreibprozess vereinfachen.

Um die möglichen Schwierigkeiten von Anfang an gering zu halten, sollten Sie die Auswahl auf die Bedürfnisse des Kindes zuschneiden, nicht auf seine Wünsche. Ein Laptop für ADHS-Kinder muss nur schreiben können und Korrekturen automatisch anbieten. Auf technische Finessen müssen Sie nicht achten. Festplatten haben heute ausreichend Speicherplatz. Die Möglichkeit zur Sprachaufzeichnung wäre gut. Damit kann das Gerät auch als elektronisches Notizbuch genutzt werden. Auf integrierte Spiele sollten Sie verzichten, genauso auf die Möglichkeit, Filme oder Videos abzuspielen. Deshalb kommt ein solches Gerät auch ohne DVD-Laufwerk und mit einem kleinen Arbeitsspeicher sowie einer einfachen Grafikkarte aus. Installieren können Sie auch über einen USB-Stick. Beim Internetzugang überwiegen meines Erachtens die Vorteile. Mit entsprechenden Filtern und Sperren können Sie die Nachteile von vornherein ausschalten. Praktisch ist ein kabelloser Funkzugang. Drucken ist teuer, es muss in keinem Fall farbig sein. Was farbig werden soll, können Kinder genauso gut mit der Hand ausmalen. Zur Gesamtausstattung gehört ein einfacher Schwarz-Weiß-Drucker für zu Hause.

Laptopwahl nach Bedürfnis

Eine solche abgespeckte Version ist nicht leicht durchzusetzen. Übersehen Sie aber nicht die Probleme, die Sie mit der Vollversion des Prachtstücks frei Haus geliefert bekommen.

Unter den Geschwistern eine gemeinsame Nutzung eines Laptops einzuplanen, wird an der Wirklichkeit des Alltags scheitern. ADHS-Kinder können nicht gut teilen und sich gleichzeitig verantwortlich fühlen.

Die Anschaffung ist das kleinere aller möglichen Probleme. Den richtigen Umgang mit dem Computer müssen auch Sie selbst einüben. Das können Sie nicht dem Eifer des Kindes allein überlassen. Für den vorgesehenen Zweck gehört ein Kurs zum Zehn-Finger-Schreiben dazu. Das Kind mit ADHS muss unbedingt mit dem Tempo der handschreibenden Klassenkameraden mithalten können. Es lernt die Zehn-Finger-Methode viel leichter als eine gute Handschrift. Im Internet finden Sie dafür geeignete Programme [41].

Sie müssen auch klären, wer sich mit Ihrem Kind hinsetzt und übt. Wer macht sich mit den Arbeitsprogrammen des Laptops vertraut, und wer mit den Lernprogrammen? Vielleicht brauchen Sie selbst einen Computer-Kurs? Wo nehmen Sie die Zeit dafür her?

Lernprogramme nutzen

Ohne eine Einigung mit der Schule werden Sie keinen Erfolg mit dem Laptop haben. Glücklicherweise sprechen heutzutage viele Lehrer von sich aus diese Möglichkeit an. Die Schule ist auch der beste Ort, nach geeigneten Lernprogrammen zu fragen. Wenn auch nicht jeder Lehrer etwas dazu sagen kann oder mag, wird es doch an jeder Schule einen Fachkundigen geben.

Die technischen Möglichkeiten der Zukunft nutzen Sie besser schon heute, um Ihr benachteiligtes Kind erfolgreicher lernen zu lassen.

Wiederholungen

Lernen kommt nicht ohne Wiederholungen aus. Das ist eine sehr unbeliebte Wahrheit, und so werden immer wieder wundersame Auswege versprochen (z. B. das Vokabelheft unter das Kopfkissen zu legen). Es führt aber kein Weg daran vorbei. Unser Gehirn ist von Natur aus auf Wiederholen angewiesen.

Worum Sie sich bemühen können, ist, das Unerfreuliche dieser Wahrheit zu lindern. Viele Spiele haben diese Funktion, ohne es direkt zu verraten (81).

ADHS-Kinder sind benachteiligt, weil sie besonders langsam lernen und deshalb besonders häufig wiederholen müssen (80). Diese Anstrengung nimmt ihnen oft die Neugier und den Spaß an neuem Wissen.

Lernbox

Die Lernbox ist an sich nichts Neues. Man lernt mit kleinen Kärtchen (DIN A7) und steckt die ‚gekonnten' jeweils ein Fach weiter nach hinten, von wo sie nach einer gewissen Zeit wieder hervorgeholt und erneut abgefragt werden. Nicht mehr gewusste Karten wandern ein Fach nach vorn. Haben die Karten alle Fächer, meist vier bis fünf, von vorn nach hinten durchlaufen, gelten die Inhalte als sicher im Langzeitgedächtnis verankert.

Für Kinder mit Konzentrationsstörungen sind vier bis fünf Wiederholungen mit der normalen Lernbox nicht ausreichend. Für sie ist eine Lernbox mit mehr Fächern gebaut worden. Das sieht nach viel mehr Arbeit aus und könnte abschrecken, wären nicht die ‚Spielregeln' so angelegt, dass die Motivation und der Spaß angesprochen werden.

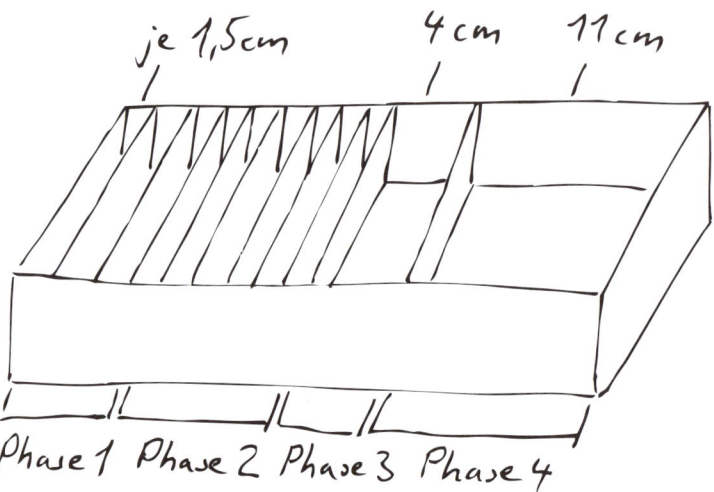

Diese Lernbox können Sie von einer Behinderten-Werkstatt in sehr guter Qualität kaufen [6] oder aus Pappe oder Sperrholz selber basteln. Es ist praktischer, wenn Sie für jedes Schulfach, in dem zusätzlich gelernt werden muss, eine eigene Lernbox bereit halten.

Andere Lernstrategien

Wiederholungen müssen für ADHS-Kinder schnell und häufig und in kleinen Portionen erfolgen, andernfalls geht ihre Motivation verloren. Umfang und Dauer müssen von Anfang an bekannt und kontrollierbar sein. Deshalb sollten Sie den Kindern den folgenden Plan genau erklären und ihre Zustimmung einholen.

Die ‚Spielregeln'
Neue Aufgabe in Fach 1 (Phase 1)
Nach 2 Stunden gekonnt > nach Fach 2
Nicht gekonnt > zurück nach 1
Am Abend gekonnt > nach Fach 3
Nicht gekonnt > nach 1
Am nächsten Morgen gekonnt > nach Fach 4
Nicht gekonnt > nach 2
Nach 24 Stunden gekonnt > nach Fach 5 (Phase 2)
Nicht gekonnt > nach 2
Nach 2 Tagen gekonnt > nach Fach 6
Nicht gekonnt > nach 3
Nach weiteren 2 Tagen gekonnt > nach Fach 7
Nicht gekonnt > nach 5
Nach weiteren 2 Tagen gekonnt > nach Fach 8
Nicht gekonnt > nach 6
Nach weiteren 2 Tagen gekonnt > nach Fach 9
Nicht gekonnt > nach 6
Nach weiteren 3 Tagen gekonnt > nach Fach 10
Nicht gekonnt > nach 6
Nach weiteren 3 Tagen gekonnt > nach Fach 11 (Phase 3)
Nicht gekonnt, nach 6
Nach 3 bis 4 Wochen gekonnt > nach Fach 12 (Phase 4) : Archivfach
Nicht gekonnt > nach 11
Archiv alle 2 bis 3 Monate leeren.

Spielregeln

Die Belegung des Langzeitgedächtnisses ist ein langsamer Prozess. Die vier Stufen repräsentieren in etwa gleich große Fortschritte. Wenn eine Stufe erklommen ist, soll eine Rücksetzung nur auf dieser Stufe, aber nicht eine Abstufung erfolgen. Das kommt der Motivation der Kinder entgegen. Diese Methode hat sich besonders beim Faktenlernen bewährt, wie z. B. Vokabeln lernen, dem Einmaleins oder Geografiefakten. Studenten haben damit auch Chemieformeln ‚gebüffelt'.

Fakten lernen

Wiederholen ist langweilig. Machen Sie das Beste daraus! Sie können es zu einem beständigen Erfolgserlebnis gestalten.

In der Schule

Allgemeine Vorbereitungen

Informationsarbeit für die Schule

55

Selbst die Tagespresse und die Wochenmagazine berichten immer wieder zu diesem Thema. So scheint jeder etwas zu wissen und hat sich seine Meinung gebildet.

Wenn Sie nun aber in die Verantwortung für ein betroffenes Kind gekommen sind, werden Sie vielleicht das Bedürfnis verspüren, doch noch mehr in die Tiefe gehen zu wollen (1, 17, 26, 31, 34, 42, 62, 69). Im Anhang finden Sie noch mehr Verweise auf Literatur.

ADHS ist eine beschreibende Diagnose in der Kinderpsychiatrie und nicht ein einheitliches, unverwechselbares Krankheitsbild. Neben den klassischen Merkmalen können gelegentlich auch Lernstörungen, depressives, autistisches und/oder zwanghaftes Verhalten und Tics auftreten. Das Bild ist unvollständig ohne den Hinweis auf die herausragenden Stärken dieser Kinder: Sie können bei all ihren Problemen begeisterungsfähig, ausdauernd, einfühlsam und fürsorglich sein und sie denken schnell (wenn auch flüchtig) und lernen intuitiv sehr gut. Die Schärfe dieses Bildes wird besonders an seinen Rändern von persönlicher Kompetenz und Interpretation bestimmt. Unschärfenphänomene gibt es in allen Geisteswissenschaften. Diese Umstände werden Ihnen viel Mühe bei Ihrer Informationsarbeit abverlangen.

Eltern als Informanten

Neben diesen allgemeinen Aspekten werden Sie spezielle Informationen über Ihren neuen Schüler brauchen. Die Eltern sind für Sie natürlich die wichtigsten Informanten. Sie haben über Jahre ein Expertenwissen angesammelt; trotzdem setzen sie hoffnungsvoll auf die Expertise der Schule. Mit dem Einverständnis der Eltern sollten Sie zusätzliche Informationen vom Kindergarten und vom Kinderarzt einholen. Der Schulpsychologische Dienst oder das Jugendamt können eventuell ebenfalls wertvolle Angaben machen.

Rastlose Kinder verhalten sich expansiv und verbreiten Chaos um sich herum. Deshalb sollten Sie Ihre Informationen mit Ihren Kollegen teilen und für Zusammenarbeit werben {102}. Einige werden ohnedies als Fachlehrer oder mindestens als Pausenaufsicht involviert sein. ADHS-Kinder haben täglich kleinere und größere ‚Unfälle'. Deshalb sollten Sie auch den Hausmeister und das Reinigungspersonal informieren, um Aufregungen und Beschwerden vorzubeugen.

Mitschüler einweihen

Die Mitschüler sollten Sie ebenfalls einweihen, ohne den Betroffenen bloßzustellen oder ihm eine Sonderrolle zu geben. Das erfordert viel Taktgefühl und diplomatisches Geschick. Die Reifung von ADHS-Kindern verläuft sehr sprunghaft und bizarr. Vorhersagen sind noch problematischer als bei anderen Kindern. Nur mit sehr engmaschigen Protokollen werden Sie zu einer kohärenten Beurteilung ihrer Entwicklung kommen. Schriftliche Verhaltensbeobachtungen, Leistungsprofile, Niederschriften Ihrer Konzepte und Interventionen sind unerlässlich.

All das bedeutet Extraarbeit und kostet Ihre Zeit. Doch noch mehr Zeit und Arbeit erwarten Sie, wenn Sie im Laufe des Schuljahres von einer eilig angesetzten Sonderkonferenz zur anderen genötigt werden.

Schulkultur schaffen

Die pädagogische Grundeinstellung einer Schule bestimmt die Atmosphäre des Lebensraums Schule. Schon Kleinigkeiten können einen großen Unterschied für Kinder und Lehrer bedeuten (70) [40,45].

Respekt, Unterstützung und Verständnis haben einen großen Einfluss auf das Verhalten von allen Kindern, auch auf solche mit Verhaltensauffälligkeiten. Wie immer gehen Erwachsene in ihrem Verhalten als gutes Beispiel voran. Wie der Lehrer vor der Klasse auf Kinder mit Schwierigkeiten reagiert, ist für alle prägend und legt die Umgangsformen aller fest (55). Sie sollten nicht glauben, Schule neu erfinden zu müssen, allerdings könnten Sie mit einem ADHS-Kind in der Klasse durchaus vor der Notwendigkeit stehen, Ihre Schule neu zu definieren. Zu den Prinzipien einer angst- und gewaltfreien Schule kann sich z. B. jeder schnell bekennen. Doch es erfordert persönliche Fantasie, kollektive Bereitschaft und vor allem praktisches Engagement, um dieses Bekenntnis in die Wirklichkeit umzusetzen (76).

praktisches Engagement erforderlich

Ob von Natur aus oder von der Herkunft benachteiligte Schüler haben besondere Bedürfnisse, die Sie nicht aus den Augen verlieren sollten:

- Seien Sie positiv gegenüber einem benachteiligten Kind – machen Sie es nie lächerlich.
- Fördern Sie es individuell, seinen Bedürfnissen entsprechend.
- Machen Sie deutlich, dass Bildung Fördern und nicht Selektieren bedeutet.
- Stellen Sie den Wert des sozialen Verhaltens des Einzelnen und der gesamten Klasse über die Noten der Leistungsfächer.
- Finden Sie etwas Lobenswertes und sprechen Sie es vor der Klasse aus. Kinder neigen dazu, unfreundlich auf Mitschüler zu reagieren, die immer kritisiert werden oder Misserfolge haben.
- Fördern Sie die Selbstachtung des Kindes durch ein Amt im Klassenverband.
- Gehen Sie offen mit den Ursachen für sein problematisches Verhalten um, aber wahren Sie die gebotene Diskretion. Wiederholte Erklärungen vor der Klasse sind überflüssig.
- Öffnen Sie Schule als strukturierten Lebensraum, durch Hilfen für Hausaufgaben und gemeinsames Studieren, als Ort zur Besinnung, als Gelegenheit zum sportlichen Kräftemessen, zum Musizieren, zum Spielen, zu gemeinsamer Gartenarbeit und vielem mehr.
- Handeln Sie im Bewusstsein, immer ein Vorbild zu sein.
- Suchen Sie stets nach einem positiven Ausweg. Suspendieren löst bei ADHS kein Verhaltensproblem. Lehrerassistenten/Schulbegleiter können notwendige, zusätzliche Aufsicht übernehmen.
- Pflegen Sie eine gute Beziehung zu den Eltern, sie kann eine konstruktive Grundlage bei wichtigen Entscheidungen sein.

Unterrichtsmethoden

Bestimmte Konstellationen von Schülern erfordern manchmal ein völliges Umdenken und die Wahl ganz neuer Unterrichtsmethoden. Nicht nur die jeweils ausgewählten Lehrprogramme, sondern auch die Flexibilität im Umgang mit Methoden wirkt auf das Verhalten von Schülern.

Nicht der Lehrplan hilft den Kindern; Ihre Einstellung ist lebendige Pädagogik und formt das Bild der Kinder von Schule.

Allgemeine Vorbereitungen

Gestaltung des Klassenzimmers

Der übliche Klassenraum, bunt geschmückt und locker bestuhlt, ist für Kinder mit ADHS oft eine problematische Umgebung. In ihrer Reizoffenheit werden sie ständig vom Interieur angeregt und reagieren unkonzentriert und abgelenkt. Ein Platz direkt am Fenster hat denselben Effekt. Unordnung und Lärm verstärken die ADHS-Symptome. Auf einem Platz im Hintergrund der Klasse fühlen sich diese Kinder verloren, finden keinen unterstützenden sozialen Kontakt und verlieren jede Beziehung zum Lehrer.

Als Lehrer haben Sie relativ freie Hand, den Klassenraum nach Ihren Erkenntnissen und für die Bedürfnisse ‚Ihrer' Kinder zu gestalten. Ihre pädagogischen Überlegungen geben den Ausschlag. Die Klassendynamik wird nicht nur von jedem einzelnen Schüler, sondern auch von der Umgebung determiniert.

Eine Übersicht einfacher Maßnahmen, mit denen Sie ADHS-Kindern helfen können:

- Reizarme Räume erleichtern die Konzentration, d. h. nur wenige Bilder, keine Fensterbemalung, keine Raumgirlanden etc.
- Tischreihen mit Blick zur Tafel erweisen sich gegenüber anderen Anordnungen überlegen.
- Ein Platz in der ersten Reihe, nah beim Lehrer, macht die Führung viel einfacher.
- Blickblenden an beiden Seiten des Platzes helfen den Kindern evtl., sich zu fokussieren.
- Wenn möglich, sollte eine Ruhezone eingerichtet werden, die von allen Kindern aufgesucht werden kann, die aber von Kindern mit ADHS dringend benötigt wird, um sich eine ‚Auszeit' {16} zu nehmen.
- Der Blick zur Tafel sollte ohne Verrenkungen frei sein. Arbeitsplätze für verschiedene Positionen, wie z. B. Stehpult, Knietisch oder Liegen auf dem Fußboden, können vor allem in den ersten Klassen die Bewegungsunruhe dämpfen.
- Hausaufgaben sollten von allen Lehrern in gleicher Weise gestellt werden:
  - immer schriftlich,
  - an dieselbe Stelle der Tafel,
  - möglichst lange dort stehen lassen,
  - am Stundenanfang anschreiben, nicht in den letzten Minuten,
  - möglichst im Format der Hausaufgabenhefte {23}.

weniger ist mehr

Vieles scheint wünschenswert für ADHS-Kinder, was nicht immer mit den Bedürfnissen der anderen Kinder konform geht. Sie müssen entscheiden, wo die Probleme am meisten drücken. Manche Maßnahmen sind schwierig zu verwirklichen und verlangen oft einen langen Dienstweg. ADHS-Kinder leiden unter Lärm und häufigem Lichtwechsel. So sollte der Raum eher am Ende des Korridors und nicht neben dem lauten Treppenhaus liegen. Schalldämmender Fußboden und eine schallschluckende Deckenabhängung sind ein Segen. Vorhänge können die Akustik erheblich verbessern und überdies den Lichteinfall und die Wärmeeinstrahlung regulieren. Fenster sollten zu öffnen sein, ohne dass der Straßenlärm den Unterricht unmöglich macht. Ein kleinerer Nebenraum, in dem gelegentlich separater Unterricht mit den problematischen Schülern stattfinden kann, ist keine abwegige Forderung.

Lernumgebung gestalten

Lassen Sie sich nicht von Althergebrachtem dazu verleiten zu glauben, nichts verändern zu können.

58 Arbeitsplatz des Kindes

Schon nach wenigen Minuten ist der Schultisch von Markus übersät mit Heften, Büchern und Papieren. Zwischen seiner Trinkflasche und dem angebissenen Brot sucht er laut schimpfend nach seinem gelben Buntstift. Das Chaos setzt sich rings um ihn auf dem Fußboden fort.

Arbeitsplatz organisieren

ADHS-Kinder haben große Schwierigkeiten, sich zu organisieren und brauchen dabei länger elementare Hilfen als Gleichaltrige. Sie vergessen oder verlieren immer wieder ihre Arbeitsmaterialien. Bestrafung ändert nichts daran. ADHS-Kinder können ihre Umgebung nicht sinnvoll gestalten. Für sie ist jeder Auftrag neu, sie lernen nicht aus dem Vorangegangenen. Sie passen sich aber konkreten Strukturen und wiederkehrenden Regeln bereitwillig an (14). Wie das Klassenzimmer die Aufmerksamkeit und das Verhalten mitbestimmt, umso eindringlicher tut das der unmittelbare, Arbeitsplatz. Wenn Sie darauf gezielten Einfluss nehmen, können Sie das Arbeitsverhalten von unruhigen Kindern entscheidend begünstigen.

Einige solcher die Arbeit erleichternde Regeln könnten sein:
- Auf dem Tisch sollten nur die gerade benutzten Dinge liegen. Für nicht gebrauchte Materialien sollte ein Aufbewahrungsort verwendet werden.
- Eckige Bleistifte sind vorteilhafter als runde, sie müssen seltener auf dem Fußboden gesucht werden.
- Gebundene Hefte lassen sich leichter in Ordnung halten als fliegende Blätter, deren Abheftprozess bei ADHS zu kompliziert und deshalb unbeliebt ist.
- Einige Bleistifte, Scheren, Radiergummis etc. in Reserve am Lehrertisch können vielen Aufregungen die Spitze nehmen.
- Essen und Trinken darf nicht am Arbeitsplatz stattfinden.
- Selbst gewählte Ruhephasen und kurze Pausen verbessern die Konzentrationsfähigkeit der Kinder.
- Ein ruhiges, eifriges Kind als Nachbar kann ein enormer Anreiz sein.

persönlicher Schrank

Den starken Bewegungsdrang bändigen Sie leichter, wenn Sie für die unruhigen Kinder auch temporäre Arbeitsplätze im Stehen oder Liegen einplanen. Ihre Selbstwahrnehmung zwingt sie geradezu, ständig ihre Position zu ändern. Werden sie daran gehindert, nimmt ihre Unruhe zu. Bei der Vielzahl von Unterrichtsmaterialien kommt ein ADHS-Kind nicht mit seiner Schultasche allein aus. Diese Kinder brauchen in der Klasse einen Ort, wo sie ihre nicht gebrauchten Dinge deponieren können. Da sie auch häufig etwas vergessen oder verlieren, wäre das außerdem der ideale Ort, um Reserven aufzubewahren. Sie vermeiden so unerfreuliche Diskussionen.

Ordnungsprinzipien sind relativ. Doch ADHS-Kinder leiden unter der Abwesenheit jeglichen Ordnungssinns. Dafür sind sie aber bereit, die Ordnungsvorstellungen anderer zu übernehmen, wenn eine warmherzige und verständnisvolle Beziehung zu ihnen besteht. Großeltern berichten das immer wieder.

Bevor Sie selbstständiges und freies Arbeiten erwarten können, müssen Sie einen Stil und eine Arbeitstechnik geprägt haben.

Allgemeine Vorbereitungen

Zusammenarbeit

Die Schwierigkeiten bei ADHS-Symptomen sind oft so vielfältig, dass man nicht weiß, wo anzufangen ist. Oft fühlen sich Lehrer alleingelassen und als ‚Einzelkämpfer' auf verlorenem Posten. Dabei gibt es natürlich eine Anzahl von Menschen, die mit gerade diesem Kind Erfahrungen gesammelt hat.

Von 100 Kindern haben 3 die Diagnose ADHS. Wahrscheinlich gibt es an der Schule also mehrere Kinder und damit auch mehrere Kollegen, die ähnliche Probleme zu bewältigen haben. Es könnte sogar sein, dass Kollegen selbst betroffene Eltern sind. ADHS kann in jeder Familie auftreten. Alle gesellschaftlichen Schichten und Bildungsstände sind gleichermaßen betroffen. Versuchen Sie, sich gegenseitig zu beraten. Einige Schulen haben auch Beratungssysteme eingerichtet.

Organisieren Sie eine Zusammenarbeit mit allen erdenklichen Stellen {99}. Kinder mit ADHS befinden sich oft in Lerntherapie, Psychotherapie oder Bewegungstherapie. Ein Zusammenwirken mit diesen Stellen kann entlasten und weiterhelfen. Dort werden oft erprobte Trainingsprogramme angewandt, die ohne große Schwierigkeiten auch ganz oder teilweise in die Schule übernommen werden können (3, 38, 69, 85). An vielen Orten kann die übergeordnete Schulbehörde hilfreiche Handreichungen anbieten. Ein speziell für Schulen entwickeltes Programm hat sich nicht nur im Marburger Raum bewährt (34).

gegenseitige Beratung

Immer sollten Sie dabei
- auf Vorerfahrungen zurückgreifen,
- mit den Eltern frühzeitig ein Korrespondenzheft anlegen oder regelmäßige Telefonkontakte verabreden,
- mit Kollegen regelmäßige, spezielle Beratungsrunden oder Arbeitsgruppen bilden {102}, den Schulrat ansprechen,
- auch anbieten, Moderator an Ihrer Schule zu diesem Thema zu sein,
- die Möglichkeiten von Internet-Foren nutzen.

Viele Maßnahmen sind aufwendig, erfordern zusätzliches Personal und auch kostspieliges Material. Das Jugendamt ist nach Gesetzeslage gehalten, hier für die nötigen Mittel zu sorgen. Ein guter Kontakt zu dieser Behörde ist oft ein Segen und bringt einiges voran {99}.

Kontakt zum Jugendamt

Diese Arbeit – und es ist zweifellos eine Zusatzarbeit – hat besonders großen Effekt, wenn sie im Vorfeld stattfindet und nicht erst, wenn die Zeichen auf Sturm stehen.

Korrespondenzhefte, die auch an guten Tagen zwischen Schule und Elternhaus hin- und hergehen, sind nach meiner Erfahrung praktisch und am wenigsten arbeitsaufwendig. Telefon-sprechstunden binden zu sehr an, und E-Mails stehen nicht jedem zur Verfügung.

ADHS erscheint oft wie ein Augiasstall. Versuchen Sie nicht, ein Herakles zu sein. Allein ist es nicht zu schaffen.

60 Wahrnehmung sicherstellen

Da sitzt der Peter nun schon eine halbe Stunde ruhig vor der Spielkonsole und bearbeitet unentwegt die Tasten; und der soll ADHS haben?

Wenn Kinder mit ADHS die Geschwindigkeit ihrer Reizverarbeitung selbst bestimmen, kann ihre Leistung oft erstaunlich gut sein (z. B. beim Schachspielen). Diese Situation ist auf den Alltag nicht übertragbar, dort mangelt es meist an Motivation, und Reize überstürzen sich auf mehreren Ebenen. Gut geübte Menschen können sieben (plus/minus zwei) Eindrücke zur gleichen Zeit wahrnehmen, ADHS-Kinder nur ein bis zwei (74).

verminderte Reizverarbeitung

Ihre Hilfe kann darin bestehen, dass Sie die Informationen gestalten:
- Sie müssen vorbereitet sein und Wichtiges als solches ankündigen.
- Nicht viele Botschaften auf einmal geben.
- Im Zusammenhang des Geschehens bleiben.
- Langsam und ruhig sprechen.
- Nutzen Sie weitere Informationskanäle:
  - Blickkontakt, Berührungen, Stimmenmodulation
  - visuelle Verstärkung, Notizen und Schemata, Regeln an fester Stelle
  - rhythmische Begleitung
- Organisieren Sie Rückversicherungen:
  - ‚Knoten ins Taschentuch'
  - verbale Wiederholung
  - Eintragungen in ein Notizbuch
- Wiederholen Sie Erinnerungen von Einzelschritten und zeitlichen Intervallen.

Die akustische Wahrnehmung von unkonzentrierten Kindern ist die flüchtigste Verbindung zu Ihnen. Verbunden mit visueller Wahrnehmung verbessert sich die Merkfähigkeit bei allen Kindern. Durch Anfassen und Ausprobieren können Sie den Lernprozess weiter festigen. Bei Kindern mit ADHS, deren taktile Wahrnehmung stumpf und deren motorische Fertigkeit gering ist, dauert es länger. Alles muss mehrfach gesagt, gezeigt und gemacht werden, ehe es wahrgenommen worden ist. Dabei sollte die Dauer der Konzentrationsfähigkeit nicht überschätzt werden. Normal (2) ist:

Alter in Jahren	Konzentration in Minuten
7	15
8–9	20
10–12	25
13–18	30

Bei Konzentrationsstörungen sind die Intervalle noch viel kleiner, oft nur halb so lang. Pausen mit geplanter Bewegung nach jedem Intervall verbessern paradoxerweise die Arbeitszeit und das Ergebnis.

Nutzen Sie mehrere Wahrnehmungskanäle, aber nur wenige Reize gleichzeitig, sonst erreichen Sie ein ADHS-Kind nicht.

Lernstil bei ADHS

Es ist erstaunlich. Wenn man Kerstin etwas erzählt, schaut sie an einem vorbei und kann tatsächlich später nichts davon wiedergeben. Ihre Berichte von der Beobachtung ihrer beiden Hamster sind dagegen so genau, als hätte sie schon Biologie studiert.

Jeder Mensch hat seinen ganz eigenen Lernstil. Ein Drittel aller Schüler profitiert wenig vom gesprochenen Wort, zwei Drittel lernen am besten durch Anfassen und Mitmachen, und die Hälfte aller Lernwilligen hat Probleme, Informationen bereits Bekanntem sinnvoll zuzuordnen. Der eigene Lernstil hat großen Einfluss auf die bevorzugte Lehrstrategie. Kennen Sie Ihren Lernstil?

unterschiedlicher Lernstil

- Visuell lernen durch Bilder, Videos und Filme,
- auditiv lernen durch Hinhören, Rezitieren und Sprechen,
- taktil lernen durch Anfassen, Bauen und Zerlegen (,Begreifen'),
- kinästhetisch lernen durch aktive Beteiligung und eigene Erfahrung.

Und kennen Sie den Lernstil von ADHS-Kindern? Kinder mit ADHS sind ausgesprochen schlechte Zuhörer. Ihre visuelle Wahrnehmung ist viel zuverlässiger. Sie lernen besser, wenn sie eine Vorstellung vom Ganzen haben und sich erst dann um Detailwissen kümmern müssen (induktives Denken). Sie können schlecht von Einzelheiten auf das Übergeordnete schließen (deduktives Denken). Anschauungsmaterial ist ihnen eine große Hilfe:

- Bilder, auch Comicstrips {47}
- Zeichnungen und Skizzen
- Diagramme und Tabellen
- Landkarten
- Mind-Maps {48}
- farbige Markierungen und Sticker

Bedauerlicherweise sind diese Dinge bei ADHS-Kindern unbeliebt, wenn sie diese selbst anfertigen müssen. Richten Sie sich als Lehrer und Eltern auf einige Arbeit im Vorfeld ein. Durch regelmäßiges Anwenden lässt sich die Fertigkeit der Kinder und damit auch ihre Akzeptanz der Lerntechniken steigern.

Der Lernerfolg hängt von einer geschickten Mischung unterschiedlicher Lernstile ab. Bei der Auswahl können Ihnen die Vorschläge der Kinder ein Wegweiser sein. Sie haben ein gutes Gespür, was für sie geht und was nicht. Gerade ADHS-Kinder verfügen über sehr eigene, oft unerwartet erfolgreiche Lernstrategien. Sie bleiben sich allerdings darin selten lange treu: Was heute gutging, kann morgen gar nicht mehr funktionieren. Es gibt eben nicht nur einen Weg in den Himmel.

Lernstilmix

Sie müssen den individuellen Lernstil erforschen, um Ihre Anforderungen so zu gestalten, dass den Kindern Frustrationen und Lernunlust erspart bleiben.

In der Schule

Emotionale Bedingungen verbessern

Man braucht nur Toms Namen zu rufen, dann fährt er wild herum und faucht: „Was ist denn jetzt schon wieder!?".

Kinder mit ADHS sind meist überempfindlich gegenüber Kritik. Das hat sicherlich nichts mit ihrer Grunderkrankung zu tun, sondern ist Folge der Erfahrungen, die sie ihr Leben lang gemacht haben. Zusätzlich interpretieren sie oft harmlos gemeinte Worte, Handlungen und Ereignisse fehl und reagieren unerwartet abwehrend.

immer wieder loben

Es ist deshalb wichtig, von diesen potenziellen Problemen zu wissen und sich emotional darauf einzustellen. Wenn Sie ihnen ruhig und souverän gegenübertreten, sind sie viel leichter lenkbar. Machen Sie ihnen Mut. Loben Sie, wo Sie können, um ihr Selbstvertrauen zu stärken. Weisen Sie darauf hin, dass Fehler Möglichkeiten sind, etwas noch besser zu machen.

Es gilt, positive Perspektiven für diese Kinder zu entwickeln:
- Sprechen Sie die Stärken der Kinder an.
- Geben Sie ihnen das Gefühl, wichtig zu sein.
- Zeigen Sie ihnen, dass Sie ADHS nicht als Schwäche, sondern als Herausforderung verstehen, sich besonders anzustrengen.
- Formulieren Sie bei notwendigen Korrekturen positiv und persönlich, z. B. nicht: „Du sollst doch nicht auf dem Flur rennen!", sondern: „Ich möchte, dass du auf dem Flur ruhig gehst!".
- Machen Sie sich die momentane Gefühlslage des Kindes klar.

Das aufmüpfige, unsoziale Verhalten der ADHS-Kinder entspringt meist Gefühlen von Frustration und Unterlegenheit. Natürlich können Sie das Verhalten nicht durchgehen lassen, doch sollten Ihre Maßnahmen bei den Ursachen für diese Gefühle ansetzen.

Ist das Sorgenkind in der Stillarbeit oft rat- und hilflos, ließe sich ein stummes Signalsystem einführen, z. B. bedeutet ein roter Plastikbecher auf dem Tisch: „Brauche dringend Hilfe", ein gelber: „Kann auf Hilfe warten" und ein grüner: „Komme gut voran". Platzen Kinder mit ihren Beiträgen ständig in den Unterricht hinein, weil sie es nicht abwarten können, oder melden sich einige gar nicht mehr, weil sie doch nicht drangenommen werden, haben sogenannte Whiteboards geholfen, auf die jeder seine Antwort schreiben und sie dann hochhalten kann.

nicht persönlich nehmen

Konfrontationen und Bestrafungen helfen nicht weiter. Davon hatten die meisten Kinder mit ADHS schon viel zu viel und sind längst abgestumpft. Ausschlüsse von Schulereignissen wirken eher negativ; es gibt immer eine Alternative zu diesen einschneidenden Maßnahmen.

Ihre eigene emotionale Situation hat eine gleich große Bedeutung. Wenn Sie sich vom Schicksal (oder vom Rektor) gestraft fühlen, schon wieder ein ADHS-Kind in die Klasse zu bekommen, sind die Ausgangsbedingungen ungünstig. Und die Konflikte werden nicht enden, wenn Sie sich von diesem Kind provoziert fühlen und seine Frechheiten persönlich nehmen.

Gefühle spielen für den Erfolg eine größere Rolle, als Sie denken.

Kurzzeitgedächtnis aktivieren

Noch nie konnte sich Anna Sätze mit mehr als drei oder vier Wörtern merken. Fröhlich lachend hüpfte sie immer davon, wenn die Mutter mit ihr üben wollte. Sie brachte die Wochentage durcheinander und vergaß sogar ihren Geburtstag.

Das Kurzzeitgedächtnis von Kindern mit Konzentrationsschwächen ist unzuverlässig und ungeübt, besonders gegenüber verbalen Informationen. Die Kinder selbst sind sich dieser Schwäche nicht bewusst. Sie haben nie Lieder, Gedichte oder einfache Witze auswendig lernen können. Die Schule tut gut daran, keine Vorkenntnisse vorauszusetzen. Gesprochene Anweisungen sind Schall und Rauch, sie sollten immer visuell unterstützt werden. Und selbst dann gibt es oft Enttäuschungen, weil das Kind später nicht mehr weiß, was es mit diesem Notizzettel anfangen soll. Eine Erfolgskontrolle ist also unumgänglich.

Kurzzeit-
gedächtnis

Speziell lässt sich das Kurzzeitgedächtnis stärken durch:
- stumme, innere Wiederholung
- häufige Wiederholungen in kurzen Intervallen
- Kontrollen zu einem späteren Zeitpunkt
- klangvolle, rhythmische Verse oder Merksätze
- regelmäßiges Singen mit Schwerpunkt auf Textgenauigkeit
- Sprachspiele, wie z. B. ‚Ich packe meinen Koffer.' u. a.
- Phonologie, wie Lautmalerei, Silbentrennung etc.

Viele ADHS-Kinder haben zusätzlich Sprachprobleme, sodass diese Maßnahmen auch eine sinnvolle Vorbereitung für den Lese- und Schreibprozess sind. Auswendiglernen (Gedichte, Theater, Merksätze), möglichst frei von Bewertung und Benotung und trotzdem verbindlich, ist ähnlich wie rhythmisches Sprechen oder koordiniertes Tun ein sicherer Weg zum Kurzzeitgedächtnis. Nur das Wichtigste muss man sich merken, nicht alles. Beim Gedächtnistraining kommt es also darauf an, den Kindern das Wesentliche kenntlich zu machen. Und bei älteren Schulkindern kann der Merkprozess im Kurzzeitgedächtnis entlastet werden, ähnlich wie wir das selbst tun.

wesentliches
Lernen

Einige segensreiche Hilfsmittel dabei sind:
- Computer und Taschenrechner
- Tabellen und Schautafeln
- Nachschlagewerke, Wörterbücher, Lexika

Der richtige Einsatz und die rasche Anwendung dieser Medien müssen nachhaltig geübt werden, was ADHS-Kinder nicht immer einsehen wollen. ADHS ist keine Entschuldigung, etwas nicht zu machen, sondern es bedeutet eine schicksalhafte Herausforderung, sich anzustrengen, um damit zurechtzukommen. Nicht alle Angebote sind effektiv. Die Anwendung von Konzentrationstests (38) scheint eher aussichtslos. ADHS-Kinder arbeiten dabei nach dem Prinzip von Versuch und Irrtum. Sie erfüllen fast immer die Zeitvorgaben, haben aber hohe Fehlerzahlen – das frustriert nur.

Üben

Seien Sie beharrlich: Das Kurzzeitgedächtnis zu üben, ist ein sturer Prozess, aber kein unwürdiger.

In der Schule

Langzeitgedächtnis wach halten

Wer einmal Schwimmen gelernt hat, kann es zeitlebens. Das gilt aber nicht für Fremdsprachen oder Musizieren, wenn man davon nicht regelmäßig Gebrauch macht. Unser Gehirn schafft sich ökonomisch Platz, um mit den Alltagsaufgaben schneller fertig zu werden. Glücklicherweise vernichtet es diesen Ballast nicht, sondern verwahrt ihn nur tiefer im Gedächtnis.

Geduld

Kinder mit ADHS sind hierbei benachteiligt. Da sie immer in der Gegenwart leben, hat ihr Gehirn keinen Plan, um das nicht so Notwendige sinnvoll abzulegen. Gelerntes ist auch bei ADHS noch da, bloß wo? Alle Verfahren, sich das Auffinden zu erleichtern, werden von diesen Kindern nicht gerne angewandt. Gegen regelmäßiges Üben können sie heftigen Widerstand entwickeln. Unsere Hilfen bestehen darin, Wiederholungen und zusätzliches Üben zu organisieren, Interesse und Überblick herzustellen, Geduld und Beharrlichkeit zu zeigen.

- Verhandeln Sie mit dem Kind, wie es seine Ziele erreichen kann. Motivieren Sie es! Auch Kinder mit ADHS lieben Erfolg und Anerkennung, hingegen finden sie vorgespiegelte Zukunftsperspektiven uninteressant.
- Schriftliche Vereinbarungen (,Verträge') sind verbindlicher als mündliche Verabredungen.
- Passen Sie die Hausaufgaben den Möglichkeiten des ADHS-Kindes an, dazu sind Rücksprachen mit anderen Lehrern und Eltern nötig.
- Kontrollprotokolle lassen keine Ausreden oder Widersprüche zu.
- Hausaufgaben müssen Sie immer kontrollieren, ohne Ausnahme! Fehlendes nachfordern, eine sichere Kontrolle dafür entwickeln.
- Kinder mit ADHS leben und lernen im Hier und Jetzt. Wochenpläne und Arbeiten über einen längeren Zeitraum können sie nicht erfassen. Solche Aufgaben müssen für sie in kleine Teilaufträge zur täglichen Erledigung zerlegt werden. Eltern müssen unbedingt eingeweiht werden.
- Abgabetermine gelten auch für ADHS-Kinder, ohne Ausnahme. Doch sie brauchen dafür besondere Unterstützung: Ankündigungen wiederholen, Erinnerungen, sichtbare Strichlisten sind unumgänglich.
- Kleine aber häufige Wiederholungen sind wichtiger als stundenlanges Lernen; dies muss spielerisch, aber regelmäßig geschehen.
- Klassenarbeiten ohne eine Notengebung oder wiederholendes Abfragen helfen dem Langzeitgedächtnis mehr als Prüfungen des Leistungsstandes, die natürlich auch erfolgen müssen.
- Nutzen Sie Medien, die das Kind liebt, z. B. Vorlesen, Video, Bildbände, Internet. Unbeliebt ist bei ihnen Schreiben, insbesondere Abschreiben.
- Auch wenn das Schulrecht so etwas nicht vorsieht, können Sie regelmäßiges, aber kurzfristiges Nachlernen am Wochenende oder in den Ferien empfehlen.
- Was Sie im ersten Drittel der Stunde sagen, hat die besten Chancen, das Langzeitgedächtnis zu erreichen (Primäreffekt).

Das Langzeitgedächtnis ist die Schale des Wissens. Sie sollten das Gefäß nicht über den Inhalt vernachlässigen.

Pausenverhalten

Unstrukturierte Zeiten sind für unkonzentrierte Kinder eine besondere Herausforderung. Sie müssen dann ihr Verhalten ohne Aufsicht und Anleitung selbst organisieren. Der Wechsel in einen anderen Klassenraum, in die Umkleidekabine beim Sport, in die Pausen, Freistunden, das Warten auf den Bus und vieles andere setzen oft soziales Verhandeln voraus, was diese Kinder nicht gut beherrschen.

Klare Regeln in Zeiten ohne Aufsicht sind hilfreich, z. B. Pausenregeln:

- Kein Schubsen!
- Kein Ärgern und Verhöhnen!
- Niemandem wehtun!
- Kein Kämpfen!
- Den anderen fragen, ob es ihm recht ist, was man vorhat!

Pausenregeln

Weitere Hilfen zur Selbststeuerung:

- Kündigen Sie jeden Wechsel der Routine an. Sprechen Sie vorhersehbare Probleme an und suchen Sie mit den Kindern nach konstruktiven Lösungen.
- Finden Sie besondere Aufgaben für das ADHS-Kind, die sein Interesse fesseln. Vorsicht! Kein diskriminierender oder strafender Charakter.
- Schaffen Sie Freiräume, in denen sich das Kind selbst und allein beschäftigen kann, wenn es möchte (z. B. Computerplatz, Hausaufgaben schon in der Schule beginnen etc.).
- Ein ‚Pausen-Pate' kann sehr effektvoll sein, besonders wenn er etwas älter ist und ähnliche Interessen hat.
- Informieren Sie jede Pausenaufsicht über Ihre Strategie zur Problembewältigung. Eltern zur persönlichen Pausenaufsicht zu verpflichten, führt zwar kurzfristig zu Ordnung und Ruhe, stört aber auf lange Sicht die soziale Entwicklung des Kindes.
- Ermöglichen Sie Pausenspiele und Bewegungen, bei denen die Kinder nicht warten müssen, bis sie mal an der Reihe sind.
- Kündigen Sie das Ende der Pause mehrfach an, ähnlich einer Theaterklingel. Letztendlich bleibt Ihnen nichts anderes übrig, als den Trödelnden an die Hand zu nehmen.

Das Verhalten in der Pause zu steuern und endlich zu verbessern, ist aus zwei Gründen besonders anstrengend. Erstens ist das Verhalten von ADHS-Kindern nicht gleichartig und wechselt sehr stark, zweitens wechseln die Personen, die Aufsicht führen – mitsamt ihren unterschiedlichen Einstellungen zu Ordnung. Um hier eine solide Grundlage für eine Verbesserung zu bekommen, empfiehlt es sich, ein standardisiertes Beobachtungsprotokoll zu führen. In Kindergärten haben sich die hier gezeigten Beobachtungskarten bewährt (6). Die Vorderseite dient der neutralen Beobachtung und die Rückseite der Bewertung. Nach einiger Zeit lassen sich auf der Basis dieser Informationen von mehreren Beobachtern verbindliche Strategien und Verbesserungsmaßnahmen entwickeln. Der zweite Vorzug solcher Karten zeigt sich im Gespräch mit den Eltern.

Beobachtungsprotokoll

Mit einem ADHS-Kind sind Sie nie ganz aus der Pflicht – nicht einmal während der verdienten Pause.

In der Schule

Beobachtungskarte 1 (kategorisch)

Name: Harald Schmitt
Datum: 12. Feb. 2001   Stunde/Pause
Häufigkeit: Anfang   Mitte   Ende
Verhalten 1: tobt herum, schreit alle an
Verhalten 2:   streitet mit den Mädchen
Verhalten 3: steht einsam am Zaun
Verhalten 4:   weint
Verhalten 5:   reagiert nicht auf Pausenklingel
Kommentar: streitsüchtig, traurig, störrisch

Beispiel: Aggressives Verhalten von Kindergarten-Kindern

Kategorien

1. schlägt, tritt
2. schlägt zurück
3. wirft mit Gegenstand
4. wirft mit Gegenstand zurück
5. droht, beschimpft
6. droht, schimpft zurück
7. zerstört beim Partner als Reaktion
8. zerstört Eigenes als Reaktion
   Möglichst paarweise anlegen, nicht mehr als 3 bis 5 Paare.

Bewertung

- Fünf Stufen scheinen ausreichend.
- Auch wenigstens ein erwünschtes Verhalten mitprotokollieren!

Beobachtungskarte 1 (bewertend)

Name: Harald Schmitt
Datum: 12. Feb. 2001   Stunde/Pause
Bewertung: sehr stark +++ ++ + 0 − — —— sehr schwach
Wann?
Verhalten 1 +++
Verhalten 2 ++
Verhalten 3 0
Verhalten 4 − −
Verhalten 5 +++
Kommentar: der nervt mich heute ganz gewaltig

Hyperaktivität

Bewegungsdrang

Die motorische Unruhe ist das bekannteste Symptom bei ADHS, aber nicht unbedingt das häufigste. In Heinrich Hoffmanns Buch ‚Struwwelpeter' hat sie im ‚Zappelphilipp' weltweite Berühmtheit gefunden.

66

Unkonzentrierte Kinder sind nicht in böser Absicht hyperaktiv und unruhig. Sie wollen auch nicht provozieren oder sich in den Vordergrund spielen.

Für ihren ungewöhnlichen Bewegungsdrang gibt es zwei Erklärungen:

1. Alle Menschen nehmen einen Teil ihrer Wahrnehmungen nicht in ihr Bewusstsein auf, z. B. spüren wir unsere Kleider nicht, wenn wir bekleidet sind. Doch manchmal irritieren sie dennoch. Wir kratzen uns hier und da, zerren am ‚engen' Kragen, schlagen mal das eine, mal das andere Bein über und vieles mehr. Das geschieht unbewusst und kann willentlich unterdrückt werden. Selten fühlen sich andere dadurch gestört.

    Intensiver erlebt das ADHS-Kind diese Begleitwahrnehmungen, kann aber seine Bewegungsreaktion nicht steuern oder blockieren. Emotionen (Begeisterung, Angst, Verlegenheit) können das noch verstärken. Oft geht es ihm wie uns mit einem Mückenstich: Hat man erst angefangen zu kratzen, kann man nicht wieder aufhören. Die Kinder fühlen sich durch ihre Motorik nicht gestört, sie gehört einfach zu ihnen und stabilisiert ihr Wohlbefinden. Signale aus der Umgebung wie Licht, Geräusche und die Temperatur erreichen die ADHS-Kinder direkt und ungefiltert und müssen von ihnen auf ihre Bedeutung untersucht werden. Für soziale Kommunikation gilt die gleiche Reizoffenheit, wodurch es sehr oft zu Missverständnissen und folgenschwerem Fehlverhalten kommt. — *Bewegungen nicht steuerbar*

2. Ihre Reizverarbeitung erfolgt nach anderen Kategorien. Die Wirkung der Schwerkraft, die Stellung der Glieder und die Spannung der Muskulatur müssen ständig überprüft werden, um sich ihrer selbst sicher zu sein. Tatenlosigkeit ist angstauslösend und nur kurzfristig zu ertragen (58).

Die motorische Aktivität hat für ADHS-Kinder also einen Sinn, aus ihrer Sicht sogar einen existenziellen Wert: *Ich bewege mich, also bin ich!*

Probleme entstehen aus dem Konflikt zwischen ihrem Verhalten und der gesellschaftlichen Forderung nach einem gewissen Maß an Ruhe, Leistungsbereitschaft und Konformität, wie es spätestens bei der Einschulung deutlich wird. Aus sich heraus sehen ADHS-Kinder nicht die Notwendigkeit, etwas zu ändern. An der Berechtigung der gesellschaftlichen Forderung nach Leistungsbereitschaft ist kaum zu zweifeln. Somit müssen die Hilfsmaßnahmen beim Maß an Konformität ansetzen.

Nur mit dem Kind zusammen wird man die Unruhe bändigen. Alle Maßnahmen sollten Sie im Vorfeld mit dem Kind besprechen. Sie werden das Kind nicht überfordern und ihm in der Klasse keine unangemessene Sonderrolle geben. An die Bedeutung des Sitzplatzes in der Nähe des Lehrers und an die nonverbalen Signale sei in diesem Zusammenhang noch einmal erinnert {62}, ebenso an die Varianten von Arbeitspositionen {58}. — *nicht überfordern*

Ruhe und Aufmerksamkeit

Durch geeignete Stimuli ganz anderer Wahrnehmungen können Sie besonders bei Stillarbeit Ruhe und Aufmerksamkeit einkehren lassen. Z. B. durch:
- aromatische Bonbons, scharfe Pfefferminzdrops,
- duftende Bleistifte oder kleine Lavendelsäckchen,
- stumme Kopfhörer, ohne Musik,
- Sandsäckchen, z. B. auf dem ruhenden Arm der Haltehand oder auch ein bisschen schwerere auf dem Schoß oder den Füßen,
- kleine Tücher aus Samt, synthetischem Fell oder Seide zum Anfassen oder Streicheln.

Wenn alle Reizumlenkung nicht mehr fruchtet, ist es wichtig, Bewegung in gut steuerbarer Art zuzulassen. Dazu Beispiele, die Sie erweitern können:

Bewegungen zulassen
- Arm ausschütteln beim Schreiben, oder Finger kneten,
- Strecken und Recken (dabei auf dem Platz bleiben!), z. B. ‚Sterne vom Himmel pflücken',
- progressive Muskelentspannung (nach E. Jacobson),
- Balance im Einbeinstand,
- Liegestützen, zwei bis drei; bitte kein Fitness-Training,
- zum Papierkorb gehen etc.,
- Aufträge, die mit Bewegung verbunden sind: Tafel abwischen etc.,
- oder einfach nur Bewegung: „Lauf eine Runde um den Schulhof!".

Werden Anweisungen dennoch notwendig, sollten sie kurz und bündig sein und keine Abwertung der Person enthalten. Der Schüler muss aus Vorgesprächen wissen, dass Sie nicht mit ihm argumentieren werden. In zugespitzten Situationen hilft eine ‚Auszeit' {16}.

Die kraftvollen und besonders die schnellen Bewegungen des Sportunterrichts stellen die ADHS-Kinder oft vor große Schwierigkeiten mit ihrer Selbstdisziplin. Sind sie einmal in Fahrt, können sie schlecht warten, bis sie wieder dran sind. Alle Wettbewerbe reizen sie so sehr, dass sie sowohl sich selbst überschätzen als auch die Geduld der anderen überfordern. Deshalb:
- Regeln immer wiederholen lassen (auch zum tausendsten Mal),
- einen freundschaftlichen Partner zuordnen, der bremsen darf,
- möglichst Einzelwettbewerbe vermeiden; eher Partner- und Gruppenspiele,
- am Ende der Stunde Erregungsniveau senken, z. B. sehr schwere Matten schleppen lassen; Ruhephase mit Nachbesprechung und Planung der nächsten Stunde.

Ob mit speziellen Beruhigungstherapien die grobmotorische Unruhe beherrscht werden kann, ist fraglich. Meine eigenen Versuche mit Autogenem Training haben nur Teilerfolge ergeben. Die Kinder fühlten sich unter der Therapie eher unwohl, weil sie die Ruhehaltung nicht einhalten konnten. Zitat eines Kindes: „Ich sitze hier wie auf einem heißen Herd." Von Yoga wurden mir günstige Effekte berichtet, nicht aber von der Edu-Kinesiologie. Die Ergebnisse in der Ergotherapie blieben meist hinter den Erwartungen zurück. Die Kinder in psychomotorischer Therapie lernten sich besser zu kontrollieren, doch es dauerte Monate und manchmal Jahre {70}.

unterschiedliche Therapieerfolge

Suchen Sie nach den positiven Seiten des gesteigerten Bewegungsdrangs und versuchen Sie, diese in den Unterricht einzubauen.

Hyperaktivität

Die rastlosen Finger

Wie oft haben Sie sich schon geärgert, wenn schon wieder …?

68

Auf dem Arbeitsplatz des ADHS-Schülers sollten nur Dinge liegen, die zum Unterricht erforderlich sind {58}. So sollten die unruhigen Finger kein klapperndes oder knisterndes Spielzeug vorfinden können. Sie haben mit dem Unruhestifter vereinbart, was Sie und die Klasse ertragen wollen und was auf gar keinen Fall in Frage kommt (z. B. Essen und Trinken). Das ist eine gute Ausgangslage.

In Zeiten bloßen Zuhörens oder Abwartens können Sie die zappeligen Finger am besten ‚fesseln', wenn Sie ihnen etwas zu tun geben. Das hört sich nur absurd an, weil wir es nicht gewohnt sind. Doch es hilft.

lautloses Spielzeug

Erlauben Sie geräuschlose Spielereien ausdrücklich. Es entspannt die Kinder, wenn sie es nicht heimlich machen und sie sich keine Aufmerksamkeit aus der Nachbarschaft sichern müssen. Am besten halten Sie eine Schachtel mit einem großen Vorrat von „Fingerschmeichlern" bereit.

So stören z. B. nicht:
- kleine Biegepuppen
- Knautschbälle oder Knetmasse
- Plastik- oder Seidenbänder
- Federn oder Wollquasten
- geflochtene Armbänder etc.

Alle unkonzentrierten Kinder sprechen darauf gut an und bekommen vom Unterricht mehr mit, als es den Anschein macht. Es ist übrigens eine sehr hilfreiche Übung, wenn das konzentrationsschwache Kind die Schachtel verwaltet und die Ausgabe und das Einsammeln des Materials beaufsichtigt.

Viele gesunde Menschen haben die Angewohnheit, beim Zuhören mit ihren Händen etwas zu tun, seien es kunstvolle Kritzelbilder oder fast akrobatische Tricks mit einem Bleistift, Origami-Papierfalten oder sogar Stricken. Wir tolerieren das im Allgemeinen. Warum nicht bei ADHS-Kindern?

Techniken aus den verschiedenen Meditationsübungen erweisen sich oft als hilfreich. Augenschließen, wenn möglich mit fantasierten Bildern, hat auf jeden Schüler eine beruhigende Wirkung. Die Sorge, sie könnten dann einschlafen, ist nicht unbegründet, aber auch nicht immer berechtigt. Und wenn schon! Ein Schüler, der mühsam die Augen aufreißt, kann nichts lernen. Wenn er ein paar Minuten geschlafen hat, ist seine Aufnahmebereitschaft wieder besser. Hat ein notorisch unkonzentrierter Schüler die Augen von sich aus geschlossen, sollte man ihm im Zweifel zugute halten, er sammle sich mit irgendeiner Beruhigungstechnik. Genauso kann es sich verhalten, wenn Sie den Kutschersitz vom Autogenen Training und übergeschlagene Beine vom Yoga beobachten. Später, bei passender Gelegenheit, sprechen Sie mit dem Schüler über Ihre Beobachtung und seine eigene Einschätzungen dazu.

Übungen zur Beruhigung

Kämpfen Sie nicht gegen das ‚Herumfingern'. Steuern Sie es, so schonen Sie Ihre Nerven und machen den Schüler zugänglicher. Es ist nur ein Umdenkprozess nötig.

Geräusche und Lärm

‚Unkonzentriert' und scheinbar abgelenkt trällern, summen oder pfeifen ADHS-Kinder vor sich hin, wenn sie mit Schreiben, Rechnen oder ähnlichen Arbeiten beschäftigt sind. Ausdauernd können sie mit Linealen, Bleistiften, Gummibändern und vielem mehr ‚Musik' machen.

Ihr Mitteilungsbedürfnis ist überwältigend groß, gerade wenn es besonders stört. Sie platzen in Gespräche hinein, fallen anderen ins Wort und wenn sie richtig in Schwung sind, lassen sie niemanden mehr zu Wort kommen. In Auseinandersetzungen müssen sie immer das letzte Wort haben.

Sie erzeugen selbst viel Lärm und scheinen davon nicht beeindruckt zu sein. Erstaunlicherweise reagieren sie auf andere Lärmquellen sehr irritiert und oft ängstlich. Sie erklären ihre Abneigung gegen Staubsauger, Föhne, Bohrmaschinen etc. und leiden unter Straßenlärm, Krach im Klassenzimmer und hallenden Räumen. Dennoch kann man ihre Stimme im Sportunterricht oder auf dem Pausenhof aus allen deutlich heraushören.

Hören ohne Filter

Ihre Ohren funktionieren so gut wie die aller Kinder. Die unterschiedlichsten Hörtests fallen fast immer normal aus. Sollte tatsächlich mal ein pathologischer Befund erhoben worden sein, handelt es sich um eine zentrale, akustische Wahrnehmungsstörung: Das Gehörte wird im Gehirn anders registriert. Die Kinder ‚hören' ähnlich, wie billige Universalmikrofone aufnehmen, nämlich ungefiltert, einfach alles in gleicher Weise. Aus den vielen Höreindrücken kann ihr Gehirn nicht das Wesentliche auswählen. Das Husten zwei Reihen hinter ihnen, das Flüstern vom Nachbarn ist genauso wichtig wie das Wort des Lehrers. Und wenn alle durcheinander reden, ist in ihrem Kopf Chaos. Ihre Reaktion ist Unruhe und Unkonzentriertheit.

Ordnung schaffen kann da nur das gleichzeitige Anregen von mehreren Wahrnehmungskanälen oder die Dämpfung der Reizoffenheit des akustischen Kanals.

Je mehr Wahrnehmungsebenen Sie im Unterricht gleichzeitig ansprechen, desto wacher sind Ihre Schüler. Die Aufmerksamkeit ist aktiver, wenn gleichzeitig Bilder gezeigt oder Bewegungen erwartet werden. Kann das Kind dem Lehrer auf den Mund schauen, versteht es ihn besser. Bei guter Sprechmelodie und betont klarer Artikulation sind die Schülerohren eher ‚gespitzt'. Besitzen Sie dazu eine gute, dynamische Gestensprache, werden Sie Zuhörer aufmerksamer machen und ihren kognitiven Prozess fördern (24, 39). In extremen Fällen hat die aus der Legastheniebehandlung bekannte Gebärdensprache die Kommunikation beflügelt. Werden Kinder darüber hinaus noch taktil und motorisch angesprochen – sie dürfen durch Haltung und Bewegung ihr Verstehen zeigen –, ist ein Maximum an geordneter Reizverarbeitung erreicht (37).

mehrere Wahrnehmungsebenen

Es ist schwierig, auf die höhere Geräuschempfindlichkeit von Schülern einzugehen, da ihre Klagen oft unglaubwürdig scheinen, da sie selbst ja den größten Lärm verursachen. Trotzdem können zu Zeiten des normalen Unterrichts manchmal Watte-Stopfen oder Taucher-Ohrstöpsel helfen. Bei Stillarbeit mildern Ohrwärmer oder gut abkapselnde, stumme Kopfhörer die Beschwerden und lassen die Kinder konzentrierter arbeiten.

Hyperaktivität

Selbst in einer ruhigen Klasse wird ein Hintergrundgeräusch von 30 dB gemessen, was schon recht störend ist. Den Lärmpegel im Klassenraum kann man schlechterdings nicht durch zunehmende Stimmkraft reduzieren. Ein gedonnertes „RUHE!" frustriert Sie genauso wie lautes Händeklatschen, weil es erfolglos verhallt und Ihre guten Bemühungen um Ruhe konterkariert.

Lärmpegel

Allgemeinen Lärmpegel senken durch optische und soziale Signale {59}:
- betont ruhig bleiben,
- Warnzeichen geben z. B. ‚Finger vor dem Mund',
- Licht an- und ausschalten,
- selbst immer leiser bis stimmlos weitersprechen oder schweigen.

Um den Sprechdrang zu bändigen, helfen Ihnen klare Gesprächsregeln, die für alle verbindlich sind. Diese Regeln sollten Sie nicht zu kleinlich abfassen und für die besonders bedürftigen Kinder ‚Sicherheitsventile' vorsehen (Handzeichen, ‚gelbe Karten'). Oft sind wiederholte, klärende Vier-Augen-Gespräche vonnöten.

Vorschläge für Gesprächsregeln:
- Andere ausreden lassen!
- Erst zuhören und nachdenken …
- … dann melden und warten!
- Ich kann mich bremsen: „Wenn ich will, bin ich still!"
- Nur sprechen, wenn ich aufgerufen werde!
- Ich darf reden; keiner wird mir das Wort abschneiden.
- Ich werde nicht sauer, wenn ich mal übersehen werde.

Viel Druck können Sie gerade in jüngeren Klassen durch gemeinsames (lautes) Singen abbauen, das Sie kurzfristig in den Unterricht einschieben. Auch das laute, gemeinschaftliche Hersagen von Merksätzen oder wichtigen Daten kann dem ADHS-Schüler Erleichterung verschaffen – und in der Pause darf er natürlich schreien und brüllen. – Nebenbei: Brüll-Wettbewerbe in einer fernen Schulhofecke haben einen erstaunlichen Beruhigungseffekt.

Ein Schüler, der seine Antworten einfach in die Klasse ruft, ist sicher ein Problem im Unterricht, aber immerhin ist er ein aktiv Lernender. Seinen ausgeprägten Drang, sich mitzuteilen, können Sie mit Whiteboards eindämmen {58}. Schwieriger sind die ADHS-Schüler, die ihre Beteiligung verweigern oder sachfremd einfach nur stören wollen. Meist sind das ältere Schüler {83}. Inwieweit Spezialtherapien, die theoretisch unmittelbar an der auditiven Wahrnehmungsverarbeitung ansetzen, die Konzentration, die Motorik und die Selbstorganisation bei ADHS-Kindern beeinflussen, wird kontrovers diskutiert. Bei den Methoden nach Johansen, Warnke, Tomatis oder der AVWF-Methode gibt es für ADHS-Patienten keinen wissenschaftlichen Wirkungsnachweis und keine verlässliche Vorhersage des Therapieergebnisses. (69) Diese Behandlungsmethoden sind eher für Patientengruppen mit gestörter Konzentration anderer Genese entwickelt worden.

Unterrichtsstörungen

Für einen lebendigen Unterricht mit lärmenden Schülern oder einer lauten Klasse brauchen Sie dämpfende Methoden.

70 Psychomotorische Förderung

Auf den ersten Blick scheint es sehr widersprüchlich zu sein, ein wildes, unkonzentriertes Kind in eine Therapie zu schicken, in der nach Herzenslust getobt und geschrien werden darf. Und einige ADHS-Kinder sind tatsächlich anfangs verwirrt, wenn sie in psychomotorischer Therapie nicht gebremst werden. Sie haben bisher ganz andere Erfahrungen gesammelt.

Psychomotorik und Sportpädagogik

Die Psychomotorik ist ein an der Entwicklung orientiertes Behandlungskonzept, das im Kleinkindalter den Zusammenhang zwischen Wahrnehmung und Handlung betont und im Schulalter das Wechselspiel zwischen motorischer und psychischer Entwicklung anregt. Es vermittelt ein Erleben, wie die Dinge und Kräfte der Welt und wie Wahrnehmung und Reaktion der Kinder miteinander wirken. Die enge Verknüpfung von Wahrnehmung und Handlung und schließlich von Körperlichem und Seelischem wird den Kindern erlebbar gemacht. Sie lernen so, Bewegung zu planen, darüber nachzudenken und davon zu sprechen. Sie verstehen, ihre Handlung mit ihrer Befindlichkeit in Einklang zu bringen. In diesem kognitiven Rahmen erhellt Psychomotorik die kommunikative Bedeutung von Bewegung und ihre sozialen Konsequenzen. Psychomotorik ist keine für ADHS spezifische Therapie, aber eine, die die Bedürfnisse der unkonzentrierten Kinder in idealer Weise erfüllt (48, 84, 85).

Behandlungsplätze bieten entsprechend ausgerüstete Praxen an. Auskünfte finden Sie im Internet. Psychomotorik ist nicht nur eine Therapieform in der medizinischen Versorgung, sondern auch eine Fördermaßnahme in der Sportpädagogik. Der äußere Rahmen und die Intensität sind in beiden unterschiedlich, nicht aber die Inhalte. So können ADHS-Kinder in entsprechend ausgerichteten Sportvereinen gut gefördert werden. Einige Sportarten beinhalten einen starken psychomotorischen Aspekt und eignen sich deshalb besonders für Kinder mit ADHS. Mannschaftssportarten eignen sich eher weniger.

besonders günstig	*Judo, Karate und Ähnliches; Badminton; Trampolinturnen; Tanzen; Kanusport; Bergsteigen; sogar Schießen und Boxen*
weniger günstig	*Handball; Fußball; Basketball; Geräteturnen; Gymnastik; Kraftsport; Leichtathletik*

psychomotorische Freizeitangebote

Was ADHS-Kinder nicht anspricht, meiden sie von vornherein oder geben es rasch wieder auf, deshalb ist Vorsicht mit den Kosten für die Grundausrüstung geboten. Jonglieren, Balancieren, Zauberkunststücke und Clownereien weisen viele psychomotorische Elemente auf. Ein Schulzirkus oder eine Artisten-Arbeitsgemeinschaft sind ideale Freizeitangebote für Kinder mit ADHS. Sie sind besonders motiviert, wenn dabei auch noch ein Publikum in Aussicht steht.

Angeln ist bei ADHS-Jungen beliebt und hat einen ausgleichenden Effekt auf ihre Stimmung und Aktivität. Wahrscheinlich fühlen die Angler sich wohl in der Ruhe und Abgeschlossenheit dieser Beschäftigung.

Verhelfen Sie mit Psychomotorik zu Spaß und Selbstfindung.

Störendes Verhalten

Stören

Verzögern und Hinausschieben

„Ja, gleich! Mama!" oder „Mach ich nachher, Papa, ich muss eben noch ..." Dies oder Ähnliches hören wir von allen Kindern häufig. Von Kindern mit Konzentrationsstörungen kommt diese Antwort mit großer Regelmäßigkeit. Oft geschieht dies schon mit gereizter Stimme, die ihre Anspannung verrät. Sie merken, wie sie wegen ihrer geringen Konzentrationsfähigkeit ihren ‚roten Faden' gerade wieder einmal verlieren.

Kinder mit ADHS sind gleich mehrfach benachteiligt: Sie haben ein schlechtes Zeitgefühl. ‚Gleich' kann für sie auch ‚in einigen Stunden' bedeuten. Darüber hinaus können sie ihre Handlungen schlecht Schritt für Schritt planen. Das Gegenwärtige ist immer das Wichtigste. So kann es geschehen, dass sie fest davon überzeugt sind, der Aufforderung längst nachgekommen zu sein, ohne etwas gemacht zu haben. Und drittens haben sie eine miserable akustische Merkfähigkeit, die dazu führen kann, dass sie sich bei bestem Willen nicht mehr an die Anweisung erinnern. Es geht ihnen wie jemandem, der in etwas sehr vertieft war und nicht glauben kann, vor Kurzem angesprochen worden zu sein (zum einen Ohr rein, zum anderen raus!). Für ADHS-Kinder stellt sich noch ein weiteres Hindernis. Alles Neue und Überraschende ist per se schon angsterregend und muss – wenigstens unbewusst – abgewehrt werden. Zur Rede gestellt, macht sich ihre Intoleranz gegenüber Kritik bemerkbar. Das Ergebnis ist nur zu oft, dass sie eher einen argumentativen Kampf aufnehmen, als sich in das Unvermeidliche zu schicken.

schlechtes Zeitgefühl

Es ist also Ihre besondere Kunst, ADHS-Kinder mit Bitten, Anweisungen und Aufforderungen oder gar Befehlen zu lenken und zu führen. Wenn Sie sich die oben genannten Voraussetzungen bewusst machen, kann es aber gelingen. Verstärken Sie die visuelle und taktile Wahrnehmung der Kinder, so können Sie ihre Bereitschaft verbessern, doch etwas zu beginnen, auch wenn es ihnen gegen den Strich geht.

Motivieren

Einige Regeln können dabei helfen:
- Kündigen Sie Ihren Wunsch an! Z. B.: „Der Mülleimer ist voll", und erst nach einer Weile: „Bitte, bring doch mal den Mülleimer raus!".
- „Gleich!" ist keine akzeptable Zeitangabe. Lassen Sie sich nicht darauf ein. Es ist nur der Anfang einer zeitraubenden und an den Nerven zerrenden Argumentation.
- Rufen Sie Ihren Wunsch nicht einfach in die Gegend. Gehen Sie zu Ihrem Kind, sprechen Sie es mit Namen an, versuchen Sie Augenkontakt herzustellen und sprechen Sie Ihre Bitte erst dann aus – mit unterstützender Mimik.
- Verbinden Sie Ihre Anweisung mit Ihrer Wertschätzung: „Du würdest mir einen (großen) Gefallen tun, wenn du jetzt ..." oder „Ich würde mich sehr freuen, wenn du sofort ..."
- Aufträge, die regelmäßig wiederkehren, bringen Sie am besten auf dem visuellen Weg ins Gedächtnis (schriftliche oder bebilderte Checkliste), dann genügt oft nur ein Fingerzeig oder eine Kopfbewegung dorthin, damit der Hinweis befolgt wird.
- Wenn wieder einmal etwas nicht ausgeführt wurde, sollten Sie sich alle ‚kriminalis-

tischen Ermittlungen' und das berechtigte Gefühl der Enttäuschung ersparen. Wiederholen Sie Ihre Anweisung mit Nachdruck und Gefühl. Akzeptieren Sie freundlich die mögliche Entschuldigung des Kindes ohne weitere Kommentare.
- Vergessen Sie nicht selbst Ihre Aufforderung. Sie gelten in solchen Fällen nicht etwa als rücksichtsvoll, sondern werden nicht mehr ernst genommen.

Versagensangst

Auch lang bekannte Pflichten oder Aufgaben werden von den ADHS-Kindern als Eingriffe in ihr Leben abgewehrt. Da offener Protest sinnlos ist, werden solche Dinge ‚auf die lange Bank geschoben'. Wir sollten Verständnis haben, denn unangenehme Aufgaben nehmen wir auch nicht gerne an, sondern deuten sie um. Oft erscheinen sie als zu gewaltig und so beginnen wir sie erst gar nicht, um der erwarteten Niederlage zu entgehen. Kinder mit ADHS haben für vermutetes, bevorstehendes Versagen besondere Antennen und deshalb verschweigen, verdrängen und verweigern sie.

Allein können Sie dieses Wirrwarr der Gefühle nicht entflechten:
- Eltern müssen solche Aufgaben kennen (z. B. Wochenpläne aus der Schule). Sie müssen verstehen, was es dem Kind bedeuten kann (z. B. eine Einladung zu einem Kindergeburtstag). Es macht keinen Sinn, diese Probleme auf ein ‚realistisches' Maß herunterzureden. Man muss zeigen, dass man versteht, wie unheimlich es dem Kind erscheinen mag.
- Mit ihrer Fähigkeit zu planen, können Eltern die ‚zu großen Brocken' in mundgerechte Portionen zerlegen.
- Mit einem festen Zeitplan (möglichst schriftlich, zusammen mit dem Kind erstellt) können Eltern helfen, die große Aufgabe nun Schritt für Schritt in der vorgegebenen Zeit zu erledigen.
- Ein Aufschieben mit dem Argument, man habe ja noch so viel Zeit, wird nicht akzeptiert. Es entbehrt jeder Logik, denn später hat man immer zu wenig Zeit.
- Dem Kind die Ausführung abzunehmen, erhöht nur die Angst vor undurchschaubaren Arbeiten.

Aufgaben und Belohnung

Bei als unangenehm empfundenen Aufgaben ist es besonders bei jüngeren Kindern hilfreich, wenn Sie dies in Beziehung zu etwas Angenehmem setzen. Z. B.: „Du bekommst dein Abendessen erst, wenn du deinen Hund gefüttert hast" (hier ist auch ein ersichtlicher Zusammenhang eingehalten); oder (schwieriger, weil ohne Zusammenhang): „Du kannst erst fernsehen, wenn du mir deine Hausaufgaben gezeigt hast." Das hat natürlich nichts mit ‚Erpressung' oder ‚Nötigung' zu tun, wie Kinder gerne dagegen argumentieren, denn sie werden ja nicht zu irgendwelchen kriminellen Handlungen gezwungen. Bei Jugendlichen sind solche Verknüpfungen nur selten wirksam. Sie lösen eher Protest aus und verkehren sich ins Gegenteil, indem der Jugendliche beweisen wird, was für ein Märtyrer er sein kann und wie sehr er über diesen alltäglichen Dingen steht.

Erlauben Sie kein Hinauszögern, es kostet nur Ihre Zeit, etwas mehrfach bedenken zu müssen.

Störendes Verhalten

Widerspruch und Opposition

Es ist eigentlich erfreulich, Tobias in seiner eifrigen, eigensinnigen Unbekümmertheit zu beobachten. Er versucht wieder und wieder, etwas zu bauen. Wenn wir eingreifen, um den einfachsten Weg zu zeigen, wird er wütend und abweisend. Er ist in seiner Vorstellungswelt und verteidigt sie gegen jede Störung.

Leicht einzusehen ist, dass autistische oder psychotische Kinder in einer eigenen Welt leben, die von Eltern und anderen nicht leicht nachvollzogen werden kann. Schwieriger ist es, Verständnis zu vermitteln, dass es Kindern mit ADHS ähnlich geht. Zitat eines Lehrers: „Sie erscheinen doch so normal, sind aber einfach nur ungezogen – oder unerzogen." Sie werden als böswillig, stur oder provokant beurteilt. Entsteht der Eindruck, sie wollten ihre Eltern oder Lehrer ärgern, liegt immer ein Missverständnis oder Nicht-Verstehen vor. ADHS-Kinder wollen, wie alle anderen Kinder auch, ihren Eltern gefallen und von Lehrern anerkannt werden, manchmal mangelt es ihnen einfach nur an Erfahrung, wie sie es anstellen sollen.

Wunsch nach Anerkennung

ADHS-Kinder leben sehr intensiv in der Gegenwart. Sie sind nicht an dem interessiert, was gerade war oder was demnächst sein wird. Fühlen sie sich gehindert, den Augenblick zu leben, äußern sie Langeweile. Dieses unangenehme Gefühl möchten sie auf jeden Fall vermeiden. Sie beginnen, neue Aufforderungen oder Anweisungen zu ignorieren und sich ihnen zu widersetzen. Sie antizipieren nicht den unvermeidbaren Konflikt, der sich aus ihrem Verhalten ergibt.

Ihnen aus dieser Klemme herauszuhelfen, haben Sie als Erzieher drei Möglichkeiten, vorausgesetzt Sie besiegen Ihre Vorverurteilung und den eigenen Ärger:

1. Kündigen Sie Szenenwechsel an; evtl. mit exakter Zeitangabe. Z. B.: „In einer Minute komme ich zum Abfragen."
2. Wachen Sie über die Ausführung und greifen Sie nötigenfalls aktiv ein. Z. B. nehmen Sie die Fernbedienung und schalten den Fernseher zur vereinbarten Zeit aus.
3. Machen Sie die Veränderung attraktiv und begrenzen Sie sie. Z. B.: „Du hast den Termin beim Friseur gewollt. Jetzt müssen wir losgehen. Du wirst dich über die neue Frisur freuen. Und nach einer halben Stunde kannst du ja hier weitermachen."

Bei wiederkehrenden, gleichartigen Konflikten ist es ratsam, ein Schema zu vereinbaren und schriftlich (evtl. bebildert) zu fixieren. Dann reicht ein entschlossener Hinweis: „Versprochen ist versprochen!".

Die Furcht, zu hart zu sein, und die Sorge, dem Kind Freiheiten zu beschneiden, aber auch die Angst vor den lautstarken Unmutsäußerungen des ‚Engelchens' sind die Fallstricke, an denen Bemühungen scheitern. Bereiten Sie das Kind mit geschickten Fragen vor, eine eigene, sachgemäße Entscheidung zu treffen. Es wird dann seinen Vorteil erkennen und keinen Grund sehen, Ihre Absicht zu diskutieren. Ihre eigene Art, auf Anforderungen zu reagieren, hat einen vorbildlichen Einfluss.

gemeinsam entscheiden

Versuchen Sie nicht, den Dickkopf zu brechen; helfen Sie mit Trost und Einfühlung aus der Sackgasse.

In der Schule

Soziales Übereifer

Alle Kinder mit ADHS haben sehr geschätzte, positive Eigenschaften. Sie sind z. B. kreativ, erfrischend einfallsreich, engagiert und empfindsam. Daraus entwickeln sie oft ein lebendiges Gefühl für soziale Gerechtigkeit, das sie unkritisch und unter allen Umständen einsetzen wollen. Leider werden sie von jeder Ungerechtigkeit aufgebracht, so dass sie ‚ihre Nase oft in Angelegenheiten stecken', die sie überhaupt nichts angehen. Das führt zu Verwirrungen und Fehleinschätzungen. Ihr Ruf als notorische Störer ist in den meisten Fällen ohnehin vorbelastet, sodass ihre Parteinahme für einen anderen sie oft zum Mitschuldigen, wenn nicht überhaupt zur zentralen Problemperson macht. ADHS-Kinder ‚verstehen oft die Welt nicht mehr', wenn sie zurechtgewiesen oder gar bestraft werden, da sie doch nur jemandem in Not helfen wollten.

Dieser soziale Übereifer ist natürlich sehr störend für Sie und alle anderen. Selbst die wirklichen Konfliktbeteiligten verstehen solches Eingreifen nicht. Die ADHS-Kinder werden nicht mit der Dankbarkeit der Streithähne rechnen können, die überforderten Mitschüler werden den Einsatz eher lächerlich machen. Und für Sie ist es schwierig, solch ein anmaßendes Verhalten taktvoll in seine Schranken zu weisen, ohne neuen Eifer anzufachen. Die ADHS-Kinder fühlen sich in ihrer Anwaltsrolle berechtigt und wohl, manchmal muss man ihnen jedoch einfach das Wort abschneiden. Ein Nachgespräch sollte einen solchen Schritt erläutern.

Konflikte

Ein Kind mit ADHS muss lernen, sich aus fremden Konflikten herauszuhalten. Das ist etwa so schwierig, wie einem Rettungsschwimmer beizubringen, einem Ertrinkenden in der Freizeit oder am fremden Strand nicht zur Hilfe eilen zu dürfen. Solche Situationen und sein Verhalten müssen in einer ruhigen Nachphase mit dem Kind besprochen und alternative Verhaltensweisen herausgearbeitet werden. Ohne solche Reflexionen mit geachteten Autoritäten wird ein ADHS-Kind keine neuen Verhaltensweisen lernen. Ein netter Klassenkamerad, der bei einem Problem auch schon mal ‚mit anfassen' darf, ist eine große Hilfe, das ADHS-Kind aus Konfliktsituationen herauszuziehen; doch das muss im Vorfeld besprochen worden sein.

Friedensstifter

Wo es die Umstände zulassen, können ADHS-Kinder durchaus gute Richter oder Friedensstifter abgeben; auch diese Aufgabe muss vorbereitet, klar definiert und verabredet sein. Im Sport geben sie faire und umsichtige Schiedsrichter ab und in geplanten Diskussionsrunden können sie gute Gesprächsleiter sein. Bei einer gut strukturierten Anti-Aggressions-Kampagne in der Schule haben sich einige meiner Betreuten rühmlich hervorgetan. Ihnen allerdings eine unbestimmte Aufsichtsfunktion zu übertragen, würde mit großer Wahrscheinlichkeit in einem heillosen Chaos enden.

Versuchen Sie dem konfliktbereiten Kind das Kennedy-Zitat nahe zu bringen:
„Das Leben ist ungerecht – nicht immer zu deinen Ungunsten!".

Störendes Verhalten

Ungehorsam + Co.

In der Hälfte aller ADHS-Fälle treten mit den typischen Symptomen eben auch Eigensinn und Rechthaberei auf. Gerade wegen ihrer Reizoffenheit und ihrer Impulsivität kommen den ADHS-Kindern völlig überraschend Ideen, von denen sie glauben, sie gegen alle Widerstände durchsetzen zu müssen. In ihren Mitteln sind sie nicht wählerisch und auch nicht klug. So manche Behauptung ist leicht als Lüge zu durchschauen. Bei Eltern und Betreuern löst dies Kränkungsgefühle und Feindseligkeit aus. Es entsteht auf beiden Seiten ein Teufelskreis negativer Erfahrungen und fantasierter Abwehrschlachten, bei denen das Kind glaubt, immer zu siegen. Tatsächlich wird es aber nur Verlierer geben.

Typischerweise geht es in diesen Auseinandersetzungen gar nicht um einen sachlichen Vorteil oder einen konkreten Gewinn, sondern um ‚Recht' oder ‚ums Prinzip'. Bei Jugendlichen mit mehr Streiterfahrung kehrt sich diese Zielsetzung allerdings um. Dann geht es knallhart um Macht, um Geldwertes und um Freiheiten. War der Umgang mit oppositionellen Kleinkindern schon nicht leicht, ist er mit kampfbereiten Jugendlichen sehr schwierig.

Was ist zu tun? Um es vorweg zu sagen: Es gibt keine Patentrezepte und keine Supernanny-Tricks. Jedes Kind und jede Situation erfordern eigene, neue, richtige Entscheidungen, die Sie erst einmal finden und durchsetzen müssen. Sie werden einiges ausprobieren müssen und sollten bereit sein sich zu korrigieren.

Prinzipiell ist es jedoch in allen Fällen richtig, so früh wie eben möglich anzufangen, eine liebevolle Vertrauensbasis aufzubauen und auch in Krisen zu pflegen. Sie können sich so liebevoll und tröstend verhalten, wie Sie es bei einem trotzigen Zweijährigen tun würden. Nicht jedes Schimpfwort, nicht jede herausgestreckte Zunge und nicht jeder Widerspruch ist ein Krankheitszeichen. Sie sind nicht verpflichtet, immer darauf einzugehen.

Vertrauen aufbauen

Ein zweites Prinzip gilt: Es regelt sich in diesem Bereich nichts von allein. Erziehende haben immer ihren Anteil. Forderungen an das Kind allein führen in die Sackgasse. Sie müssen etwas geben, wenn Sie etwas erhalten wollen.

- Körperliche und gefühlvolle Zuwendung sind sichere Grundlagen, um unterschiedliches Erleben austragen zu können. Das kostet Zeit und beschneidet Ihre Freiheiten. Wenn Sie sich das bewusst machen und für sich annehmen, haben Sie es selbst leichter, und die Familienmitglieder kommen besser miteinander aus.
- Können Sie eine gemütsmäßige Sicherheit vermitteln, wird es bei der notwendigen Auseinandersetzung keinen feindseligen Ton und kein Gefühl der Unterlegenheit geben.
- Sie müssen die Bereitschaft signalisieren, in allen Lebenslagen unterstützen zu können, aber gleichzeitig dem Kind alle Freiheit gewähren, die es für seine Entwicklung braucht. Das bedeutet, dass Sie zwar immer die Aufsicht haben, aber nicht immer eingreifen werden.
- Wer das Gefühl hat, Kindern ausgeliefert zu sein, sollte unbedingt professionelle Hilfe aufsuchen. Die hilfreichsten Adressenlisten findet man am Ende des Buches.

In der Schule

Wenn es schon keine allgemein gültigen Ratschläge gibt, können doch einige flankierende Empfehlungen genannt werden, die in solchen Situationen helfen können:

flankierende Empfehlungen

- Nicht jedes Widerwort braucht eine Entgegnung.
- Nicht jede (provokante) Frage braucht eine Antwort.
- Nicht jeder Ungehorsam muss geahndet werden.
- Nicht jeder Protest sollte wörtlich ernst genommen sein.
- Nicht jede Beschimpfung ist persönlich gemeint.
- Nicht jede Lüge ist ein Hinweis auf einen Charakterfehler.
- Nicht jede Ausrede muss entlarvt werden.
- Nicht jede Diskussion muss man sich aufzwingen lassen.

Allerdings wenn Lügen, Ungehorsam und Heimlichkeiten vermehrt auftreten, wird es Zeit, sich Gedanken zu machen, was in dem Kind und in der Familie als Ganzes vorgeht. Oft hat das Kind für seine Verhaltensweisen nachvollziehbare Gründe, die man herausarbeiten kann. Das Kind dabei direkt nach seinen Gründen zu fragen, führt allerdings nicht weiter, sondern schnell in die Irre.

sofort reagieren

Manchmal jedoch haben Sie keine Zeit, nachzudenken oder Rat einzuholen. Wenn das Kind zündelt, stiehlt, die Schule schwänzt, sich stundenlang versteckt, sich nachts herumtreibt oder Grausamkeiten gegen Menschen oder Tiere begeht, müssen Sie sofort und eindeutig reagieren. An erster Stelle sollten Sie immer Ihr momentanes Gefühl aussprechen, aber nicht ausagieren. Das Kind muss wissen, wie sehr Sie von seiner Tat betroffen sind. Für solche Situationen können Sie sich die beste Formulierung im Vorhinein zurechtgelegt haben. An zweiter Stelle sollten Sie wissen, wen Sie um Rat fragen oder um Unterstützung bitten können. Die Adresse eines Beraters in Ihrer Tasche kann enorme Sicherheit geben. Und drittens müssen Sie vorbereitet sein zu handeln. Nichts überzeugt so sehr wie die Tat!

Wie Sie selbst dastehen, auf welche Werte Sie sich verlassen, wird die Abwicklung entscheidend bestimmen:

- Abwarten können, was sich aus einer verzwickten Situation entwickeln kann, ist eine pädagogische Tugend, die einem nicht unbedingt gegeben ist. Man muss/kann sie erlernen.
- Vertrauen, dass das Kind aus seinem Ungehorsam die richtigen Schlüsse ziehen wird, ist eine unschätzbare Stärke.
- Den richtigen Zeitpunkt des Eingreifens zu finden, ist eine Kunst, in der man sich beraten lassen kann.
- Freundlich, unaufgeregt und fest zu bleiben, ist die einzige Möglichkeit, dem Konflikt beizukommen. Das verlangt (mehr) elterliche Präsenz.
- Einen Machtkampf verlieren immer die Erzieher. Das ADHS-Kind in seiner Perspektivlosigkeit hat nichts zu verlieren.
- Die Angst vor der fernen Zukunft ist ein schlechter Ratgeber.
- Vergebung ist ein mächtiger Verbündeter; aber Vergessen ist ein feiger Drückeberger. Seien Sie aktiv! Unpopuläre Entscheidungen wie Einweisungen in spezialisierte Kliniken sind manchmal nicht zu umgehen.

Sprechen Sie Ihre aufrichtigen Gefühle aus; das ist die entscheidende Antwort auf entgleistes Sozialverhalten.

Weitere Aspekte

Hochbegabung

Die besondere Situation

Trifft die Genialität der Hochbegabung mit der Desorganisation der ADHS in einer Person zusammen, vergrößert sich die pädagogische Herausforderung. Die Betroffenen werden noch ungeduldiger mit sich und vor allem mit ihren Mitmenschen und sind überwiegend unlustig und missmutig. Ihre Ansprüche werden massiver und weniger nachvollziehbar. Typisch für diese Verbindung sind brillante, herausragende Einzelleistungen neben belanglosem Durchschnitt und völligem Versagen.

Unter Hochbegabung verstehen die Psychologen und Pädagogen die statistische Erscheinung von intellektueller Begabung am äußersten Rand der Normalverteilung. Ein bestimmter IQ-Wert wird als Definitionsgrenze eingesetzt. In diesem Sinne sagt der Begriff ‚Hochbegabung' nichts über die Persönlichkeit und ihr Schicksal aus. Ich benutze diesen Begriff für sehr gute, nicht näher definierte intellektuelle, sprachliche Veranlagung oder künstlerische, praktische Geschicklichkeit, die ein Kind von seinen Altersgenossen deutlich unterscheidet. Über die Leistungsfähigkeit sagt dieser Befund noch nichts aus (8).

Hochbegabte scheinen bestimmte Leistungen schöpferisch zu erbringen, quasi ohne Anstrengung. Selten können sie erklären, wie sie zu ihrem Ergebnis gekommen sind. Für sie ist ihr Vorgehen so normal wie das Atmen. Unseren Rückfragen stehen sie verständnislos gegenüber. Oft sind sie schnell und sicher, nicht immer ehrgeizig und zielstrebig. Hochbegabte leiden nicht an ihrer Begabung, sondern, wenn überhaupt, an der Reaktion ihres Umfeldes.

Motivation und Kreativität

Da wir Menschen aber nach ihren Leistungen bewerten, kommt es gerade im Zusammenhang mit ADHS oft zu Fehlbeurteilungen und Ungerechtigkeiten. Die Leistungsfähigkeit hängt nicht allein von der intellektuellen Begabung ab, sondern wird stark von Motivation bzw. Fleiß und Kreativität determiniert. Ohne Motivation ist auch ein Hochbegabter nur ein Faulpelz, und ohne Kreativität ist er ein Langweiler mit unendlich viel, aber totem Wissen.

Zwei Probleme: 1. Unterforderte Hochbegabte können Symptome produzieren, die an ADHS erinnern. 2. Die Normalverteilungskurve für Intelligenz ist bei ADHS-Kindern etwas verzerrt, d. h., es gibt relativ häufig sehr gut Begabte.

Eigenschaften Hochbegabter	*Mögliche, soziale Folgen*
schnelles, gutes Verständnis	Ungeduld; Infragestellen von Autorität
an Problemlösungen interessiert	Langeweile, kein Eifer zum Üben
gute Selbstorganisation	beherrschend, manipulierend
kreativ, sucht eigene Wege	Missachtung von Gruppenregeln
sprachlich begabt, viel Faktenwissen	Unterdrückung anderer Meinungen
hohe Erwartungen an sich und andere	Selbstüberforderung, Geringschätzung anderer

Was ist zu raten, wenn ADHS-Kinder hochbegabt erscheinen?
- Beim leisesten Verdacht, unvoreingenommen, akkurat diagnostizieren.
- Bei Bestätigung des Verdachtes: ADHS behandeln (evtl. auch medikamentös) und Hochbegabung gezielt fördern.

Hochbegabung ist keine Krankheit und bedarf keiner Behandlung.

Hochbegabung

Anzeichen für Hochbegabung

Oft wird die Vermutung scherzhaft ausgesprochen, doch manchmal auch sorgenvoll, ob dieses Kind nicht hochbegabt sei. Wird der Frage nicht auf den Grund gegangen, ist die beste Zeit zur Förderung verpasst. Bei Kindern mit ADHS taucht die Frage oft erst im Schulalter auf, wenn ihr Verhalten in der Schule neue Rätsel aufgibt. Diese Kinder zeigen erstaunliche, wegweisende Leistungen, die sie in ihrer nächsten Aktion jedoch schon wieder vernichtet haben können.

Anzeichen bei Vorschulkindern, die einen Hinweis auf Hochbegabung geben, sind
- früher Spracherwerb, differenzierter Wortschatz,
- guter sprachlicher Ausdruck,
- eher sprachliche Auseinandersetzung als körperliche,
- kritisches Hinterfragen von Zusammenhängen und Autoritäten,
- selbst beigebrachtes Lesen,
- Interesse an Büchern, die außerhalb des Altersniveaus liegen,
- kein Interesse an alterstypischen Beschäftigungen,
- viel Langeweile aufgrund von Unterforderung,
- häufig deutlich ältere Freunde,
- suchen vorwiegend die Gesellschaft von Erwachsenen,
- werden von Gleichaltrigen als Besserwisser und Klugschwätzer zurückgewiesen,
- wollen alles rücksichtslos selbst machen und bestimmen.

Bei Älteren kommt dann noch dazu, dass sie
- sich in bestimmte Aufgaben stark vertiefen können,
- sehr perfektionistisch werden,
- intellektuell sehr weit, emotional aber eher zurück sind. (Bei gleichzeitig bestehender ADHS ist diese Diskrepanz besonders auffällig.),
- sich selbstständig Aufgaben stellen und bewältigen können,
- Routine- und Wiederholungsaufgaben ablehnen,
- aussprechen, sich nicht verstanden zu fühlen,
- andere stören und sich in den Vordergrund spielen.

Neben diesen Anzeichen einer frühen und starken, intellektuellen Entwicklung können bei einigen Kindern sehr spezielle Einzelbegabungen beobachtet werden, z. B. hohe Musikalität oder gute Zeichenfertigkeiten. Gedächtnisleistung auf umschriebenen Interessengebieten oder akrobatische Geschicklichkeit müssen Sie auch dazu rechnen. Wenn Sechsjährige einen Wecker und Achtjährige ein Radio wieder zum Laufen bringen, sollten Sie das nicht als Zufallsergebnis abtun. Solche Beobachtungen müssen Sie verfolgen, und den Kindern genauer zusehen. Auch der geschickte Umgang mit Geld und mit Wirtschaftsfragen ist keine frühreife Fehlentwicklung, sondern kann der Hinweis auf eine überdurchschnittliche Begabung sein.

Einzelbegabungen erkennen

Wie Eltern und Lehrer auf solche Beobachtungen reagieren, entscheidet über das Schicksal dieser Kinder. Hochbegabte setzen sich nicht ohne weiteres von sich aus durch; sie müssen manchmal sogar gegen ihren Widerstand beachtet und gefördert werden! Mozart z. B., ein lebhaftes Kind, hatte das Üben auf der Geige vernachlässigt, obwohl er dafür frühreif begabt war. Er spielte lieber Klavier. Was wäre der Welt entgangen, wenn Vater Leopold ihn nicht zum Geigenspiel angehalten hätte?

Hochbegabung bei quicklebendigen, übermütigen und flüchtigen Kindern einzuschätzen, ist im Grundsatz noch schwieriger. Ist ihre Unruhe nun Zeichen von ADHS oder Ausdruck fortgesetzter Unterforderung? In ihrem Ungestüm und ihrer Eile zerstören sie allzu leicht erste brillante Leistungen, die als Beweis dienen könnten. Und wegen ihrer schlechten Konzentration und Aufmerksamkeit sind sie für Förderung nur schwer zu gewinnen. – Ich frage mich, wie Vater Mozart das angestellt hat, und fürchte, ein Stöckchen wird eine Rolle gespielt haben. Was ich aber nicht zur Nachahmung empfehle.

Probleme bei Intelligenztests

Die Beobachtungen der Eltern und Lehrer spielen die wegweisende Rolle. Letztendlich werden Sie jedoch eine genaue Diagnosestellung benötigen. Sie müssen die aufwendigen Bemühungen um besondere Förderung schon rechtfertigen können. Für die Diagnostik werden Intelligenztests verwendet. Damit tut sich ein großes Problem auf, denn es gibt keine für ADHS-Kinder genormten Intelligenztests. In vielen Tests sind sie benachteiligt, weil sie nicht gut lesen können, oder weil sie die eingebauten Zeitgrenzen bei ihrer langsameren Arbeitsweise nicht berücksichtigen. Die Auswertung geschieht bei den meisten Tests nach Altersnormen. Die Entwicklung der ADHS-Kinder entspricht jedoch nicht ihrem kalendarischen Alter. Damit werden sie mit Altersnorm-Tabellen zu streng bewertet. Viele Intelligenztests setzen Vorkenntnisse voraus, die bei einer normalen, intellektuellen Beschäftigung auch vorhanden sind. Wer sich jedoch anders entwickelt hat, wie z. B. ADHS-Kinder, schneidet beim Test schlechter ab. Seine besondere Begabung bleibt oft verborgen.

Kritische Diagnostiker kennen dieses systematische Problem und nutzen deshalb nur geeignete Einzelteile verschiedener Tests. Sie beurteilen die Testergebnisse mit Vorsicht, wobei sie ihre Beobachtungen an dem Kind, während es an den Aufgaben arbeitet, höher bewerten als das Testresultat. Sie beziehen die Berichte von Eltern und Lehrer in ihre Schlussfolgerungen ein. Darum hüten Sie Ihr ADHS-Kind vor:

- computergestützten Testungen, Ferndiagnosen etc..
- IQ-Zahlen an sich und vor Überschätzung der bloßen Testaussage,
- ‚Spezialisten für Hochbegabung'.

Begabungen fördern

Herausragende künstlerische Begabung und sportliche Leistung können überhaupt nicht getestet werden, außer vielleicht durch den Applaus des Publikums. Genauso können Einfühlsamkeit und andere soziale Geschicklichkeiten nicht mit einem Maßstab gemessen werden. Gerade ADHS-Kinder können in diesen Bereichen hochbegabt sein, was ihnen allerdings nicht hoch angerechnet wird, weil ihre chaotische Art im Vordergrund gesehen wird. Man tut ihnen Unrecht, wenn man diese Begabungen nicht fördert. Und Persönlichkeitsbildung steht nicht auf dem Lehrplan der Grundschulen.

Übersprudelnde Talente müssen geordnet und gepflegt werden. Die Anlagen unkonzentrierter Kinder stehen dem im Wege und machen besondere Anstrengungen nötig.

Hochbegabung

Förderung von Hochbegabung

In der Betreuung von Hochbegabten liegt die Würze nicht in der Diagnostik, sondern in der Förderung. In einer liebevollen, non-direktiven Haltung kann Förderung keinen Schaden anrichten, auch wenn die Diagnose nicht ganz eindeutig ist. Gezielte Förderung verlangt aber ein Wissen, wo sie angesetzt werden soll. Und das ist beim Zusammentreffen von ADHS und Hochbegabung besonders wichtig.

Im Vorfeld müssen Sie über das Ziel der Förderung entscheiden. Soll Ihr Kind maximale Leistungsfähigkeit entsprechend seinen Talenten erreichen oder ist Ihnen das ganz individuelle Glück Ihres Kindes wichtiger? Eine vollendete Entwicklung einer Persönlichkeit ist wirklich etwas anderes als die Schaffung einer exzellenten Führungskraft oder eines optimalen Leistungsträgers. Vielleicht entscheiden Sie sich für beides, wodurch Ihre Aufgabe nicht einfacher wird.

Die ersten Gedanken, die meinen Patienten-Eltern kamen, richteten sich auf neue Wissensfelder und zusätzliche Fähigkeiten. Dazu wurde nach Kursen und Privatunterricht z. B. für Informatik oder Chinesisch gesucht. Doch eigentlich beginnt die besonders wirkungsvolle Förderung zu Hause. Und das ist eine größere Herausforderung, als man am Anfang annehmen möchte. Es ist eine wissenschaftlich gut untersuchte Tatsache, dass Intelligenz in einer intellektuell anregenden Umgebung am besten gedeiht. D. h., Eltern müssen selbst intellektuell oder technisch oder musisch oder wirtschaftlich aktiv sein oder solche Aktivitäten gezielt ins Haus holen. Die unmerkliche Anregung des Lernens hat den größten Effekt auf Wissen und Fertigkeiten. Förderung kann nicht einfach an Kindergarten und Schule delegiert werden; mit ihnen müssen Sie jedoch Hand in Hand zusammenarbeiten. Hochbegabtenförderung erfolgt nicht nur in der ‚Dienstzeit', sondern findet viel effektiver in der Freizeit und in Mußestunden statt. So sind diese Kinder mehr an aktiver Freizeitgestaltung interessiert, als am Konsum von noch mehr Computerspielen oder Fernsehserien. Sie stellen jederzeit Fragen und lauern immer auf Antworten. Hochbegabte verlangen schon vor der Schule und später auch in den Ferien nach Informationen, z. B. von Besichtigungen, Ausstellungen, Bibliotheken und Gesprächen. Das will erst mal alles für die ganze Familie organisiert sein!

Fördern in der Freizeit

Wenn man ganz gezielt die Stärken des Kindes fördern will, und nicht nach einer bestmöglichen Allgemeinbildung strebt, erfordert das tatsächlich die geringeren eigenen Anstrengungen. Deshalb fällt die Wahl häufig auf diesen Weg. Allerdings erfordert dieses Förderung hoch qualifizierte Lehrer, die nicht immer am Wohnort anzutreffen sind. So muss man sich manchmal für Fremdunterbringung oder Wohnungswechsel entscheiden. Davor schrecken die meisten jedoch zurück, sodass die Förderung auf halbem Wege stecken bleibt. Die Folgen sind dann oft unbefriedigend.

Das deutsche Schulsystem hat zwar viele Möglichkeiten der Hochbegabtenförderung, doch sehr häufig fällt die Wahl auf die Beschleunigung der Schulausbildung oder die Abkürzung der Schulzeit. Das ist für Eltern verführerisch einleuchtend, weil damit unausgesprochen ein ökonomisches Anliegen behandelt wird. Doch ob die Kinder damit gut bedient sind, ist eine offene Frage, die sie selbst zurückblickend meist verneinen. Sie verlieren oft sehr früh ihre sozialen Netze, die für ihr Wohlbefinden wichtig sind. Und sie fühlen sich bis in die Studentenzeit hinein selten einer Peergruppe verbunden, was sich nachteilig auf ihre Identitätsentwicklung auswirken kann. – Die Frage: „Wer bin ich?" hat nicht nur philosophische, sondern auch ganz persönliche, emotionale Dimensionen. Hochbegabte ADHS-Kinder geraten durch diese Art von Förderung ganz besonders in die Klemme. Sie erscheinen ohnehin immer zwei bis drei Jahre jünger als ihre altersgleichen Klassenkameraden. Sie werden nach Überspringen einer Klasse oft zu Exoten, die bestenfalls bewundernd begafft werden, die aber nie so richtig dazugehören.

wichtige Peergruppe

Statt der Beschleunigung bietet sich eine Vertiefung oder Verbreiterung von Bildung an. Die Kinder bleiben in ihrer sozialen Umgebung und können in zusätzlichen Kursen und Arbeitsgemeinschaften ihren Wissensdurst gestillt bekommen. Sie können sehr gut neben der Schule anspruchsvollen Musikunterricht erhalten, – natürlich nicht um die Schulnote zu verbessern –. Bestätigung finden sie eher in Wettbewerben, oder wenn sie in Konzerten auftreten können. Sprachbegabte lernen gerne Fremdsprachen oder Dialekte oder es drängt sie schon früh zum Theater. Für eine zusätzliche Fremdsprache wählen Sie am günstigsten eine, zu der Sie selbst einen Bezug haben. Eine Sprache vorzeitig zu lernen, die ohnehin zum Schulunterricht gehören wird, kann leicht zu Frustration und Langeweile führen. Aus guten Sprachkenntnissen entwickelt sich oft der Wunsch, an Austauschprogrammen teilzunehmen, was wiederum Vielseitigkeit und Weltoffenheit fördert. Viele Museen bieten Kurse für Kinder mit Freude und Talent zu künstlerischer Darstellung an. Vernissagen können die Belohnung für Fleiß und Ausdauer sein. Universitäten helfen ganz jungen, begabten ‚Studenten' über Altersgrenzen und Verwaltungshindernisse hinweg. So ist mir ein Zwölfjähriger begegnet, der regelmäßig mit den Dozenten eines Mineralogischen Instituts Gedanken und Beobachtungen austauschte. Bastler und Tüftler können sich bei ‚Jugend forscht' oder in Clubs (z. B. Amateurfunker) und Vereinen (z. B. Segelfliegen) entwickeln.

Wissensdurst stillen

ADHS-Kinder sind sehr kreativ, und viele sind verzweifelt, weil sie ihre originellen Ideen wegen schlechter Arbeitsdisziplin und Selbstorganisation nicht umsetzen können. Ihre Förderung stößt rasch an Grenzen, da es diesen Kindern oft an Ausdauer und Motivation fehlt. Im künstlerischen Bereich brauchen sie einen geduldigen Impresario. Am Beispiel einiger Pop-Sänger lässt sich ablesen, wie viel besser und gefragter sie wurden, nachdem sie sich für eine Behandlung (Medikamente) ausgesprochen hatten. Eine gesunde Lebensführung, ausreichender Schlaf und ein geregelter Arbeitsplan können Medikamente einsparen, aber ganz ohne entfalten sich hohe Begabungen bei ADHS-Betroffenen selten zu Höchstleistung und zu persönlicher Zufriedenheit.

Geduld und guter Lebensstil

Hochbegabung vereinfacht das Leben mit ADHS nicht. Wer die Herausforderung allerdings annimmt, kann Herausragendes schaffen.

Hochbegabung

Pubertät

Jungen und Mädchen

78

Die Unterschiede des Verhaltens von Jungen und Mädchen sind zum einen genetisch vorbestimmt und zum anderen von der Umgebung beeinflusst.

Bei ADHS wird dieser genetische Aspekt besonders augenfällig. Mädchen sind eher unaufmerksam und verträumt, während Jungen durch motorische Unruhe und Impulsivität auffallen. Die Mädchen verhalten sich mehr introvertiert und passen sich sozialen Bedingungen unkritisch an, wohingegen Jungen extrovertiert auftreten, dadurch aggressiv wirken oder soziale Gegebenheiten gar nicht wahrzunehmen scheinen. Sie fallen durch Arroganz und Überheblichkeit auf und lassen andere Meinungen nicht gelten. Mädchen, obwohl betroffen, fallen in der Schulzeit oft niemandem auf, weil sie so still und artig sind. Werden sie wegen ihrer Vergesslichkeit oder Verträumtheit doch untersucht, kann ihre Diagnose ADS heißen (Aufmerksamkeit-Defizit-Störung), also ohne Hyperaktivität. Emotional erleben sie sich oft vereinsamt und unverstanden. Sie neigen zur Selbstbezichtigung und zum Verlust der Selbstachtung. Schließlich entwickeln sie leichter Depressionen. Vereinzelt können sich Jungen allerdings genauso entwickeln.

überhebliche Jungen und stille Mädchen

typisches Verhalten in der Pubertät	Jungen	Mädchen
Körperwahrnehmung	stark sein	schön sein
Gefühle	cool sein, Macht haben, siegen müssen, imponieren	gemocht werden, weiblich sein, bewundert werden
Interessen	Sport, Technik, Computer, Lärm	Mode, Kosmetik, Kommunikation
Sozialisierung	Freundesgruppen	die beste Freundin
Selbstachtung	über Erfolg	über die Erscheinung
Werte und Zielvorstellungen	Kraft, Ansehen, Reichtum, Freiheit	Friede, respektiert sein, Familie
Experimentierlust	risikoreich, gefahrvoll	behutsam, nach innen gerichtet
Projektion	auf Gewinner, Sieger, Unverletzlichkeit	auf Trendsetter, Stars, Könner
Intoleranz	gegen andere Meinungen	gegen anderes Aussehen

In der Zeit der Pubertät werden diese Unterschiede noch deutlicher. Nicht die Hormone sind dafür verantwortlich, wie man lange Zeit annahm; ein fundamentaler Umbau des Gehirns ist hier die Ursache (26). Das Frontalhirn, jener Ort, wo letztlich alle Entscheidungen über Handlungen fallen, wird bei laufendem Betrieb völlig neu verschaltet. Die emotionalen Beiträge von den Stammhirnkernen melden sich lautstark und übertönen die rationalen Anteile des übrigen Gehirns. Das Frontalhirn soll hierbei vermitteln, ist aber zeitweise oder situativ überfordert.

größere Unterschiede in der Pubertät

Das Frontalhirn ist der Ort der Neurotransmitter-Probleme von ADHS. Die Symptomatik der ADHS kann sich verstärken und die ohnehin aufregende Zeit der Pubertät zur Hölle machen. Allerdings besteht auch die Möglichkeit, dass nach dieser Umbauphase die Symptome – wie von selbst – verschwinden, was bei einem Drittel der ADHS-Betroffenen tatsächlich geschieht. Vorhersagen im Einzelfall sind nicht möglich; es hilft nur zu hoffen.

Pubertät ist für alle Beteiligten eine aufregende, anstrengende Zeit. Darüber helfen keine Ratgeber hinweg. Mit ADHS kommt es zu einer ‚Turbo-Pubertät' (42) mit der Gefahr, viele bedauerliche und vermeidbare Fehler zu machen. Um diese Fehler vermeiden zu helfen, haben Ratgeber ihre Berechtigung.

Ordnung im Chaos

Die elterlichen Ordnungsvorstellungen decken sich mit denen Jugendlicher selten oder nie. ADHS-Mädchen in der Pubertät haben ein besonders eigensinniges Ordnungsverhalten in ihrem privaten Bereich. Sie finden sich darin zurecht und dulden kein Dreinreden. Ihre Zimmer verwandeln sich zu einem Chaos aus schimmligen Essensresten, schmutziger Wäsche, zerfledderten Büchern und Zeitschriften und losen CDs und Videos. Dazwischen verkümmern halbtote Topfpflanzen. Natürlich werden Sie als Eltern an das Wohlergehen Ihrer Kinder und an die Gesundheit Ihrer Familie denken, und geeignete Gegenmaßnahmen anwenden wollen. Doch eine Diskussion mit noch so guten Argumenten entschärft den frontalen Machtkampf nicht. Jungen sind nicht besser. Ihre Umtriebigkeit lässt sie mehr außer Haus sein, wodurch sich vordergründig weniger Reibungsflächen ergeben.

Wenn Sie und Ihre pubertierenden Kinder um die unausweichlichen Umbauarbeiten im Gehirn wissen und dieses Wissen teilen, können Sie besser miteinander umgehen. Es ist wie mit Ferienzeit; wenn man sich darauf einstellt, sind negative Reaktionen gegenüber Ihren Kindern Baustellen auf der Autobahn zur sie nur halb so lang. Eltern können auf verzichten und deren emotionalen Reichtum begrüßen. Und Kinder können ihren Hass auf die ‚Alten' und ihre Verachtung alles Altmodischen anders verstehen. Vielleicht akzeptieren sie, dass die Eltern im Moment mindestens klarer denken. Die einen sind reich an stürmischen, verwirrenden Gefühlen und die anderen an kühler, nüchterner Rationalität. Wenn sie ihr Anderssein gegenseitig achten, können sie gemeinsam auch komplexe Entscheidungen treffen. Man muss nur immer wieder darüber sprechen (9).

> Bei Betreten dieses Raumes beachten Sie bitte, dass es sich bei der hier herrschenden Unordnung nicht um eine Unordnung im herkömmlichen Sinne handelt, sondern um ein mit viel Liebe und Akribie arrangiertes kreatives Chaos, das ich für meine Inspiration benötige.

Keine Angst vor der Pubertät; halten Sie Ihren Kurs!

Pubertät

Freiheit und Verantwortung

Über Freiheiten und Verantwortung in der Pubertät zu schreiben, kann leicht eine ‚unendliche Geschichte' werden. Beide Werte setzen ein Bewusstsein für Identität und einen Umgang mit Erfahrungen voraus. Diese Fähigkeiten entwickeln sich in der Pubertät, oft unter Schmerzen und Zweifeln. „Wer bin ich?" und „Was kann ich?" sind gerade in der Pubertät bedrängende Fragen. Ein jeder kennt Zeiten, in denen er sich damit auseinandergesetzt hat und für seine Mitmenschen anstrengend und schwierig war.

Jugendliche mit ADHS sind weniger selbstkritisch, reflektieren kaum, was sie gedacht und getan haben und missverstehen öfter die Reaktionen ihrer Umgebung. Sie lernen nur schwer und langsam aus ihren Taten und sammeln deshalb nur zögerlich und unvollständig Erfahrungen. Für ihre unglückliche Situation machen sie die ungünstigen Umstände verantwortlich oder die Charakterfehler ihrer Mitmenschen. Sie haben eine große Neigung, lange in ihrer eigenen Voreingenommenheit zu verharren und ihre Identität nicht zu finden.

Unreife

Auch wenn Jugendliche mit ADHS unreifer wirken und kindisch auftreten, durchlaufen sie den gleichen Prozess der Selbstfindung. Sie geraten dabei noch häufiger in Konflikte mit ihren Lieben, und das regelmäßig intensiver als ihre Altersgenossen. Ihre Eltern stehen vor stärkeren Belastungen und Anfechtungen und brauchen oft selbst Hilfe.

Ihr Wunsch nach mehr Freiheit und Selbstbestimmung steht oft im krassen Widerspruch zu ihrer Selbstverantwortung und zu ihren Fähigkeiten. Trotzdem haben sie ein Recht auf Freiheit und Unabhängigkeit. Der elterliche Wunsch zu beschützen und ihre Furcht vor drohendem Unheil sind zwar verständlich, doch beides kann ein ernsthaftes Hindernis auf diesem Entwicklungsweg sein. Das Dilemma zwischen wohlmeinender Führung, respektvollem Abwarten und vorausschauender Planung und Weichenstellung ist gerade in der ADHS-Pubertät besonders schwer auszuhalten.

voller Wiedersprüche

Ein Kind mit der Erfahrung, dass die Eltern an ihm unter allen Umständen interessiert sind, ist wesentlich leichter zu lenken und anzuleiten. Sich bedingungslos Zeit für das Kind zu nehmen, verstärkt diese Erfahrung. Sie sollten seine Freuden und seinen Kummer kennen und – wenn möglich – teilen. Eltern müssen Kindern ehrlich erscheinen; was Eltern wichtig ist, müssen sie ihren Kindern vorleben. Eine Doppelmoral rächt sich besonders in der Pubertät.

Kinder, die erlebt haben, wie ihr Vater selbstzufrieden mit dubiosen Geschäftserfolgen geprahlt, wie er das Finanzamt ausgetrickst oder den Geschäftspartner ‚über den Tisch gezogen' hat, werden schwerlich Sinn für Redlichkeit und Verantwortung entwickeln, was spätestens in der Pubertät eingefordert wird. Auch die weitverbreitete ‚Notlüge' untergräbt das Verantwortungsgefühl unserer Kinder.

authentisch sein

Trotz aller elterlichen Sorge und Aufsichtspflicht: Freiheit muss riskiert werden und Selbstverantwortung muss ausprobiert werden.

Jugendliche mit ADHS brauchen ein Vorbild und keinen Dompteur.

Selbständigkeit

Selbstständigkeit sollte in der Pubertät eigentlich kein Thema mehr sein, und dennoch kommt es deswegen oft zu anhaltenden Unstimmigkeiten in der Familie. Dieses Thema betrifft meist triviale, alltägliche Dinge aus dem ganz persönlichen Bereich, über die man am liebsten gar nicht reden möchte.

Selbstständigkeit ist die erlernte Fähigkeit, sich selbst körperlich, seelisch und sozial versorgen zu können. Dazu zählt auch, im rechten Moment und in angemessener Weise um Hilfe bitten zu können. Selbstständigkeit wird nicht vererbt und ist kein angeborenes Talent. Jungen und Mädchen können gleichermaßen selbstständig sein.

Spannungsfeld Selbstständigkeit

Alle Kinder wollen gerne selbstständig sein, es darf sie allerdings nicht zu viel Mühe kosten. Und alle Eltern haben nur zu gerne selbstständige Kinder, doch Kontrollverlust macht ihnen Angst. Selbstständigkeit entwickelt sich also in einem emotionalen Spannungsfeld. Viele Eltern halten das Gefühl nicht aus, nicht mehr gebraucht zu sein. Der Wunsch, immerfort zu helfen, untergräbt die Entwicklung der Selbstständigkeit. Weit verbreitete Fehleinschätzungen von kindlichen Fähigkeiten führen zu allgemein akzeptierten Verhaltensweisen, die einer Selbstständigkeitsentwicklung im Wege stehen.

Selbstständigkeit setzt eine gewisse Vorausschau und ein planerisches Denken voraus. Mit beidem sind ADHS-Kinder nicht reichlich gesegnet. Zusätzlich sind sie oft ungeschickt und unbeholfen und signalisieren damit ihrer Umgebung Hilflosigkeit und Überforderung. Wer möchte da nicht helfend eingreifen? Vor ihrer bekannten Ungeduld und ihrem explosiven Ärger haben Sie evtl. Angst. Um einem weiteren Wutanfall vorzubeugen, packen Sie lieber selbst rasch an, anstatt erneut aufzufordern. Im Übrigen dauert die Entwicklung von Selbstständigkeit bei Kindern mit ADHS lange und erfordert mehr Geduld und Einsatz von Ihnen.

Pubertät

Auch im ‚fortgeschrittenen Alter' der Pubertät kann Selbstständigkeit noch durch hartnäckiges Training erworben werden. Das fällt oft schwer, weil es so kindisch erscheint, und Pubertierende doch über solchem ‚Quatsch' stehen. Der Protest kann so heftig und unangenehm ausfallen, dass das Thema oft lieber unter den Teppich gekehrt wird.

- Wenn die ‚Sportskanone' nicht ihre Sporttasche packen kann;
- wenn das Essen mundgerecht geschnitten werden muss;
- wenn die Schultasche von Mutter gepackt werden muss, und Kritik des Lehrers wegen fehlender Hefte an sie weitergereicht wird,

ist es höchste Zeit für Änderungen. Sie müssen sich Gedanken machen, wie der ‚Kleine' das selbst schaffen kann, und wie Sie sich selbst glaubhaft zurückziehen können. Je früher Sie humorvoll und entschieden damit beginnen, desto selbstverständlicher wird das gerade von Kindern mit ADHS angenommen. Doch es ist nie zu spät, etwas Versäumtes nachzuholen. Pubertierende werden allerdings viel mehr Einwände machen.

Es gibt jedoch kein Argument, warum ein Jugendlicher mit ADHS
- nicht sein Bett beziehen können sollte,
- sich nicht eine Mahlzeit (nicht nur in der Mikrowelle) zubereiten,
- sich nicht einen Knopf annähen,
- seinen Koffer nicht packen
- oder einen Brief nicht schreiben könnte.

Aufgaben

Mit der richtigen, freundlichen Anleitung können Jugendlich auch lernen,
- eine Waschmaschine zu füllen,
- den Geschirrspüler zu bedienen,
- die eigenen Hemden zu bügeln
- oder einen Bilderhaken an der Wand zu befestigen.

Wenn Sie nun feststellen, dass Ihr Junior wirklich einiges nachzuholen hat, lassen Sie sich nicht von dem vermuteten oder tatsächlichen Protest einschüchtern. Machen Sie einen eindeutigen Plan, was zu lernen ist. Weihen Sie den Jugendlichen in Ihren Plan, die vorgesehene Zeit und Ihr Ziel ein. So wird er Ihnen schneller folgen, denn erweiterte Kompetenzen werden immer als Zuwachs an Persönlichkeit angenehm empfunden.

Selbständige Kinder entlasten ihre Eltern, das bedeutet aber nicht, dass Sie eine bequeme Zeit haben. Sie sollten schon hilfsbereit und geduldig zur Seite stehen und ohne verletzende Kritik anlernen. Das ist gar nicht so leicht, wenn Sie es doch selbst so viel besser und schneller selbst machen können, - und wenn Sie obendrein gerne ein wenig verwöhnen möchten. Trotzdem, nur wenn Eltern sich bei Zeiten zurückhalten, lernen ihre Kinder etwas hinzu.

Wenn Sie rückfällig werden, tun Sie Ihrem Jugendlichen einen Bärendienst: Es entgeht ihm das Gefühl der Eigenkompetenz, und er büßt an Selbstachtung ein. Viele ADHS-Kinder leiden sehr unter dem Mangel an beiden Eigenschaften. In der multimodalen Therapie ist die Verbesserung der Selbstachtung und des Selbstwertgefühls ein essentielles Ziel.

Um selbstsicher und selbständig öffentlich auftreten zu lernen, eignen sich besonders Familienfeiern. Ungeschicklichkeiten oder gar Peinlichkeiten werden hier am ehesten wohlwollend übersehen. Festmahlzeiten machen neben den seltenen Köstlichkeiten, die es dabei zu essen gibt, mit wesentlichen psychosozialen Beziehungen in einer Familie vertraut. Jugendliche im allgemeinen mögen keine solche Ansammlung von alten Tanten und Onkeln, die so vertraut tun. ADHS-Betroffene hassen es geradezu. Trotzdem, wo sonst als in der Familie lernen sie so leicht, sich souverän und charmant in einer Gesellschaft zu bewegen? Also nicht entmutigen lassen, eigene Meinung durchsetzen!

Familienfeiern

Die Schaffung von Selbständigkeit liegt in Ihren Händen.

81 Zeitmanagement

Zeit ist für Jugendliche etwas sehr Relatives. Sind sie von ADHS betroffen, scheint Zeit für sie nicht mehr zu existieren. Oft machen sie das sehr deutlich, indem sie überhaupt keine Uhr tragen wollen. Erstaunlicherweise können sie aber Verabredungen mit ihren Kumpels ziemlich verlässlich einhalten.

Zeitbewusstsein

Doch Zeit ist eine wichtige Größe im Umgang mit anderen Menschen und darf einfach nicht vernachlässigt werden, wenn man ein soziales Leben führen möchte. Und keine Macht kann Zeit manipulieren, z. B. den verpassten Augenblick zurückholen, den verspäteten Bus rascher erscheinen lassen oder eine langweilige Situation schneller vorübergehen lassen. Jugendliche - und besonders solche mit ADHS – vermitteln den Eindruck, sie hätten die Zeit im Griff. Auf keinen Fall wollen sie sich von der Zeit ‚tyrannisieren' lassen. Tatsächlich ignorieren sie den morgendlichen Wecker, überhören die Schulglocke, kommen zum Essen zu spät und finden abends nicht beizeiten ins Bett – Tag für Tag. Sie vergessen Geburtstage und unregelmäßige Feiertage genauso wie Ferientermine und Öffnungszeiten.

Das Zeitgefühl muss reifen. Jedoch kann man helfen, das Zeitmanagement besser zu organisieren. Da ADHS-Kinder sich besonders gut visuell orientieren, sollten in der Wohnung möglichst mehrere Uhren sichtbar sein. Das Lesen von Uhren kann im Kleinkindalter wie die Sprache spielerisch gelehrt werden. Auch ADHS-Kinder können zum Zeitpunkt der Einschulung die Uhr erlernt haben. Nicht nur die Uhrzeit, sondern auch Zeitintervalle müssen Kinder lernen: z. B. Wie lange kocht ein Ei? Wie lange putze ich meine Zähne? Wie lange habe ich nun wirklich auf den Bus gewartet? Wie lange hat meine liebste Fernsehserie gedauert? Etc.

Terminplanung

Neben der Uhr fördern alle schriftlichen Terminpläne das Zeitgefühl. Für jüngere Kinder eignen sich bebilderte Tagesabläufe. Schulkinder sollten mehrere Stundenpläne an strategisch wichtigen Stellen aufhängen (z. B. auch auf der Toilette). Eine Jahresübersicht an einem für alle gut zugänglichen Ort mit den Familienfeiertagen hilft, Enttäuschungen vorzubeugen. Jugendliche sollten möglichst früh in die wunderbaren Möglichkeiten eines Terminplaners eingewiesen werden. Wer gelernt hat, mit einem Terminplaner zu leben, wird Qualität-Zeit gewinnen und sich vom Stress befreien. Gerade bei einem Mangel an Selbstdisziplin, wie typisch bei ADHS-Jugendlichen, sind Terminplaner ein Segen, weil deren Systematik selbststeuernd ist. Wer seine jährlichen Terminplaner aufhebt, hat als Nebeneffekt ein Tagebuch, mit dem er seine Erinnerungen auffrischen kann. Bei ADHS sehr notwendig!

In modernen Mobil-Telefonen sind sehr gut funktionierende Terminplaner integriert. Jugendliche sind von dieser Technik fasziniert. Sie kommen damit auch gut zurecht. Leider sind die Geräte teuer und gehen leicht verloren.

Lassen Sie sich von der Zeit nicht tyrannisieren, sondern regieren Sie über sie!

Pubertät

Unregelmäßiges Schlafen

Alles Natürliche wird für gut gehalten. Natürlicher Schlaf ist der der Hühner. Aber wer will das schon; und sind wir etwa Hühner? Wir Erwachsenen glauben, über den Schlaf unserer Kinder wachen zu müssen und haben viele gute Argumente dafür. Doch ihr Schlafbedürfnis regeln sie selbst und ihre Träume machen sie sich ganz allein.

Unser Schlafrhythmus unterliegt allerdings sehr wohl dem Lauf der Sonne. Das allerdings scheint nicht für die Zeit der Pubertät zuzutreffen. Durch den Umbau des Gehirns haben Pubertierende tatsächlich ein völlig gewandeltes Schlafverhalten (59). Für ADHS-Jugendliche kann das immer mehr verzögerte Einschlafen zur Verstärkung der Hauptsymptome führen. Sie sind letztendlich zu müde, um schlafen zu gehen; und Schlafentzug verstärkt psychische Symptome wie Ängste, Unruhe und Zwänge.

Schlafrhythmus

Jugendliche erleben abends einen zweiten Energieschub, ihr Gehirn wird nochmal aktiver. Wissenschaftliche Untersuchungen wie EEG und noch besser MRI-Bilder zeigen das deutlich (23). Nach diesen Befunden werden Jugendliche erst nach Mitternacht schläfrig. Mit dieser Gepflogenheit kommen sie schnell in Konflikt zu ihren Mitmenschen, die sich davon zu Recht gestört fühlen.

Im weiteren Sinne stellen sie sich damit außerhalb jeglicher sozialer Ordnung. Unausgeschlafene ADHS-Jugendliche sind noch reizbarer, unruhiger, schlechter gelaunt und besonders unaufmerksam. Am Nachmittag sind sie natürlich auch noch müde und rollen sich dann zu einem ausgedehnten Schläfchen auf dem Sofa zusammen, was wiederum das Familienleben einschränkt und den Aufschub wichtiger Pflichten zur Folge hat. Und abends beginnt der Zyklus aufs Neue. Entweder finden sie bei Freunden oder in einer Kneipe Unterschlupf oder verschanzen sich hinter ihren Bildschirmen, bis der Hahn kräht (47).

Den natürlichen Gegebenheiten stehen die sozialen Ansprüche gegenüber. Wie lösen Sie dieses Dilemma? Verständnis und gegenseitige Rücksichtnahme sind die beiden leitenden Prinzipien. Das Schlafbedürfnis an sich ist wenig zu beeinflussen, wohl aber können Sie die Rahmenbedingungen gestalten. Mit Rücksicht auf alle anderen im Haus kann eine unumstößliche ‚Haus-Ruhezeit' für alle festgelegt werden. Geschlafen wird nur im/auf dem eigenen Schlafplatz, nicht auf dem Familiensofa. Morgens wird zur vorgesehenen Zeit aufgestanden – und zwar immer! – egal, wie müde man ist. Bei all dem sollten Sie Ihre Vorbildrolle hinterfragen. Erörtern Sie nicht die nächtlichen Aktivitäten, solange andere dadurch nicht gestört wurden.

Ruheregeln

Besteht bei den Jugendlichen der wirkliche Wunsch nach mehr nächtlichem Schlaf, helfen oft einfache Hausmittel {82}. Bier zählt nicht dazu! Ärzte können auch milde, meist pflanzliche Ein- oder Durchschlafmedikamente einsetzen, die nur bei Bedarf und nur vorübergehend genommen werden. Voraussetzung ist aber eine gute Schlafhygiene, also kein Fernsehen, kein Chatten, keine SMS zur Schlafenszeit.

Treiben Sie keinen Raubbau an Ihrem Schlaf, so schlafen alle besser!

Geld und Eigentum

Dinge zu besitzen und zu bewahren, setzt Beziehungsfähigkeit voraus. Natürlich besitzen Jugendliche diese Fähigkeit, doch einige scheinen demonstrieren zu wollen, ohne sie auszukommen. Jugendliche mit ADHS sind sich dieses Wertes gar nicht bewusst, sodass sie sehr leicht in Eigentumsdelikte verwickelt werden können. Das zeigt sich sehr früh in der Familie, wo Missachtung fremden Eigentums und Übergriffe darauf vorkommen.

Eigentumsverletzungen, besonders in der Familie, verletzen vor allem die Gefühle. Darüber sollten Sie nicht großzügig hinwegsehen, sondern ausführlich über die eigene Betroffenheit sprechen. Dabei meine ich die augenblicklichen Gefühle und nicht die düsteren Sorgen und Mutmaßungen über die Zukunft. Gefühle helfen dem Jugendlichen zu verstehen, was passiert ist; die finsteren Zukunftsperspektiven verschließen eher seine Verständnisbereitschaft.

Grenzüberschreitungen

Jugendliche mit ADHS können sehr wohl zwischen ‚Mein' und ‚Dein' unterscheiden. Aber dieser rationalen Erkenntnis fehlt die emotionale Grundlage. Die Grenzüberschreitung zum Fremden fällt ihnen scheinbar gar nicht auf. Zur Rede gestellt rechtfertigen sie sich in pseudologischer Weise: „Ich weiß gar nicht, was ihr habt! Er hat doch so viel davon und würde einen Verlust nicht merken!" oder „Sie hat das noch nie benutzt und ich kann es so gut gebrauchen." So stellt sich bei ihnen selten Bedauern oder Reue ein. Eine Grenzüberschreitung auf ihr eigenes Eigentum wird dagegen mit starker Empörung beantwortet. Sie versteigen sich dann in Argumenten wie Menschenrechtsverletzung und lebenslangem Vertrauensverlust. Zu allem Überfluss sind sie leicht verführbar und risikofreudig, so lassen sie sich von ‚Freunden' zu Ladendiebstählen oder Einbrüchen verleiten. Und da sie die offensichtliche Gefahr nicht erkennen, erwischt zu werden, sind sie meist die einzigen aus ihrer Gruppe, die von der Polizei oder dem Sicherheitsdienst gefasst werden.

In all diesen unerfreulichen Fällen müssen Eltern zusehen und mit den Füßen auf dem Boden bleiben. Empörung und Entsetzen müssen gezügelt werden. Ganz nüchtern muss dem Junior aus der Klemme geholfen werden, ohne dabei die eigenen Werte zu verraten. Ein uneingeschränktes Schuldeingeständnis muss vom Kind erwartet und eine persönliche Entschuldigung gefordert werden. Im Weiteren gehört eine Wiedergutmachung oder ein Schadensersatz dazu, für den die Eltern nur kurzfristig als Vermittler aufkommen sollten. Natürlich muss man später über die Moral der Tat sprechen, aber dabei nicht die Person verletzen oder verdammen. Die Umstände, die zur Tat führten, sind unwesentlich. Der ADHS-Jugendliche muss einsehen, dass nur er allein letztlich die Entscheidung über sein Tun hat. Allerdings hilft es allen, wenn sich bei Beschimpfungen und Herabwürdigungen durch fremde Eltern jemand schützend vor den ‚Sünder' stellt.

Der Umgang mit immateriellem Eigentum ist schwieriger zu vermitteln. Es ist zwar seine/ihre Schule, aber sie gehört weder ihm noch ihr. Nichts darf man von dort wegnehmen oder zerstören, wozu auch Beschmieren zählt. Das sehen alle noch schnell ein. Aber wie sieht das mit dem eigenen Zimmer aus? Ist das wirklich ‚mein Zimmer', verbunden mit einem Eigentumsanspruch? Oder ist es nicht eher ‚das Zimmer für mich', das meine Eltern mir zeitlich befristet zur Verfügung gestellt haben?

Eltern werden aus Respekt vor der persönlichen Sphäre ihres Kindes seine Intimität wahren und das Zimmer nicht ungefragt betreten. Es ist und bleibt jedoch ein Raum im elterlichen Haus oder in ihrer Wohnung; und Jugendliche sollten lernen, dort eher ein Gast mit gewissen Sonderrechten zu sein.

Um Erfahrungen sammeln zu können, brauchen auch Kinder mit ADHS und erst recht Jugendliche kleine Geldbeträge zur völlig eigenen Verfügung. Jedoch, Geld ist ein besonders heikles Thema. Erstens, weil man nie genug davon hat und zweitens, weil die Eltern immer viel mehr davon zu haben scheinen. Tatsächlich haben viele Jugendliche mehr Geld zu ihrer freien Verfügung als z. B. ihre Mütter. Und drittens ist der Umgang mit Geld starken Gefühlen ausgesetzt. Habsucht oder Verschwendung, Gier und Geiz oder auch Großherzigkeit und Hilfsbereitschaft zu kontrollieren, fällt ADHS-Jugendlichen schwerer als anderen, da es ihnen an Reflexionsbereitschaft mangelt.

Umgang mit Geld

Wenn man nicht ganz klare Grundsätze hat, ist der Konflikt, ja manchmal ein fortwährendes Zerwürfnis, unausweichlich.

Wenige einfache Regeln helfen, das zu vermeiden:
1. Jeder ist für sein Geld verantwortlich und verwahrt es selbstständig.
2. „Was Deins ist, ist Deins!" Niemand kann Dir in die Verwendung hineinreden.
3. Du kannst nur ausgeben, was Du besitzt!
4. Schulden machen ist verboten! Vorauszahlungen auf das Taschengeld gibt es nicht!
5. Geld leihen ist verboten! Man kann Geld verschenken, aber nicht verleihen. Wer dennoch Geld innerhalb der Familie verleiht, hat keinen Anspruch auf Rückzahlung.

Dies gilt natürlich nur für das Geld, über das Kinder spontan, frei verfügen können. Besitzen sie größere Beträge oder haben gar ein Vermögen geerbt, wird jenes Geld selbstverständlich treuhänderisch verwaltet.

Überlegen Sie gut, wie weit Sie sich in weltanschauliche, politische Argumentationen über Geld und Eigentum hineinziehen lassen wollen.

Essgewohnheiten

Die Essgewohnheiten der Eltern prägen unbewusst das Essverhalten der Kinder. Weder der gesunde Nährwert noch die Bekömmlichkeit von Lebensmitteln geben den Ausschlag, was Kinder essen oder trinken wollen, sondern nur das elterliche Angebot und ihr Vorbild. Es existieren auch keine besonders gearteten Zungen, aber natürlich gibt es Vorlieben für bestimmte Geschmacksqualitäten. Jugendliche können sich zeitweise ganz gegen das Gewohnte richten und sich sehr kontrovers verhalten.

Abgesehen von seltenen Überempfindlichkeiten durch Nahrungsmittelallergien, angeborenen Stoffwechselkrankheiten und Autismus sind alle Kinder frei zu essen, was ihre Eltern ihnen anbieten. Kinder mit ADHS machen da keine Ausnahme. Es kann allerdings bei einigen wenigen vorkommen, dass sie bei bestimmten Lebensmitteln (z. B. Kakao/Schokolade) mit stärkerer Unruhe und schlechter Laune reagieren (65).

Sonderwünsche

Einige Kinder, aber besonders Jugendliche, können ihr Essen weltanschaulich ausrichten. Das kann mit den Essgewohnheiten der Familie kollidieren. Vegetarier kann man in der Regel gut integrieren; schwieriger wird es da schon bei dem Anspruch, als einziger nur koscher essen zu wollen. Dagegen ist es nach meiner Erfahrung möglich, fernöstliche Speisewünsche oder islamisches Fasten am normalen Familientisch zu berücksichtigen. Solche Wünsche der Jugendlichen mit ADHS werden von ihnen meist nur kurzfristig durchgehalten.

Häufiger treten unerwünschte Gewohnheiten auf, die in einer gewissen Verwahrlosung der bislang geltenden Familiensitten bestehen. Nun ist Essen nicht nur eine Frage der Nahrungsaufnahme, sondern ein eminent wichtiger, sozialer und kommunikativer Prozess in der Familie. Die Situation der Jugendlichen verschlechtert sich, wenn sie wahllos, zu jeder Zeit und meist getrennt von der Familie essen. Ohne Frühstück entgeht dem Jugendlichen die Gelegenheit, seinen Tag in Ruhe zu organisieren. Das Mittagessen ist die Gelegenheit, die Ereignisse aus der Schule durchzusprechen und den Nachmittag und Abend zu planen. ADHS-Jugendliche haben hier einen ungeahnten Bedarf. Das Abendessen, besonders in der dunklen Jahreszeit, führt die Familie enger zusammen, was verloren geht, wenn jeder vor seinem Fernseher einen Imbiss verzehrt.

Verbindlichkeit

Rechnen Sie damit, dass alle ADHS-Jugendliche spezielle Essgewohnheiten entwickeln. Aber hüten Sie Ihre lieb gewonnenen Familiensitten und lassen Sie sich nicht zum Sklaven jugendlicher Ansprüche machen. Komplexe Familien-Terminpläne werden Sie bestimmt berücksichtigen, z. B. eigene Berufstätigkeit, Schichtdienst des Vaters, sehr unregelmäßiger Schulschluss der Kinder und abendliche Veranstaltungen. Doch die Launen eines ADHS-Jugendlichen gehören nicht dazu! In allen Familien gibt es bestimmte Verbindlichkeiten, die man unbedingt hochhalten sollte (29). Kompromisse sind immer möglich, wenn man einen Standpunkt hat.

Lassen Sie sich das Zepter über Küche und Speisekammer nicht so einfach aus der Hand nehmen.

Mediensucht

"Ich habe meinen Sohn an X-Box und Ninja Gaiden Black verloren!", seufzte die Mutter, den Tränen nah, während der fünfzehnjährige Hendrik mich blass, aber sonst ganz keck herausfordernd fixierte.

Elektronische Medien haben für Kinder und Jugendliche eine große Attraktion, erstens weil sie jeder Zeit angeschaltet werden können, zweitens weil sie nie direkt widersprechen oder kritisieren und drittens weil sie keine Leistung verlangen. Ihre verführende Kraft kann die gesamte Existenz erfassen (5).

Fernsehen, Computer, Mobiltelefone und vor allem das Internet haben einen starken Einfluss auf unser aller Leben. Dieser Einfluss geschieht unmerklich, erst die Spätfolgen für uns persönlich und für unsere Beziehungsfähigkeit werden wahrgenommen. Es macht keinen Sinn, diese Medien und ihren Einfluss zu verdammen oder ihre Nutzung zu verbieten {5}. Sie sind allgegenwärtig, sehr nützlich und heute einfach selbstverständlich. Doch sie bergen auch Schattenseiten und echte Gefahren. Menschen mit ADHS – auch Erwachsene – sind ihrer Macht schutzlos ausgeliefert. Nur darum geht es im Folgenden (27).

neue Medien

Wo lauern die Gefahren?

1. In der Unkenntnis der Eltern über Computer und was ihre Sprösslinge damit machen.
2. In der ungeheuren Informationsflut und dem rasanten Wechsel der Informationen.
3. In den animierenden, ja hypnotisierenden Spielen und den fordernden Spielergemeinschaften, die sich manchmal den Anschein von geheimen, verschworenen Bruderschaften geben.
4. In den Inhalten, die alles sein können: wahr oder erfunden, helfend oder verletzend, freundlich oder feindlich, aufklärend oder verführend, ästhetisch oder abscheulich, klug oder dumm.
5. Alle Lebensbereiche sind davon betroffen: Politik mit Extremismus, Religion mit Sektierertum, Weltanschauung mit Hass, Ökonomie mit Betrug, Psychologie mit Verführung, Erotik mit Pornographie usw.
6. In der Werbung mit ihrem verführerischen, ja verlogenen Marketing.
7. In der unüberschaubaren Vielfalt, Kontakte zu knüpfen.

Viele Jugendliche sind mit den elektronischen Medien verbunden, als seien es eigene, körperliche Organe. Auf Nutzungseinschränkung reagieren sie mit Schmerzen und Entzugssymptomen. Die Wegnahme wird wie eine Amputation empfunden. Diese fast autistisch wirkende Eingenommenheit macht Eltern Angst; sie haben den Anschluss verloren.

Um mit ihren Kindern reden zu können, bleibt es Eltern nicht erspart, sich mit dem Computer und dem Internet vertraut zu machen [8]. Das sollte man wissen, bevor man einen Computer oder eine Spielkonsole verschenkt oder dem Kauf zustimmt.

Mit der Menge an rasch wechselnden Informationen wird niemand Schritt halten können, aber Sie sollten versuchen, wenigstens die Quellen zu kennen, aus denen Ihre Kinder schöpfen.

Computerspiele

Die animierenden Spiele haben den stärksten Sucheffekt auf Jugendliche. Das Gefühl, etwas direkt bewirken zu können, und der Eindruck, zu den Siegern gehören zu können, haben eine starke Wirkung gerade auf das Verhalten von ADHS-Jugendlichen. Sie unterliegen regelmäßig der Versuchung, weiterzumachen oder es immer wieder aufs Neue zu versuchen. Sie können nicht abschalten. Diese Spiele vermitteln ihnen Machtvorstellungen und enormes Selbstwertgefühl. Sie heben dabei trügerisch ihre Selbstachtung. Um Jugendliche vom Computerspiel wegzukriegen, müssen Sie schon bei diesen Gefühlen ansetzen und den Jugendlichen andere Gelegenheiten bieten, bei denen sie Vergleichbares erleben. Das erfordert persönlichen Einsatz. Bei Verboten oder Restriktionen werden sie nur raffiniertere Auswege ausfindig machen.

An den Inhalten des Internets kann niemand etwas ändern. Sie gelten als Ausdruck unserer verfassungsgeschützten Informations- und Meinungsfreiheit. Dennoch haben Eltern das Recht, ihren Kindern bei ihren Entscheidungen zu helfen, welche Inhalte akzeptabel, welche indiskutabel, welche ekelhaft und welche völlig überflüssig sind. Das beziehungsreiche Gespräch ist mit Abstand das wirksamste Mittel. Doch die Installierung von elektronischen Filtern gegen z. B. Hass- und Glücksspiele und satanische oder pornographische Seiten ist eine Orientierungshilfe und kein Verfassungsbruch.

Vorsicht im Internet

Gerade das Internet hat unser Leben revolutioniert. Es kommt den Bedürfnissen der ADHS-Betroffenen sehr entgegen. Das Internet bietet ihnen eine Bühne, die sie für ihre eigene halten können, ohne zu befürchten, jemand könne ihnen drein reden. Sie brauchen einen Raum, wo sie unzensiert über ihre Träume, ihre Musik, ihre Moden, ihre Idole sprechen können und wo sie ungestraft Gerüchte ausstreuen und Gehässigkeiten verbreiten können. Websites wie ‚bebo', ‚MySpace', ‚Teenspot' oder ‚Facebook' sind sehr beliebt und versprechen, sicher zu sein. Aber wer dort seinen vollen Namen und seine Telefonnummer hinterlässt, kann natürlich nicht mehr sicher sein, keine unliebsamen Bekanntschaften zu machen. Wo Kinder und Jugendliche sich wohl fühlen und sich ungezwungen geben, tun das Pädophile oder andere Kriminelle auch. Nicht alle Kinder- oder Teenagerseiten sind so sicher, wie sie versprechen. Eltern sollten sich Fachwissen einholen [39]. Die Sicherheit scheint gewährt zu sein, wenn die Jugendlichen sich registrieren lassen müssen und der Provider dies überprüft und mit Password sichert. In solchen Chaträumen wird der Inhalt überwacht; Belästigungen, Bedrohungen und Infames sollen mit polizeilicher Hilfe auf den Verursacher zurückzuverfolgen sein.

Gerade ADHS-Jugendliche mit ihrer vorschnellen Bedenkenlosigkeit sollten gut eingewiesen sein, was man im Internet zeigen und sagen darf und auf was man eingehen kann. Es sollte allen immer klar sein: Was einmal ins Internet eingestellt ist, kann man nicht mehr zurückholen. Es geht um die ganze Welt und kann außerhalb der eigenen Kontrolle von Anderen verändert werden. Ob man in zehn oder mehr Jahren mit seinen aktuellen Bildern oder Äußerungen noch konfrontiert werden möchte, kann sich heute keiner vorstellen und den möglichen Schaden vorhersehen.

Anerkennung zu bekommen ist Jugendlichen sehr wichtig und damit gehen sie den Ganoven auf den Leim. Mit plumpen Schmeicheleien werden ihnen persönliche Daten entlockt. Was man heute einem lieben Freund im Chatraum anvertraut, kann morgen zum Gespött der ganzen Gemeinde werden. Eigene Fotos einzustellen, soll überzeugen und da wagt man schon mal was zu zeigen, nicht selten zu viel! Übrigens, jedes Foto kann der Kundige ‚bearbeiten'. Mit Fotos, die mit dem Handy aufgenommen worden sind, wird in vielen Fällen automatisch die Telefonnummer übertragen, was zu überraschenden und peinlichen Anrufen führen kann.

falsches Verhalten

Es gibt ein paar Grundsätze und Regeln, die es möglichst früh einzuüben gilt:
1. Eltern müssen immer am Ball bleiben und mit dem Wissensstand der Jugendlichen mithalten, auch wenn es schwierig ist [8].
2. Eltern sollten vorleben, wie wenig der Computer und das Internet geheimnisvoll oder anbetungswürdig sind. Der Familien-Computer oder die individuellen Computer sollten an offenen Plätzen in der Wohnung stehen, an denen zu jeder Zeit jemand vorbeikommen kann. Viele abwegige Nutzungen entstehen dann erst gar nicht.
3. Eltern sollten dem verständlichen Wunsch von Jugendlichen widerstehen, mit dem Computer/Laptop aufs eigene Zimmer zu verschwinden. Dies sollte keine Vertrauensfrage, sondern eine der familiären Interaktionen sein. Technisch ist eine solche ‚Verpuppung' leicht zu haben, da heute eine Funkanbindung so einfach ist.
4. Der Computer, das Internet etc. sind nicht die reale Welt, sondern nur ein Medium neben vielen anderen. Kritik ist immer angesagt!

Eltern sollten schon früh lehren [19]:
- Neben guten Informationen gibt es im Internet Täuschungen und Betrug entsprechend dem Geltungsbedürfnis der meisten Nutzer.
- Das Internet ist wie ein offener Marktplatz. Wer etwas belauschen oder erspähen will, wird garantiert fündig.
- Man darf nicht glauben, dass die persönlichen Daten und erst recht nicht die privaten Geheimnisse geheim und persönlich bleiben.
- Kontaktanbahnungen über das Internet sind zuerst einmal verdächtig und meist gefährlich. Vorsichtsmaßnahmen sollten bekannt sein.
- Im offenen Chatraum darf man unter keinen Umständen den wahren Namen, die eigene Telefonnummer und die Adresse eingeben. Auch die Namen von Verwandten und Freunden, beliebten Veranstaltungen und Treffpunkten sollten nicht gemeinsam genannt werden, da über Verknüpfungen der Informant ausfindig gemacht werden kann. Die E-Mail-Anschrift ist die einzige Kontaktebene!

„Fernsehen bildet! – Immer wenn der Fernseher an ist, gehe ich in ein anderes Zimmer und lese." (Groucho Marx)

86 Rauchen und Alkohol

Rauchen und Alkohol sind für Jugendliche in erster Linie nicht Genussmittel, sondern Statussymbole. Ihr Ansehen wird davon in starkem Maße bestimmt, und darin liegt die eigentliche Kraft ihrer Verbreitung. Nun ist die Pubertät die Entwicklungsphase der ‚Ich-Suche'. Also muss die Sinneserfahrung von Rauchen und Betrinken erst einmal gemacht werden. Eltern sollten darüber nicht die Nerven verlieren, sondern dem entschieden ihre Meinung und ihr Bedürfnis entgegenstellen. Was man nicht verbieten kann, muss man noch lange nicht tolerieren.

Für ADHS-Jugendliche kommt ein ganz spezifischer Aspekt hinzu. Sie können kurzfristig unter dem Einfluss von Nikotin und/oder Alkohol eine Verbesserung ihrer Symptomatik verspüren. Sie können sich plötzlich besser konzentrieren oder sind mit einem Mal ausgeglichener. Das motiviert zur Wiederholung. Allerdings sind die Intervalle solcher Verbesserung unterschiedlich lang und intensiv. Und der Effekt kann auch unvermittelt ins Gegenteil umschlagen. Also: Als Therapie sind Alkohol und Tabak nicht geeignet, dafür sind sie einfach zu unsicher und haben bekannterweise sehr ernste Nebenwirkungen.

Beim Rauchen von ‚Gras' sieht das völlig anders aus. Haschisch, das man bis zur Übelkeit kiffen kann, ohne dass bisher bleibende Gesundheitsschäden festgestellt wurden, ist und bleibt eine Droge. Cannabis sorgt bei ADHS-Betroffenen für eine Steuerungsunfähigkeit. ADHS-Kiffer haben keine Chance, ihr Leben zu regeln. Sie verlieren ihre Zeit, ihre Pläne, ihre Ziele und letztendlich ihre Beziehungen {73}.

Miteinander sprechen

Sollten Sie trotzdem mal ein ‚Tütchen' oder ‚Pfeifchen' bei Ihrem Kind entdecken, ist noch nicht alle Hoffnung verloren. Ein ruhiges Gespräch, sogar zusammen mit seinen Freunden, kann die Haltung verändern. Schon der Fortfall des Schleiers des Geheimen entkräftet das Bedürfnis, etwas Verbotenes zu tun. Verbote, Drohungen und Angst-Machen versagen vollständig. Verständnis vorzutäuschen und Toleranz zu üben, führt in die Katastrophe.

Alkohol hat für Jugendliche mit ADHS zwei unangenehme Folgen. Im Rausch können sie völlig unkontrollierbar reagieren, sodass selbst helfende, gute Freunde machtlos sind und alles in Gewalt oder gar auf der Polizeiwache endet. Zweitens können sie unter Alkohol depressiv werden, besonders wenn sie unter einer medikamentösen Therapie stehen. Auch ein geringes, nur geselliges Trinken kann bei ADHS böse Folgen haben. Also: Finger weg!

Was kann man tun in dieser Lage? Ärzte sollten sich ernsthaft fragen, ob der Jugendliche auf Rauschmittel verfallen ist, weil er nicht ausreichend medikamentös behandelt wurde. Stellen Sie mit Ihrer Familie für Ihren Lebensbereich unumstößliche Regeln auf und gehen Sie mit gutem Beispiel voran. Über das, was außerhalb Ihrer Wohnung stattfindet, können Sie schlecht gebieten, aber durchaus Ihre Meinung dazu äußern.

Machen Sie aus Ihrem Herzen keine Mördergrube!

Gewaltbereitschaft

Unsere Kinder gehen für den Frieden auf die Straße – gut so! Aber sie schreien ihre Kontrahenten nieder oder hauen ihrem Gegner schon mal eine runter – auch nicht weiter schlimm! Sie sind widerspruchsvoll und wollen vor allem ihren Spaß haben und scheuen sich nicht, das auf Kosten anderer zu erreichen.

Die Pubertät ist die Zeit, in der emotionale Empfindungen mit rationalen Erkenntnissen um den führenden Einfluss auf jugendliche Entscheidungen kämpfen. Sehr unübersichtlich wird es, wenn durch die Gruppendynamik Grenzüberschreitungen zu Heldentaten empor stilisiert werden. Einer stachelt den anderen an und alle haben einen Riesenspaß. Die Bewunderung in ihrer Gruppe wiegt alle eigenen, vernünftigen Bedenken auf (42)

Jugendliche mit ADHS sind für solche Aktionen besonders empfänglich, weil sie sich eher vom momentanen Reiz als von einer Überlegung leiten lassen, zu der sie natürlich in der Lage wären. Anschauliche Vorkenntnis über den Ausgang gefährlicher Situationen kann sie vorbereiten, im entscheidenden Moment doch die richtige Entscheidung zu wählen. In der Familie sollte rechtzeitig und ehrlich von unsinnigen Jugendtaten erzählt werden einschließlich einer heutigen Bewertung. Es ist allerdings nicht leicht, von blamablen Situationen und der eigenen Scham zu sprechen.

Ein besonderes Thema ist das Schikanieren, Ärgern oder Kujonieren Anderer. Die Kritikfähigkeit der Jugendlichen ist eingeschränkt, wenn sie selbst austeilen. Für sie ist ihr Tun immer nur Spaß, auch wenn sie sehen, wie verzweifelt, traurig oder wütend ihre Opfer leiden. Meist wenden sie sich gegen deutlich Schwächere. Widersinnig wählen sie sich aber auch Ältere, Stärkere als Opfer aus. Die Gegenwehr der Opfer verursacht dann Gezeter beim eigentlichen Übeltäter. Das zieht sehr komplizierte Interventionen nach sich.

Spaß am Ärgern

Viel häufiger sind die ADHS-Betroffenen allerdings die Opfer ihrer Altersgenossen. Sie wirken immer etwas unreifer und naiver, was von Gleichaltrigen als kleiner und schutzloser aufgefasst wird. So fallen sie einer allgemeinen Verachtung und Drangsalierung anheim. Dabei ist ihre Tragödie, dass sie sich nicht gut wehren können und sich nicht trauen, um Hilfe zu bitten. Unter diesem ‚Mobbing' leiden sie psychosomatisch und erkranken mit Kopfschmerzen, Verdauungsproblemen, Schlafstörungen, Bettnässen und an vielem mehr. Schulangst und Schulschwänzen können die Folgen sein. Sie vereinsamen zunehmend und tragen sich mit Weglauf- und Selbstmordgedanken. Das alles sind keine kindlichen Launen, die sich irgendwann schon legen werden. Aus einem ‚Mobbing' können sich Betroffene nicht selbst befreien. Eltern, Lehrer und Therapeuten haben hier eine große Verantwortung, die Not dieser Kinder zu beenden. Ihre Intervention ist notwendig. Sie soll aber die Bemühung des ADHS-Kindes, an seiner Symptomatik zu arbeiten, nicht unterlaufen.

Mobbing erkennen

Schauen Sie bei Gewalt nie weg; versuchen Sie die Hintergründe zu verstehen!

Polizeikontakte

Die Polizei, Dein Freund und Helfer! – Jugendliche sehen in dieser Einrichtung eher die kalte Staatsmacht und die sinnlose Ordnung. Gerade Jugendliche mit ADHS mit ihrer lustvollen Risikobereitschaft laufen Gefahr, der Polizei aufzufallen. Es ist sehr wahrscheinlich, dass sie in der einen oder anderen Art mit dieser Ordnungsmacht in Berührung kommen. Sie sollten deshalb ein realistisches Bild von dieser Einrichtung haben.

Impulsivität und ihre Folgen

Als Eltern sind Sie gut beraten, nicht nur eine zuverlässige Haftpflichtversicherung abzuschließen, sondern auch ein freundliches Verhältnis zur lokalen Polizei zu pflegen. Bei der Impulsivität der ADHS-Jugendlichen geht eine Fensterscheibe schnell zu Bruch, oder jemand liegt plötzlich verletzt auf dem Boden. Ganz spontan kann sich ein fremder Gegenstand unter ihre Jacke verirrt haben; und nicht jeder will ihr loses Mundwerk so einfach hinnehmen. Da wird rasch nach Bestrafung gerufen. Schon Zehn- bis Zwölfjährigen wird wenig nachgesehen, sodass die Polizei ins Spiel gebracht wird. Die hat einigen Handlungsspielraum, aber erst mal muss der Jugendliche sich mit ihr auseinandersetzen. Und wie das ausgeht, hängt im hohen Maße von seinem Auftreten ab. ADHS-Kinder bringen schlechte Voraussetzungen mit und sollten gedanklich vorbereitet sein. Höflichkeit ist immer eine gute Taktik, Rechtsbewusstsein rangiert dahinter.

Schuld eingestehen

Glauben Sie nicht, Ihr Kind würde Ihnen eine solche ‚Schande' nicht antun. Ist es wirklich eine Schande, auf eine Ordnungswidrigkeit hingewiesen zu werden? Es ist weder ehrenrührig noch ein Zeichen schlechter Kinderstube. ADHS-Jugendliche sollten früh lernen, dass ihnen etwas nachgesehen oder vielleicht vergeben wird, wenn sie sich entsprechend verhalten. Dazu müssen sie aber ihre Schuld eingestehen. Im häuslichen Milieu haben sie das schon üben können. Hier auf der Polizeiwache sollten Eltern diesen notwendigen Prozess nicht unterlaufen. Als zweiten Schritt sollten Kinder eine Entschuldigung formulieren können. Strafandrohungen oder Strafen haben ihre berechtigte Funktion. Kommt es so weit, sollten Sie im Interesse Ihres Kindes geschickt verhandeln. Schutzlügen, falsche Zeugnisse und Gegendrohungen haben dabei wenig Effekt, eher bereiten sie ungewollt eine Wiederholungstat vor.

Zurückhaltung und Eingreifen

Zusehen zu müssen, wie das eigene Kind von der Polizei behandelt wird, ist eine besondere Geduldsprobe, am besten Sie sind in Zurückhaltung geübt. Doch wenn der Jugendliche gedemütigt oder beschimpft wird oder ihm gar gedroht oder Gewalt angetan wird, müssen Sie Ihre diplomatische Souveränität aufgeben und sich schützend vor Ihren Sohn/Ihre Tochter stellen. Das sind Sie Ihrem Sprössling schuldig, gleichgültig, was er ausgefressen hat, oder wie sehr sein/ihr ADHS Ihnen auf die Nerven geht.

Niemand sollte denken, mit der Diagnose ADHS könne man auf mildernde Umstände pochen. Diese Diagnose ist kein ‚Persilschein'.

Bewahren Sie einen ruhigen Überblick und vermitteln Sie einen tüchtigen Rechtsanwalt!

Freund und ‚Kumpel'

Freunde sind für Jugendliche die wichtigsten Vorbilder. In der Pubertät haben Freunde einen größeren Einfluss als Eltern und Lehrer. Darum sollten sie uns wichtig sein. Das ist nicht so leicht zu verwirklichen, weil unsere Kinder sie nicht gerne mit uns teilen. Zum anderen treten einige von ihnen so auf, dass sie uns erschrecken und Ablehnung provozieren. Gerade dann ist unser Engagement wichtig.

Natürlich haben Sie als Eltern mehr Lebenserfahrung, doch deshalb noch nicht das Recht, die Freunde Ihrer Kinder zu verurteilen. Sie können ihre Meinung sagen, wenn es denn sein muss, aber Sie sollten sich vor jeder Bewertung hüten. Jugendliche wollen unsere Meinung hören, falls sie ehrlich und nicht verletzend ist, aber urteilen und wählen wollen sie ganz allein. Wie sie das anstellen, enttäuscht Sie vielleicht und treibt Ihnen sogar manchmal den Angstschweiß auf die Stirn. Aber wenn Sie sich nicht zurückhalten, lösen Sie einen ‚Krieg' mit Ihrem Kind aus. Bewahren Sie die Nerven und vertrauen Sie darauf, dass Ihr Jugendlicher so fest in den Werten der Familie verwurzelt ist, dass er bei Zeiten eine richtige Entscheidung treffen wird. — **nicht bewerten**

Sie helfen Ihrem Kind sehr, indem Sie sich für seine Freunde interessieren und im Gespräch die richtigen Fragen stellen. Unter den meisten Bomberjacken schlägt ein verzagtes Knabenherz und hinter dem grellen Make-up verbirgt sich oft ein Engelsgesicht. Die laute, ordinäre Sprache sagt nicht, dass in den Köpfen so gedacht und in den Herzen so gefühlt wird. Herauszufinden, wie es wirklich in ihnen aussieht, ist ein faszinierendes Erlebnis und lohnt eine Einladung zum Tee oder auf ein Bier. Problem ist nur, viele Jugendliche lassen sich blasiert und unsicher auf so etwas nicht spontan ein. Doch mit Geschick und Geduld gelingt es fast immer, ihnen deutlich zu machen, dass Sie sie persönlich kennen lernen möchten. Fragt man nach Befinden, nach Vorlieben, nach Plänen und etwas später auch nach Persönlichem, ist das Eis bald gebrochen, besonders wenn man sich an die Inhalte der vorangegangenen Gespräche erinnern kann und dort wieder anknüpft. — **Interesse zeigen**

Gerade bei ADHS-Jugendlichen erleben Sie häufig, dass Freunde gewechselt werden wie die Socken. Das sollte Sie nicht verwirren und zu negativen Äußerungen verführen. Eine Tochter ist deshalb noch lange keine ‚Schlampe', sondern verdient eher Mitleid, Trost und Zuwendung. Gefährlich werden ‚Freundschaften', wenn Jugendliche darin ausgenutzt werden und so abhängig geworden sind, dass sie aus eigener Kraft nicht mehr herauskommen können. Es geht hier nicht um die starke, emotionale Bindung, die wie eine Hörigkeit wirken kann, sondern um die Verkettung mit Kumpeln durch kriminelle Gemeinschaftstaten, Schulden, Sucht und politische Aktionen, die Straftaten gleichkommen. Jugendliche mit ADHS laufen leicht Gefahr, in so etwas hineinzurutschen. Glücklicherweise neigen sie zu wenig Skrupeln, Beziehungen aufzugeben, wären da nicht die Sachbestände, durch die sie sich gefangen fühlen. Hier kann aber elterliche Macht und Erfahrung herausführen, evtl. mit Hilfe eines klugen Anwalts und eines milden Richters. — **wechselnde Freundschaften**

Modefragen

Mit den Freunden kommt jegliche Mode ins Haus. Über Geschmack lässt sich nicht streiten! Also sollten Sie das Thema ‚Mode' auch auslassen. Die Mode zieht vorüber, und kein vernünftiger Mensch bringt Sie damit in Zusammenhang. Sie sollten deshalb ihren ‚guten Geschmack' nicht auf dem Rücken Ihrer Kinder verteidigen. Bei Modeattributen mit bleibenden Spuren (Piercing oder Operationen) sind viele Jugendliche doch dankbar, wenn Sie Ihre Meinung nicht verbergen. Selten wird sich Ihre Ansicht durchsetzen, aber mit ihr fallen die Entscheidungen Ihrer Nachkommen evtl. etwas dezenter aus.

Nach meiner Erfahrung weichen Jugendliche mit ADHS nicht einen Deut von ihrer einmal gefassten Meinung ab. Da sie auch bei Modefragen nicht sehr ausdauernd sind, können sie sich bitter bei Ihnen beklagen, warum Sie dieses schreckliche Tattoo damals nicht verhindert haben. – So spielt eben das Leben mit ADHS!

Lassen Sie sich von den Freunden nicht auf der Nase herumtanzen; neben Ihnen sehen sie immer blass aus.

# Pubertät

Verliebt sein und Sex

Verliebt sein gehört zu den schönsten, aber auch verwirrendsten Gefühlen in jedem Leben. Der Verstand wird wenig gefragt, das Gefühl ist alles.

Menschen mit ADHS haben besondere Schwierigkeiten, Gefühl und Denken zusammenwirken zu lassen. Wenn ADHS-Jugendliche verliebt sind, ist das immer stürmisch und bedingungslos. Für sie muss es tatsächlich ein überwältigendes Erleben sein, erstmals ohne Einschränkung, ohne Kritik oder Voreingenommenheit gemocht zu werden. Vielleicht sind sie gerade wegen ihrer ADHS-Besonderheiten ihrem Partner so interessant und liebenswert. Sie neigen zu voreiligen Entscheidungen. Schulabbruch ist davon noch die harmloseste. Wegzug in eine eigene Wohnung liegt nahe, wenn nicht die eingeübte Unselbstständigkeit und nicht zuletzt die Finanzen ernste Hindernisse wären. So konfrontieren sie ihre überraschten Eltern oft mit dem festen Vorsatz, im elterlichen Haus eine Familie zu gründen. – Das Haus muss schon recht groß sein, damit ein solcher Plan Chancen auf Erfolg haben kann.

überwältigendes Erleben

In ihrer Verliebtheit sind sie so fordernd, dass sie ihren Partner überfordern und einengen können. Das kann sich in harmlosen Spielen zeigen wie: „Ich liebe Dich wie …", wenn diese rituell, ja zwanghaft immer wiederholt werden müssen. Unerfüllte Erwartungen können in hysterischen Szenen auf die Spitze getrieben werden, wenn sich z. B. ein Partner verspätet, wird dies als Liebesentzug beklagt, oder wenn etwas vergessen wurde, wird das mit Erkaltung der Liebe gleichgesetzt. Zu den starken Gefühlen gehört auch die Eifersucht. Bei ADHS kann sie so mächtig werden, dass sie eine Beziehung unerträglich belastet und letztendlich zerbricht. Das beherrschendste Gefühl ist jedoch die Sexualität. Der übergroße Appetit, meist auf Seiten der Jungen, kann zu einer ernsten Belastung werden.

Forderungen

Sexualität sollte mit ADHS schon früh ein Thema sein. Gerade Verantwortung und Verhütung muss ein lebendiges Thema sein. Studien zeigen, dass trotz ‚Sexualkunde' die Hälfte aller Mädchen keine Ahnung haben oder das Gelernte nicht auf sich selbst beziehen können (56). Bei den Jungen ist die Ahnungslosigkeit noch größer. Nur ein Drittel kennt sich im Umgang mit einem Kondom aus. Das Verantwortungsgefühl scheint ganz fern angesiedelt zu sein. „Es wird schon gut gehen!" oder „Sie passt ja auf" sind die Standardansichten der Jungen. Viele Mythen über natürliche Sicherheit sind unter den Jugendlichen verbreitet, z. B.: Im Stehen könne man nicht schwanger werden oder in den Tagen nach der Regelblutung nicht und vieles Ähnliches. Sie glauben fest daran in einer Art Gegenwehr gegen das Schulwissen.

früh thematisieren

Glücklicherweise neigen Jugendliche mit ADHS selten zu One-Night-Stands. Ihnen ist die intensive, körperliche Nähe eher unangenehm und die Flüchtigkeit der Beziehung ist für sie beängstigend. Wenn sie jedoch so richtig verliebt sind, legen sie es unter Umständen sogar auf eine Schwangerschaft an, um die Ernsthaftigkeit ihrer Beziehung zu unterstreichen.

Die überwältigenden Freuden von Sex müssen Sie mit ADHS-Betroffenen genauso nachdrücklich besprechen wie die Bedeutung von Verhütung.

Partnerschaften

Dauerhafte, tragfähige Beziehungen sind eine wesentliche Voraussetzung für ein erfülltes Leben. Arbeitskollegen, Sport- und Vereinskameraden, Parteifreunde, Nachbarn haben wichtigen Einfluss auf unser Lebensglück. Mal suchen wir ihre Gesellschaft direkt, mal verbindet uns der Zufall. Doch immer müssen wir solche Verbindungen pflegen, sollen sie lebendig bleiben.

Hierarchien

Stabile und andauernde Beziehungen scheinen unruhige Kinder nur zu ihres Gleichen zu haben, womit allerdings oft besondere Probleme entstehen. In Freundschaften zu anderen habe ich regelmäßig hierarchische Strukturen beobachtet; entweder waren die ADHS-Betroffenen unangenehm dominierend (meist mit Jüngeren), oder in Gruppen mit Älteren spielten sie bereitwillig die Rolle des ‚underdog' oder Laufburschen. In der Therapie war das ein Thema. ADHS-Jugendliche sind oft sehr sozial eingestellt und suchen Gesellschaft. Sie werden in Gemeinschaften als unterhaltsam und angenehm begrüßt, doch scheinen sie den Wert dieser Verbindung wenig zu schätzen, denn sie tun kaum etwas dafür, sie zu pflegen. So sprengen sie sich immer wieder aus Wohngemeinschaften, Vereinen oder Interessengemeinschaften heraus. Das ist nicht nur unpraktisch, sondern macht sie traurig und nagt an ihrem Selbstbewusstsein. In dieser Lebensphase fällt es ihnen schwer, den eigenen Anteil am Unglück zu erkennen und über Abhilfe nachzudenken. Gut ist, wenn sie schon in früheren Jahren gelernt hätten, wie man auf andere achten könnte und dies mit kleinen Aufmerksamkeiten erkenntlich macht. Geburtstage, andere Jahrestage, freudige Ereignisse wie bestandene Prüfungen oder erfolgreiche Präsentationen und glückliche Zufälle können solche Anlässe sein. Auf Trauer und Unglück zu reagieren, ist genauso wichtig für die Gemeinschaft und muss geübt sein.

Natürlich können ADHS-Betroffene alle Arten ehegleicher Partnerschaften eingehen und haben es ja seit eh und je getan. Es kann nur ihr Vorteil sein, wenn sie von ihren Anlagen wissen, und darüber mit ihren Partnern sprechen. Das eheliche Lebensglück wird erheblich von der kritischen Selbsteinschätzung und der Bereitschaft zum gegenseitigem Ausgleich von Bedürfnissen bestimmt. In Krisen kann eine Paartherapie weiterhelfen, die gerade hier gute Erfolge vorweisen kann.

Ehe- und Geschäftspartnerschaften

Geschäftliche Partnerschaft geht selten gut. ADHS-Betroffene halten sich nicht allezeit an Vereinbarungen, wenn sie diese für überlebt halten. Sie gehen eher ihre eigenen Wege, als umständlich neu zu verhandeln. Sie sehen auch nicht die richtige Gelegenheit, einen Schlussstrich zu ziehen und sich ehrenvoll zurückzuziehen. So sind sie für ihre Partner, die eine zuverlässige Beständigkeit bevorzugen, leicht auszubooten. Oft verlieren sie ihr Geld dabei, weil sie wenig Sinn für Zukunftssicherung haben. Mit ihrer Begeisterungsfähigkeit für Neues und Riskantes sind sie die idealen Mitarbeiter, doch aus den gleichen Gründen kann man sie leicht ausmanövrieren und zu anderen Betätigungen abschieben. Allerdings lassen sie Andere auch leicht fallen, wenn sie nicht länger in ihr wechselhaftes Konzept passen.

Wer früh gelernt hat, seine Eigenarten anzunehmen, wird auch mit ADHS glückliche Partnerschaften eingehen können.

Berufsausbildung

Mit dem Abschluss der Schule hören die Schwierigkeiten nicht auf. Eine geeignete Lehrstelle oder Universität zu finden, ist für alle nicht einfach, doch für Jugendliche mit ADHS ist es richtig schwierig. Zum einen sind sie zögerlich mit ihren Entscheidungen, zum anderen wartet niemand auf ihre besonderen Bedürfnisse.

Mit ihrer Vorliebe für rasche und schnelle Veränderungen fühlen sie sich in bestimmten Berufen wohler als in anderen mit mehr Ruhe und Konstanz. So leisten sie als Journalisten, Rettungssanitäter, Reiseführer oder Kindergärtner begeisternd gute Arbeit. Kommen zu dieser berufstypischen Abwechselung noch feste Strukturen hinzu, wie bei der Polizei, der Feuerwehr oder dem Militär, sind sie besonders zufrieden. In diesem Bereich könnten noch mehr beschäftigt sein, wären die formalen Eingangsanforderungen nicht so hoch. Andere Berufe, wie z. B. Buchhaltung, Bibliothekar, Uhrmacher oder alle alten Handwerke, verlassen sie enttäuscht bald wieder. Auch bei den akademischen Berufen haben sie besondere Neigungen. Viele wählen Medizin, Psychologie, Architektur aus den klassischen Fächern, und aus den modernen sind es Informatik, Touristik und Ökonomie, um nur einige zu nennen. Dagegen locken Theologie, Jura, und Naturwissenschaften wenig.

Für die typischen Lehrberufe kann das Arbeitsamt selten angemessene Empfehlungen und Hilfen geben. Auch die Personalabteilungen großer Firmen haben ihre Probleme, auf die Bedürfnisse der ADHS-Jugendlichen einzugehen. Noch immer weiß man zu wenig von ihren Stärken und scheut sich, ihr Bewegungs- und Pausenbedürfnis oder ihr ungewöhnliches Zeitmanagement zu akzeptieren. In Lehrstellen haben sie Schwierigkeiten, weil nicht jeder Meister ihre besondere Art versteht, und sie sich gegen seine knappen Arbeitskommandos auflehnen. Sie fühlen sich herumkommandiert und können ihre Rolle als Lernende nicht annehmen. Vor diesem Hintergrund verwundert es nicht, dass ADHS-Jugendliche besonders häufig ihre Ausbildung abbrechen; was bei der Lehrstellenpolitik unseres Landes große Probleme für eine Fortsetzung oder einen Neuanfang mit sich bringt. Es gibt genug Jugendliche, die weniger Ansprüche an Lehrherren stellen.

Probleme in der Berufsausbildung

Hochschulen und Universitäten dagegen haben ein ganz exzellentes Beratungssystem aufgebaut, wo die ADHS-Studenten nicht nur eine spezifische Studienberatung erhalten können, sondern auch gegebenenfalls Behandlung vermittelt wird. Viele Studiengänge werden sehr eng von Tutoren begleitet, was den ADHS-Studenten sehr entgegenkommt. Den engen Zeitplan eines Semesters können sie gut überschauen [2].

Hochschulbildung

Schwierigkeiten bei der Suche nach Lehrstellen sind den Betroffenen und ihren Eltern wohl bekannt und führen leider oft zu Fatalismus und Resignation. Das sollte aber nicht sein! ADHS-Betroffene haben, wie alle anderen auch, ein Recht auf Arbeit und Ausbildung. Sie können zwar nicht die gesetzlichen Programme für Behinderte für sich in Anspruch nehmen, aber dennoch sind Arbeitsamt und Beratungsstellen auch für sie da. Man muss sich in dieser Phase wirklich für sie einsetzen. Aus sich heraus schaffen sie den Einstieg in die neue Lebensphase nicht. Auf einfache, ungelernte ‚Jobs' auszuweichen, ist keine akzeptable Lösung, sondern leitet meist früher oder später in Dauerarbeitslosigkeit über.

Unterstützung

93 Therapiemüdigkeit

Eines Tages saß Ellen aufrecht vor mir, nicht so lässig wie sonst, und verkündete: „Ich habe die Schnauze jetzt voll mit dieser Therapie. Ich will nicht mehr kommen. Ich weiß, was gut für mich ist!". Sie war jetzt 16 Jahre alt, hatte die Realschule abgeschlossen und eine Lehrstelle ergattert. Fünf Jahre lang war sie relativ regelmäßig wegen ihrer Aufmerksamkeitsstörung zu mir gekommen. Ich war froh, konnte mit ihr noch die offen bleibenden Möglichkeiten besprechen, und so verabschiedeten wir uns voneinander. Nach Jahren sahen wir uns noch ein paar Mal wieder, als es in der Lehre Krisen gab.

Es macht wirklich keinen Spaß, regelmäßig einer Therapie zu unterliegen, und ein gewisses Auflehnen ist nur zu begrüßen. Bei Diabetes oder Epilepsie macht das ernste Schwierigkeiten, nicht so bei unkonzentrierten Kindern. Mit wachsender Belastbarkeit und Entfaltung der Selbstachtung verlieren viele Jugendliche die Einsicht in die Notwendigkeit ihrer Therapie. In den meisten Fällen ist das ganz gut und berechtigt. Ein Drittel aller Kinder verliert die Symptomatik ihres ADHS schon als junge Teenager; ein anderes Drittel am Ende der Pubertät. Das bedeutet aber, dass ein letztes Drittel auch als junge Erwachsene noch mit Hyperaktivität, Impulsivität und dem Mangel an Konzentration zu kämpfen haben.

berechtigtes Auflehnen

Diese Entwicklung kann der Jugendliche zusammen mit seinem Arzt durch wochenlange Therapiepausen überprüfen. Am besten eignen sich hierfür die großen Sommerferien. Aber auch Zeiten mit normaler Belastung kommen in Frage. Das Befinden und das Verhalten in dieser Zeit sollen Aufschluss geben, ob eine Medikation noch einen Effekt hat, oder ob es auch ohne geht. Das Ergebnis solcher Pausen beruht auf der vertrauensvollen Protokollierung von Verhalten und sozialem Leben. Diese Zusammenarbeit ist für Jugendliche gut nachvollziehbar und einzuhalten.

Doch mit zunehmender Reife möchten sie sich nicht mehr gern so ins Vertrauen nehmen lassen, sie neigen dazu, Effekte selbst einzuschätzen und über den Fortgang der Therapie eigenmächtig zu entscheiden. Das ist gut verständlich; sind sie doch im Laufe von Jahren zu Experten herangewachsen. Doch dieses gute Wissen setzt sie noch nicht in die Lage, immer objektiv zu sein und richtig zu entscheiden. Sie sollen ihre Zukunft abschätzen und planen, aber auch wissen, dass sie nicht allein sind und die Brücken hinter ihnen eingestürzt sind.

Arztwechsel

Ein Problem, das mit ihnen gar nichts zu tun hat, besteht darin, dass sie mit 18 Jahren aus der Obhut eines Kinderarztes in die Betreuung eines Psychiaters für Erwachsene überwechseln müssen. Diese Bestimmung bedeutet eine zwangsweise Änderung ihrer Beziehungsebene. Erschwerend kommt hinzu, dass nach einer kaum verstehbaren Arzneimittelverordnung der Krankenkassen und einer schwer nachvollziehbaren Rechtsprechung die Behandlung von Jugendlichen über 19 Jahre mit Methylphenidat nicht genehmigt ist. Mit diesem Problem muss der Jugendliche zurzeit rechnen. Es ist aber zu hoffen, dass sich dies bald grundsätzlich ändert.

Jugendliche sollen eigenständig leben können. Sie sollten in der Therapie gelernt haben, wann sie Hilfen annehmen wollen.

Für Eltern

94 Rollenverständnis

Es gibt gegenwärtig zahllose Familienkonstellationen und sehr vielfältige Erziehungsstile. Das lässt zweierlei Folgerungen zu:
1. Es ist für junge Eltern schwierig, sich zu orientieren.
2. Es gibt keinen ‚richtigen' Erziehungsstil.
Es gibt jedoch eine einhellige Meinung, was falsche Erziehung ausmacht: Lieblosigkeit, Vernachlässigung, Verachtung, Gewalt und Respektlosigkeit (68).

Häufigkeit von Problemen

Eine vorbildliche Familie lässt sich nicht konstruieren. Tauchen allerdings Probleme auf, und jemand beginnt unter oder in der Familie zu leiden, sollte man die eigene Rolle in der Familie verstehen. Weniger wichtig ist es, sofort nach Lösungen Ausschau zu halten. Ein Kind mit ADHS erfüllt in der Regel die elterlichen Erwartungen nicht. Es versteht soziale Signale nicht, geht nicht auf emotionale Angebote ein und befolgt nur selten klare Anweisungen. Solches Verhalten macht Familienleben fast immer problematisch (49):

Probleme bei Kindern mit ADHS im Vergleich				
durchschnittlich, auf einer Skala von 1 (gering) bis 9 (sehr)	*Häufigkeit*		*Ausprägung**	
	mit ADHS	*ohne ADHS*	*mit ADHS*	*ohne ADHS*
beim Anziehen	73,3 %	10,0 %	6,1	2,3
beim Essen	86,7 %	13,3 %	4,7	3,0
beim Waschen oder Baden	43,3 %	16,7 %	5,1	1,2
beim Zu-Bett-Gehen	83,3 %	20,0 %	5,0	1,5
wenn Eltern telefonieren	93,3 %	33,3 %	6,6	1,3
während einer Autofahrt	73,3 %	20,0 %	4,8	1,7
in der Öffentlichkeit	96,7 %	23,3 %	5,4	2,7
Gäste zu Hause	96,7 %	30,0 %	6,1	1,6
Besuche außer Haus	96,7 %	13,3 %	5,4	1,5
beim Spielen mit anderen	90,0 %	10,0 %	5,4	1,6

Die Vielfalt der heutigen Erziehungsformen macht eine Kategorisierung unmöglich. Zur Orientierung können Sie jedoch ein grobes Raster nutzen, wenn Sie auf der Suche nach Ihrem eigenen Rollenverständnis sind.

Erziehungsstile bzw. Elternverhalten kann man grob orientierend so einteilen:

Erziehungsstile

1. **Der nachgebende (permissive) Stil:** Kindliche Forderungen und Wünsche werden akzeptiert und unterstützt. Handlungen und Unterlassungen werden nicht kommentiert. Keine Strafen und Zurechtweisungen; Kind ist sehr auf sich gestellt. Erzieher bleiben im Hintergrund, haben wenig Normen und Standards. Geringe Anforderungen an die Reife.

2. **Der solidarische (autoritative) Stil**: Erzieher leben bewusst ein wirkungsvolles, gutes, starkes und glaubwürdiges Vorbild vor. Wünsche und Forderungen werden diskutiert. Anpassungsfähigkeit und Autonomie des Kindes werden betont. Kindliche Aktivitäten werden einfühlsam gelenkt und gefördert. Stellt hohe Anforderung an kindliche Reife.

Für Eltern

3. **Der autoritäre Stil:** Erzieher nehmen viel Einfluss auf Wünsche und Handlungen und bewerten nach eigenen (konservativen) Wertvorstellungen. Wenig verbale Argumentation; hohe Anforderung an Reife der Kinder.

4. **Der vernachlässigende Stil:** Erzieher leben eine individuelle Lustoptimierung, oft mit massiven sozialen Problemen. Wünsche und Bedürfnisse der Kinder werden nicht oder nur selten wahrgenommen. Es herrschen Feindseligkeit und aggressive Rechtfertigung. Die Bindung ist desorganisiert. Das Kind ist auf sich gestellt. Reife Reflexion spielt keine Rolle.

In reiner Form kommt davon kein Stil vor. Keiner ist ‚richtig' oder ‚falsch', sie beschreiben nur Erziehungsverhalten, bewerten aber nicht. Es werden immer Mischformen angetroffen. In Ihrem Einzelfall wird die Mischung noch vielfältiger und differenzierter ausfallen können. Versuchen Sie deshalb, Ihre Auffassung von Erziehung und Ihre Rolle niederzuschreiben. Mit dieser Ausarbeitung werden Sie es fortan leichter haben.

falsch/richtig?

ADHS-Kinder haben mit jedem dieser Erziehungsstile ihre Schwierigkeiten. Für jeden Einzelfall müssen Sie die richtige Mischung ausprobieren.

Hier einige Vorschläge:

- aus 1.: Schimpfen oder strafen Sie wenig, korrigieren Sie wortlos mit einem Lächeln. Das mindert Spannungen.
- aus 2.: Machen Sie sich Ihre Vorbildrolle bewusst. ADHS-Kinder haben für menschliche Schwächen einen siebten Sinn und nutzen ihn.
- aus 2.: Machen Sie sich klar, dass Förderung und Lenkung kindlicher Aktivitäten gute Vorbereitung und persönlichen Einsatz erfordern. ADHS-Kinder werden Sie nicht belohnen.
- aus 2. und 3.: Überschätzen Sie nicht die Reife Ihres Kindes und seine Einsichtsfähigkeit. Beides ist bei ADHS-Kindern geringer ausgeprägt als bei Gleichaltrigen.
- aus 3.: Sprechen Sie über Ihre Bedürfnisse und sagen Sie dem Kind, wie Sie seine Bedürfnisse verstehen, halten Sie Widerworte aus.
- aus 3.: Konventionen haben für ADHS-Kinder Vorteile. Rituale, Ordnung und Routine unterstützen sie und helfen ihnen, sich zurechtzufinden; auch wenn sie Ihnen als rigide, langweilig oder unwürdig vorkommen.
- aus 4.: Ignorieren Sie ‚dumme Angewohnheiten' oder geringe Missetaten. Ohne Ihre Reaktion verlöschen diese Verhaltensweisen.

Sehr oft findet man bei Familien mit ADHS-Problemen einen sehr widersprüchlichen Erziehungsstil. Die Eltern sind sich darüber nicht einig und wissen es oft gar nicht. In seiner Ambivalenz schwankt ihr Erziehungsstil zwischen fürsorglicher Protektion und demütigender Bloßstellung, zwischen entmündigender Hilfestellung und brüsken Forderungen, zwischen freundlicher Aufmunterung und trauriger Resignation. Im Laufe der Jahre sehen sich viele Mütter am Ende ihrer Kräfte und Väter nutzen zunehmend Möglichkeiten des akzeptablen Rückzugs (Überstunden, Ehrenämter, Hobbys). Das Kind empfindet sich als Prügelknabe und Sündenbock. Um dem zu entgehen, isoliert es sich in der Familie und geht seiner eigenen Wege, womit es sich zu diesem Zeitpunkt noch selbst überfordert. Erziehung findet nicht mehr statt (83).

Erziehungsstil und Isolation

Finden Sie Ihre Rolle und erklären Sie sie Ihrer Familie.

Konferenzen mit Schule oder anderen Ämtern

Ein ‚blauer Brief' flattert ins Haus! Sie werden aufgefordert, zu einer Konferenz wegen Ihres Kindes dort und dann zu erscheinen. Kein Hinweis auf den Grund! Niemand mag eine solche Situation und prompt stellen sich widerwillige Gefühle ein, die jegliches Denken färben. Wer jetzt in Wut oder Ärger gerät, ist von vornherein im Nachteil.

Was ist zu tun, um diesem unvermeidbaren Vorgang eine fruchtbare Wendung zu geben? Ein Gespräch mit dem Kind steht natürlich am Anfang. Aber versprechen Sie sich nicht zu viel vom informativen Wert dieses Gesprächs. Die Sichtweise der Kinder ist meist getrübt, verharmlosend und eher defensiv, selten faktenreich und korrekt. Doch immerhin, das Kind muss zu Wort kommen. Gehen Sie davon aus, dass die zitierende Behörde Ihrem Kind nichts Böses will, sondern meist sich selbst in der Klemme sieht. Die Konferenzteilnehmer sind erst einmal nicht Ihre Gegner oder gar Ihre Feinde.

Gespräch mit dem Kind

Bereiten Sie sich sorgfältig vor:
- Versuchen Sie, Vorinformationen mit Hilfe Vertrauter zu bekommen.
- Überlegen Sie, was Sie sagen wollen – und was nicht.
- Kleiden Sie sich gut (evtl. zum Friseur?).
- Machen Sie sich Notizen; besonders Fragen, die Sie stellen wollen.
- Schaffen Sie sich genug Zeit für den Termin:
    - unversorgte Geschwister beaufsichtigen lassen, nicht mitnehmen!
    - vom Dienst befreien lassen, evtl. einen halben Urlaubstag riskieren.
    - keine anderen Termine mit diesem verbinden, wie Einkäufe, etc.

Vorbereitung

In der Konferenz bleiben Sie entspannt; zeigen Sie eine positive Einstellung und Ihre Wertschätzung für Ihre Gesprächspartner.
- Stellen Sie sicher, dass Sie alle Anwesenden mit Namen kennen lernen.
- Fragen Sie nach der Problematik, nicht nach Lösungen, und hören Sie geduldig zu. Stellen Sie Rückfragen, wenn Sie etwas nicht verstanden haben oder mehr Klarheit wünschen.
- Auch wenn Sie mit den Berichten nicht einverstanden sind, achten Sie auf Ihr Lächeln und eine zugewandte Körperhaltung.
- Bemühen Sie sich um Sachlichkeit, vermeiden Sie Angriffe oder Rechtfertigungen. Sie müssen niemandem etwas beweisen.
- Wenn alle Informationen auf dem Tisch liegen, entwickeln Sie Ihre Sicht der Dinge und zeigen Sie Verständnis für z. B. die Schule.
- Klären Sie mit allen Beteiligten, wer in dieser Lage etwas tun kann. Gehen Sie alle Möglichkeiten durch und zeigen Sie Ihre Grenzen auf.
- Erarbeiten Sie konkrete Maßnahmepläne. Wer tut was bis wann?
- Vereinbaren Sie eine Prüfung des Erfolgs bzw. nötige Korrekturen.

positive Einstellung

Nach der Konferenz sollten Sie sich Zeit nehmen, sich zu entspannen (evtl. bei einer Tasse Kaffee) und machen Sie sich Notizen über das Gespräch. Halten Sie die wichtigsten Tatsachen, Termine und Personen fest, aber schreiben Sie auch Ihre Gefühle und Gedanken auf, die Sie nicht ausgesprochen hatten.

Gut vorbereitet und in der Gewissheit, dass Ihrem Kind geholfen werden soll, sind Sie in jeder Konferenz ein starker Partner.

Für Eltern

Gesprächsführung

Mit ADHS-Kindern und Jugendlichen ins Gespräch zu kommen, scheint auf den ersten Blick nicht ganz einfach zu sein. Oft berichten Eltern und Lehrer von vergeblichen Versuchen. Tatsächlich sind diese Kinder sehr gesprächig. Die Erfolge hängen jedoch von einigen Regeln und Techniken ab (29, 45, 55, 68).

1. Bereiten Sie das Gespräch gedanklich vor. Keine Spontandiskussion aus aktuellem Anlass. Dann eher knappe Anweisungen.
2. Motivieren Sie das Kind. Ohne sein Interesse läuft nichts. Sprechen Sie von Ihren Eindrücken. Hier ist es wichtig, persönlich zu sein.
3. Seien Sie in der Sache klar und schlicht. Kritik richtet sich gegen ein bestimmtes Verhalten, nicht gegen das Kind.
4. Beziehen Sie das Kind mit ein. Lassen Sie es die Situation aus seiner Sicht beschreiben.
5. Fassen Sie sich kurz, keine langen Ausführungen. Beenden Sie das Gespräch, wenn alles gesagt ist, nicht erst, wenn alles verstanden ist.

Ein Gespräch muss nicht immer in eitler Freude enden, sondern in der Gewissheit, etwas angestoßen zu haben. Ihre Meinung ist wichtig, deshalb kann sie ruhig ein andermal wiederholt werden. Mit ADHS-Kindern müssen Sie ohnehin über ein und dasselbe wiederholt sprechen, ohne ungeduldig und gelangweilt zu wirken (28).

etwas anstoßen

Zur Gesprächsvorbereitung:
- Legen Sie sich auf einen Punkt fest, den Sie besprechen wollen.
- Vermeiden Sie vom ‚Hölzchen aufs Stöckchen' zu kommen. Wenn Sie mehr auf dem Herzen haben, planen Sie ein zweites Gespräch zu einem andern Zeitpunkt ein.
- Planen Sie die notwendige Zeit genau.

Zur Motivation:
- Wählen Sie einen ruhigen Moment und laden Sie ein. Kein Zitieren!
- Sprechen Sie zuerst über etwas Erfreuliches oder von einer besonderen Stärke des Kindes.
- Stellen Sie gemeinsame Interessen heraus.

Zur Problembeschreibung aus Ihrer Sicht, nicht Ihre Problembewertung:
- Beschweren Sie sich, aber machen Sie keine Vorwürfe.
- Senden Sie ‚Ich-Botschaften': Ich fühle …, ich denke …
- Lassen Sie sich nicht unterbrechen. Oder wenn das nicht möglich ist, beenden Sie das Gespräch ohne abwertende Bemerkungen. Es lässt sich wiederholen.

Zur Sachlichkeit:
- Sprechen Sie locker, offen und laut genug.
- Bleiben Sie ruhig.
- Wählen Sie eindeutige Worte. Kein ‚vielleicht', kein ‚eventuell'. Kein Konjunktiv!
- Vermeiden Sie rhetorische Fragen, oder solche, auf die Sie keine Antwort erwarten, oder die Antwort schon wissen. Keine Ironie.

- Drängen Sie das Kind nicht in die Enge. Keine Übertreibungen!
- Zum Schluss geben Sie dem Kind das Wort.

Zum Beitrag des Kindes:
- Hören Sie aufmerksam und aufmunternd zu. Keine Nebenbeschäftigung.
- Unterbrechen Sie das Kind auf keinen Fall, auch wenn es anfängt, ‚um den heißen Brei herumzureden'.
- Kritisieren Sie das Kind nicht wegen seiner Gesprächstechnik.
- Bei Ausflüchten und Unsachlichkeit lenken Sie das Gespräch freundlich wieder auf das Eingangsthema.
- Eine Lüge bleibt eine Lüge, auch wenn sie widerrufen wurde. Gehen Sie nicht darauf ein, lassen Sie sie bestehen.
- Vermeiden Sie jede Argumentation mit dem Kind. Sie verlieren immer, denn das Kind hat nichts zu verlieren.

Zur Schlussfolgerung:
- Fassen Sie das Gespräch fair zusammen, stellen Sie die Übereinstimmungen heraus.
- Formulieren Sie das Ergebnis oder den erarbeiteten Kompromiss.
- Legen Sie gemeinsam die Art der Durchführung fest (evtl. schriftlich).
- Kündigen Sie Ihre Kontrollen an (das ist keine Strafankündigung!!).
- Vereinbaren Sie ein weiteres Gespräch, um Ihrer beider Zufriedenheit zu besprechen.
- Beenden Sie das Gespräch mit einer versöhnlichen Floskel. Danach gibt es kein Nachhaken oder Wiederaufführen der Angelegenheit.

Das Repertoire an möglichen Gesprächsfallen, die garantiert zum Misserfolg führen, ist sehr groß und viel besser eingefahren z. B.:

Gesprächsfallen

- Das ‚Warum-Spiel' („Warum hast Du schon wieder?") und noch aussichtsloser das ‚Warum-nicht-Spiel' („Warum hast Du nicht gleich so ...?")
- Die ‚Wenn-Dann-Drohung' führt Sie hoffnungslos ins Dilemma, denn Sie wollen das ‚Dann' ja gar nicht für Ihr Kind.
- Falsche Höflichkeit! Ein betontes „Bitte" zur Unterstreichung Ihrer Forderung ist die geballte Faust in der Tasche. Gerade ADHS-Kinder durchschauen das sofort.
- Übertreibungen („Hab ich Dir doch schon tausend Mal gesagt!") und hinkende Vergleiche („Du siehst ja aus wie ein Penner!").
- Überhäufung mit Fragen verführt zum ‚Labern'.
- Die ‚Leider-Ausreden' („Leider kannst Du das nicht haben.") sind immer eine Aufforderung zum Kampf. Vielleicht eben doch! Sagen Sie „Nein", wenn Sie etwas verweigern (38).
- Schuldzuweisungen führen in langen Rechtfertigungsschlachten meist weit weg vom sachlichen Zusammenhang und enden unerfreulich.
- Ein Tadel ist eine Strafe und nicht die kritische Würdigung eines Gespräches.

Verhandlungstechniken können Sie lernen, besonders für schwierige Gesprächspartner.

Für Eltern

Ressourcen in der Familie

Der Mensch ist ein soziales Wesen und sein Leben ist auf Kommunikation aufgebaut. Er braucht seine Mitmenschen. Das gilt auch für das ADHS-Kind, obwohl es gerade mit sozialen Signalen nicht vertraut ist und in der verbalen Kommunikation recht eigen sein kann.

Setzen Sie von Anfang an auf allen Ebenen in der Familie auf Zusammenarbeit und Kommunikation! Hier schlummern ungeahnte Fähigkeiten (29).

Beim betroffenen Kind selbst:

- Mit allen unruhigen, missgelaunten, abwehrenden Säuglingen sollten Sie eine häufige und ausdauernde **Kommunikation** pflegen, auch wenn die Situation nicht sehr einladend erscheint. Summen, singen und reden Sie vor sich hin; streicheln und kitzeln Sie das Baby zärtlich. Der Zugang zu ADHS-Kindern in diesem Alter scheint schwierig und hoffnungslos zu sein, doch diese Kinder registrieren mehr, als es den Anschein hat. Lassen Sie sich von dem offenbar ausbleibenden Erfolg Ihrer momentanen Bemühung nicht entmutigen. Sie ernten später.

Kommunikation

- Im Kleinkindalter lassen Sie das Kind ruhig sein alterstypisches **Selbstständigkeitsstreben** erproben. Bei ADHS-Kindern geht zwar vieles schief und alles dauert länger (z. B. Anziehen, Knöpfen, Kämmen, Spielsachen aufräumen etc.), lassen Sie sich dadurch jedoch nicht verführen, zu früh und zu resolut helfend einzugreifen. Davon lernt das ADHS-Kind nur, dass es sich nicht konzentrieren und anstrengen muss. Sie müssen für alles mehr Zeit einplanen, als Sie es gewohnt sind. Es ist eine Kunst, den richtigen Zeitpunkt für ein Hilfsangebot zu finden. Fragen Sie das Kind, ob und wann es Hilfe möchte. Natürlich können Mütter alles schneller und besser erledigen, doch wenn Sie der Ungeduld nachgeben, steht am Ende eine nicht mehr alterstypische Unselbstständigkeit.

Selbstständigkeitsstreben

- Mit vier bis fünf Jahren ist ein Kind glücklich, mit Vater oder Mutter etwas gemeinsam im Haushalt zu tun. Auch Kinder mit ADHS lieben das, nur sind sie leider nicht so ausdauernd. Seien Sie nicht enttäuscht über ihre Sprunghaftigkeit und fühlen Sie sich nicht ‚genervt'. Denn nur über die **Emotionen** können Sie sie wieder für die Sache fesseln. Oft verderben wir Eltern uns diesen Weg selbst, indem wir über die lästige Hausarbeit abwertend reden. Begriffe wie **Pflichten im Haushalt** und gerechte Arbeitsteilung benutzen wir oft, um nicht sagen zu müssen, dass wir selbst auch keine Lust dazu haben. ADHS-Kinder haben für solche Nuancen ein besonderes Gespür. Versuchen Sie, das Zusammensein bei einer Aufgabe zu verschenken. Nicht jeder darf mitmachen. Delegieren Sie Tätigkeiten, die sonst nur Sie machen durften (z. B. Kerze anzünden, mit Schere schneiden etc.). Machen Sie eine Wunschliste mit Dingen, die Sie sich gerne abnehmen ließen. So haben die Kinder, auch das ADHS-Kind, eine Auswahl, Ihnen einen Gefallen tun zu können.

Pflichten im Haushalt

Bei den Geschwistern:

- Wenn ein ADHS-Kind zur Familie gehört, fällt für die Eltern mehr Arbeit an. Glauben Sie nicht, dass ihre übrigen Kinder Ihnen bei der Bewältigung behilflich sein werden. **Solidarität**

Solidarität stellt sich nicht von alleine ein und kann auch nicht durch Appelle herbeigeredet werden. Die Geschwister fühlen sich selbst belastet und müssen viel von den ADHS-Übergriffen abwehren. Dennoch gibt es Möglichkeiten der Zusammenarbeit.

- Sprechen Sie offen oder unter vier Augen über die gemeinsame Belastung. Das verbindet und schafft Verständnis.
- Fühlen Sie sich nicht verpflichtet, alle ihre Kinder gleich behandeln zu müssen. Das ist gar nicht möglich.
- Halten Sie die Geschwister frühzeitig dazu an, ihre eigenen Angelegenheiten in Ordnung zu halten. Zeigen Sie sich entlastet und loben Sie sie dafür immer wieder.
- Greifen Sie nicht bei jedem Streit ein.
- Ergreifen Sie nicht immer die Partei des Sorgenkindes.
- Erlauben Sie kein Petzen, von wem auch immer.
- Schaffen Sie ihnen geschützte Rückzugmöglichkeiten (z. B. ein eigenes Zimmer, es genügt aber auch eine entsprechend vereinbarte und gekennzeichnete Ecke in der Wohnung).

Beim Partner und den anderen Familienmitgliedern:

- Der **Partner** sollte den stärksten Rückhalt bieten. Berufstätigkeit darf kein Hindernis bei der gemeinsamen Sorge um das ADHS-Kind sein. Gegenseitige **Fürsorge** und **Unterstützung** ist eine große Hilfe. Leider belastet die schwierige ADHS-Situation die ehelichen Bindungen oft bis an die Grenze der Zerrüttung. Wenn ein schwieriges Kind in eine Familie geboren wird, ist es von Anfang an wichtig, über die Schwierigkeiten des Kindes die Probleme in anderen Beziehungen nicht aus den Augen zu verlieren. Es ist keine Schande, zu einer Familienberatung zu gehen. Es zeugt eher von tiefer Verantwortung.
- Die aufziehenden Probleme können der **Großfamilie** nicht verborgen bleiben. Um unerwünschten Reaktionen zuvorzukommen, ist das offene Gespräch zum frühest möglichen Zeitpunkt das wirksamste Mittel. Die Tatsache der Vererblichkeit von ADHS kann in manchen Familien zu Spannungen führen. Man sollte sich aber klarmachen, dass die Vererbung Schicksal und nicht Schuld ist. Andererseits kann diese Kenntnis starke Solidarität und Betroffenheit auslösen. Setzen Sie Information gegen Vermutungen, gewinnen Sie Verständnis statt Vorwürfe, erzeugen Sie Solidarität anstelle von Abgrenzung. Familien mit einem ADHS-Kind sind auf die Hilfe der Umgebung, also in erster Linie der Großfamilie angewiesen. Ohne Scheu muss die Bitte um **tatkräftige Hilfe** ausgesprochen werden können z. B. für:
  - Gelegentlich eine Nachtwache, Babysitting, Krankenpflege übernehmen.
  - Zum Sport, zum Musikunterricht etc. begleiten.
  - Schularbeiten gelingen mit ‚Opa' oft viel schneller.
  - Kurzfristiges Herausnehmen (z. B. in den Urlaub mitnehmen).
  - In Gesellschaft mit Cousine und Cousin löst sich manches von allein.

Gute Freunde sind oft nur zu gern bereit, ähnlich zu helfen. Die Bereitschaft zu **aktiven Entlastung** sollte im Vordergrund stehen. Wohlfeile Ratschläge brauchen Sie nicht und noch weniger Mitleid.

Sie sind in der Not nicht allein, wenn Sie es richtig angehen.

Für Lehrer

Widerstände

Als Lehrer haben Sie nicht nur Ihren Unterricht mit Vorbereitungen und Korrekturarbeiten zu bestreiten, sondern Sie werden auch noch mit den unterschiedlichsten Konferenzen und bürokratischen Arbeiten eingedeckt. Was darüber hinausgeht, grenzt an eine Zumutung. Ein verhaltensauffälliges Kind macht in jedem Fall Zusatzarbeit. Es gibt keine Beschönigung.

Damit es am Ende des Schuljahrs nicht nur Verlierer gibt, sollten Sie die vorhersehbaren Probleme offensiv und konstruktiv angehen. Machen Sie Ihre pädagogischen Ideen zu den Problemkindern bekannt und sprechen Sie über Ihre Vorgehensweise, um einer endlosen Abwehrdiskussion zu entgehen.

Kollegium

Ein Schulkollegium ist eine große Gruppe von z. T. sehr starken Persönlichkeiten, die sich unterschiedlich eingebunden fühlen. Jeder Einzelne muss für eine Idee gewonnen werden; sei es für ein Rauchverbot, für eine Anti-Aggressionskampagne, für den Schulgarten, für Begabtenförderung oder aber für ein ADHS-Management. Ganz gleich, ob Sie sich aus Berufung der ADHS-Kinder annehmen wollen oder durch die Umstände dazu gedrängt wurden, dürfen Sie nicht glauben, dass Ihr Engagement im Kollegium auf ungeteilte Zustimmung trifft. Neben Ermunterung und erleichtertem Aufatmen werden auch Gleichgültigkeit, mitleidiges Belächeln, lauter Protest und subversiver Widerstand zu erwarten sein. Wie eine Schule mit ADHS-Schülern umgehen will, muss bis zur Entscheidungsreife durchgefochten werden. Versichern Sie sich der Rückendeckung durch die Schulleitung.

Eltern und Kinder

Vornehme Zurückhaltung gegenüber Kollegen oder liberale Informationsbereitschaft kann als Orientierungslosigkeit verstanden werden. Auch ADHS-Betroffene werden eine solche Situation als Führungs- und Konzeptlosigkeit empfinden. Diese Einschätzung garantiert zunehmende Probleme. Und rechnen Sie auch mit Widerständen von Seiten der Elternschaft, die durch die Sondermaßnahmen für bestimmte Kinder die Chancen ihrer Kinder schwinden sieht. Von Solidarität dürfen Sie nicht ausgehen, Sie müssen sie erst entwickeln. Zu guter Letzt sollten Sie gewahr sein, dass die Kinder sich widersetzen werden, für die Sie diese zusätzliche Mühe auf sich nehmen. Sie haben also einen undankbaren Job, aber eine sehr befriedigende Aufgabe. Der Reformpädagoge Otto Herz beschreibt den Vorgang so [20]:

Sechs Phasen und ein Hoffnungsschimmer!
Zuerst wirst du nicht wahrgenommen,
dann wirsl Du geringschätzig betrachtet,
dann stößt Du auf Ablehnung,
dann erfährst Du heftigen Widerstand,
dann sollst Du zum Aufgeben verführt werden,
schließlich wirst Du bedroht, bekämpft,
--vielleicht sogar vernichtet.
Wenn Du das alles dennoch überlebt hast, dann kann es sein,
dass auf das „Kreuzige ihn!" ein „Hosianna" folgt.

Sie brauchen ein sorgfältig ausgearbeitetes Leitbild für die Schule, an dessen fortdauernder Diskussion Schüler, Eltern und Freunde der Schule teilnehmen sollten.

Für Lehrer

Arbeitskreise und Kooperation

Wenn Betreuung und Unterrichtung von Kindern mit Förderbedarf schon Mehrarbeit mit sich bringt, ist es naheliegend, nach Erleichterungen Ausschau zu halten. Die Erfahrung Anderer nutzen und die Arbeit auf mehrere Schultern verteilen, ist der legitime Ausweg.

Am wirksamsten arbeiten Sie in kleinen Arbeitsgruppen, die im gut informierten Kollegium Rückhalt haben. Jede Halbherzigkeit und noch mehr jeder Widerstand paralysiert alle Bemühungen. Eine solche Arbeitsgruppe muss sich ein Förder- und Hilfeplankonzept erarbeiten. Sie sollten auch ein Verfahrensprotokoll vorlegen können, wie Sie in jedem Einzelfall vorgehen wollen. Ihre Arbeitsweise sollte lösungsorientiert sein. Die bereits gemachten Teilerfolge sollten aufgegriffen und Misserfolge eingestanden werden. Klärung der Ressourcen, Zielsetzung mit Aufgabenverteilung und Terminplanung sichern die Verbindlichkeit und die Zuverlässigkeit dieser Gruppenarbeit.

Verbindlichkeit

Dazu ist eine genaue Kenntnis der relevanten Rechtsvorschriften (SGB IX §126, Abs. 1) einschließlich der einschlägigen Kommentare nötig (79). Nicht jedes Bundesland hat sich die Mühe gemacht, zu ADHS eigene Empfehlungen auszuarbeiten. Gelegentlich muss man auf Verwandtes zurückgreifen (28). Beratungslehrer helfen mit ihrem fundierten Grundwissen hier gerne weiter.

Nach meiner Erfahrung stehen neben der Grundsatzdebatte nur wenige, aber immer wiederkehrende Themen im Brennpunkt der Diskussion:

- Gebot der Gleichbehandlung
- Nachteilausgleich
- Benotung und Zeugnisse
- Förderschule

Gleichbehandlung

Der Anspruch, alle Kinder gleich zu behandeln, ist irreführend. Immer spielt die emotionale Bindung mit, ob man will oder nicht. Die Bedürfnisse der Kinder sind verschieden. Nicht die Pädagogen, sondern Verwaltungsjuristen der Schulbehörde haben den Begriff der **Gleichbehandlung** geprägt. Dahinter steht die Absicht, unberechtigte Bevorzugungen zu unterbinden. Die Schwäche des Begriffes zeigt sich aber, wo in einer vernünftigen, humanen Pädagogik offensichtliche, unabänderliche Benachteiligungen ausgeglichen werden müssen (75, 76). Neurologische Entwicklungsstörungen sind solche Behinderungen. Tatsächlich wird der Begriff der Gleichbehandlung im Schulrecht gar nicht so eng gefasst. Lehrern ist ein relativ weiter Spielraum überlassen, nur steht das nirgendwo ausdrücklich geschrieben. Es gehört schon eine gewisse Portion Zivilcourage und Begeisterungsfähigkeit dazu, davon vollen Gebrauch zu machen (20).

Nachteil-ausgleich

Der **Nachteilausgleich** ist schulrechtlich vorgesehen (28, 62). Es werden auch einzelne Maßnahmen genannt, aber nicht in allen Details definiert. Lehrer sind relativ frei zu tun, was für ihren Schüler gut ist. Die aufgeführten Möglichkeiten stellen auch keine Ausschlussliste dar, sondern können verantwortungsvoll und sinngemäß ergänzt werden. Konsens im Kollegium festigt Ihre Entscheidungen.

Benotung

Benotung und Zeugnisse werfen immer wieder Fragen auf, die an einigen Schulen mit viel Engagement diskutiert werden (76). Gerade bei behinderten Schülern stellt sich die Frage, ob ihre Arbeitsergebnisse oder eher ihre Bemühungen und Anstrengungen bewertet sein sollen. Wird man ihnen mit Ziffernnoten gerecht oder brauchen sie nicht eher eine Beschreibung oder Kommentierung? Soll ihr Zeugnis Barrieren abbauen? Oder soll es sie davor bewahren, sich auf hoffnungsloses Terrain zu begeben? Wie werden die Angaben von zukünftigen Zeugnislesern gedeutet? In meiner langjährigen Beobachtung sah ich, dass ADHS-Schüler gut leistungsfähig sein können, wenn sie einen ihnen angemessen Arbeitsstil vorfanden. Bewertungen im Sinne von anspornenden Verbesserungsvorschlägen waren dabei wirksamer als Ziffernnoten. Aus hoffnungslosen Schülern mit einer ‚Nullbock-Haltung' sah ich tüchtige Handwerker und vielversprechende Studenten werden.

Förderschule

Ob eine **Förderschule** notwendig ist, muss nach den allgemein geltenden Kriterien entschieden werden {100}. Eine ADHS-Symptomatik allein ist kein ausreichendes Argument für eine Förderbeschulung (77). Es muss schon eine definierte Lernstörung dazukommen. Wie alle Kinder hat das Kind mit ADHS das Recht und den Anspruch auf eine Schulausbildung entsprechend seiner Begabung. Die Ordnungspflicht der Schule, das ungestörte Lernen für alle sicherzustellen, ist gewiss ein konkurrierendes Recht. Es ist aber zweifelhaft, ob es über dem Recht des betroffenen ADHS-Kindes steht. Sein schwieriges Verhalten, auch wenn es die Schule vor ungewohnte Anstrengungen stellt, berechtigt keine Überstellung in eine andere Schulform. Trotzdem haben Schulbehörden ‚Förderschulen mit Schwerpunkt sozial-emotionale Förderung' eingerichtet, denen allerdings inzwischen bescheinigt wurde, dass sie keine gesellschaftliche Integrationswirkung besitzen [47] (75). Was die neue Schulform der ‚Integrativen Gesamtschule' (IGS), die das pädagogische Prinzip der Inklusion einschließt, bringt, ist ein spannendes Thema für jeden Arbeitskreis.

Fortbildung

Ihr Arbeitskreis wird ohne **Fortbildung** und Rückkopplung nicht gut florieren. Zum Thema ADHS gibt es zahlreiche Fortbildungsmöglichkeiten [4, 40, 42]. Diese unüberschaubare Zahl überregionaler Angebote geht oft an Ihren Möglichkeiten vorbei. Einfacher ist es, regional etwas zu organisieren. Dabei kann Ihre Aufsichtsbehörde Hilfestellung geben. Im Rahmen der schulinternen Fortbildung können Sie etwas bewegen. Beratungs- und Unterstützungsstellen der Landkreise werden Ihnen weiterhelfen. Kooperation mit anderen Schulen am Ort oder gar Zusammenschlüsse einzelner Arbeitskreise vermindern den Zeitaufwand und erweitern das Spektrum der Erfahrungen. An einigen Stellen in Deutschland haben sich schulübergreifende Arbeitsgruppen gebildet, die wertvolle Anstöße gegeben haben [5, 34].

Arbeitsgruppen entstehen nur durch Ihre Initiative.

Für Lehrer

Schule und Recht

Eine umschriebene biologische Funktionsstörung wie ADHS kann eine vehemente, soziale Fernwirkung haben. Es kann die Schule zum Schlachtfeld machen und friedliche Lehrer und Eltern in eine juristische Arena treiben.

Bei 16 Kultusministerien mit ihren nicht völlig deckungsgleichen Schulrechten scheint eine allgemeine Darstellung des ADHS-Problems an Schulen aussichtslos. Glücklicherweise werden die entscheidenden Punkte vom höher stehenden Bundesrecht geregelt, Sozialgesetzbuch Nr. VIII (SGB VIII); früher auch Kinder- und Jugendhilfe-Gesetz (KJHG) genannt. Darin sind besonders die §§ 35a und 40 für die Förderung der ADHS-Kinder wesentlich. Ohne den Kommentar von R. Wiesner wird man mit dem Gesetzestext nicht viel anfangen können (79). Den Gesetzestext kann man auch im Internet herunterladen [49].

Gesetzeslage

Bevor ich auf die Gesetzeslage eingehe, möchte ich die Ausgangslage noch einmal verdeutlichen:

1. Die Intelligenz ist unter den Kindern mit ADHS genauso verteilt wie unter ihren Altersgenossen ohne ADHS unter den vergleichbaren sozialen und kulturellen Umständen.
2. Kinder mit ADHS haben einen Anspruch auf adäquate Beschulung.
3. ADHS ist eine neuropsychiatrische Erkrankung.
4. Die psychosozialen Probleme der ADHS-Kinder sind erzieherischen Ursprungs.

Der § 35a SGB VIII regelt die Maßnahmen der Eingliederungshilfe und nimmt damit auch Einfluss auf die Schule. Wiesner kommentiert (S. 522, Zeilen 79-81): „Ziel der Eingliederung ist die Integration [...]. Dieses Ziel schließt alle Maßnahmen ein, die dem Hilfesuchenden den Kontakt mit seiner Umwelt sowie die Teilnahme am öffentlichen und kulturellen Leben ermöglicht und erleichtert."

Diese Zielsetzung, inzwischen mehrfach in der Rechtsprechung bestätigt, verlangt eine Beschulung, die sich an der ADHS-spezifischen Disposition und am individuellen Begabungsstand auszurichten hat. Sie widerspricht jeder Ausgliederung. Der § 40 SGB VIII nennt einen Maßrahmenkatalog: „Hilfe zu einer angemessenen Schulbildung, vor allem im Rahmen der allgemeinen Schulpflicht, [...] sowie auch Besuch adäquater weiterführender Schulen". Daraus folgt, dass als Schulform im Sinne eines für ADHS-Kinder üblicherweise erreichbaren Bildungsabschlusses die Regelschule nicht mehr und nicht weniger in Frage kommt als für Kinder ohne ADHS. Wie Schulen diesen gesetzlich begründeten Anspruch umsetzen, ist eine eher praktische Frage, wie sie pädagogische Aufgaben umsetzen wollen/können.

angemessene Schulbildung

Bei der Überlegung, ein Kind an die Förderschule zu verweisen, müssen zwei Fragen eindeutig geklärt werden:

1. Liegen die allgemein geltenden Bedingungen vor?
2. Welche Förderschulform ist unzweifelhaft geeigneter als die Regelschule?

Förderschule

Die Förderschule für Lernbehinderte kommt nur in seltenen Fällen in Frage und zwar nur, wenn das Begabungsniveau sehr niedrig ist. Da ADHS aber nicht zwingend mit einem Mangel an Begabung einhergeht, bleibt dies die Ausnahme. Für die Förderschule für Körperbehinderte oder die Förderschule für Geistigbehinderte gilt Entsprechendes.

In Betracht käme letztlich die Förderschule für Erziehungshilfe, oder wie sie in einigen Bundesländern auch heißt, Förderschule für Verhaltensgestörte, oder auch Förderschule mit Schwerpunkt sozial-emotionale Förderung. Die Indikationen für diese Schulform ist von der Kultusministerkonferenz im Jahre 2000 eindeutig bestimmt worden. Danach muss es sich um „Beeinträchtigungen des sozialen Umfeldes und der Persönlichkeitsentwicklung handeln, […] sie sind nicht auf unveränderliche Eigenschaften der Persönlichkeit zurückzuführen, sondern als Folge einer inneren Erlebnis- und Erfahrenswelt anzusehen". Neurobiologische Erkrankungen werden also ausdrücklich ausgeschlossen.

Obendrein können die wenigen Förderschulen für Erziehungshilfe nach Auskunft der Kultusministerkonferenz nicht nach den sonst geltenden Richtlinien für Realschule oder Gymnasium unterrichten. Damit wird dem Anspruch eines ADHS-Kindes, gemäß § 35a SGB VIII, auf adäquate Beschulung bei gleichzeitiger Berücksichtigung seines ADHS-Störungsbildes nicht Genüge getan.

Die Überlegungen, ADHS-Kinder an Förderschulen zu schicken, kann man also auf die ganz wenigen Schwachbegabten beschränken. Die Situation sieht allerdings bundesweit so aus: Von 10 Kindern mit ADHS erreicht nur eines den Schulabschluss, den 10 Kinder ohne ADHS bei gleicher Begabung und sozialer Herkunft erlangen.

Kinder	ohne ADHS	mit ADHS
1 x Sitzenbleiben	30 %	80 %
Schulprobleme in der Grundschule	6 %	30 %
in Sonderschule für Erziehungshilfe	3 %	35 %
in Sonderschule für Lernbehinderte	4 %	30 %

Diese Zahlen sagen wenig über die Leistungsfähigkeit der ADHS-Kinder aus, aber viel über die Funktion der Schulen. Sicher haben Schulen finanzielle, personelle und räumliche Schwierigkeiten, diese dürfen jedoch nicht auf dem Rücken dieser ohnehin verletzlichen Kinder ausgetragen werden.

Sonderschule

Von führenden Wissenschaftlern (53, 75) wird der gegenwärtigen Verfahrensweise ein vernichtendes Zeugnis ausgestellt. In seinem Forschungsbericht von 2003 schreibt das Max-Planck-Institut für Bildungsforschung: „Absolventen von Sonderschulen sind für das Leben nicht qualifiziert. 75 % dieser Abschlussschüler haben am Ende ihrer Schulzeit die gleichen Berufswünsche wie Altersgenossen an Haupt- und Realschulen. Sie sind hoch motiviert, ihre Zukunft durch ihre Ausbildung zu sichern. Doch nach Verlassen der Sonderschule ergattern nur 66 % der Schüler berufsvorbereitende Maßnahmen, Förderkurse, schulische Ausbildung oder einen Job. Ein Drittel bleibt ohne Ausbildung und Verdienstmöglichkeit."

Die Sachverständigenkommission des 11. Kinder- und Jugendhilfeberichtes schrieb 2002 (Bundesrats-Drucksache 91/02): „nur etwa 4 % aller behinderten Kinder werden auf Regelschulen unterrichtet, während die Zahl der Sonderschüler trotz zurückgehender Schülerzahl insgesamt weiter steigt. […] So zeigt es sich, dass Erziehung und Unterricht in Sondereinrichtungen für behinderte Kinder und Jugendliche keine gesellschaftliche Integrationswirkung besitzt, sondern, dass diese Einrichtungen eher desintegrierend wirken". Nun sind Kinder mit ADHS tatsächlich nicht körperlich oder geistig behindert; auf der Sonderschule werden sie aber das Schicksal ihrer solchermaßen behinderten Mitschüler teilen.

keine Integration

Ein Gedanke, wie der gordische Knoten zu lösen wäre, kommt vom erziehungswissenschaftlichen Institut der Universität Salzburg (78): „Im Rahmen des Feststellungsverfahrens (des sonderpädagogischen Förderbedarfs) sollte nicht länger die Frage der Aussonderung von Schülern im Vordergrund stehen, sondern die individuelle Förderung der Kinder im Rahmen des Regelschulwesens, […] ob den individuellen Bedürfnissen des Kindes nicht durch Ausschöpfung aller pädagogischen Maßnahmen (Differenzierung und Individualisierung im Unterricht, Beachtung der Lernvoraussetzung […]) seitens des allgemeinen Schulwesens Rechnung getragen werden kann."

Die Schulschwierigkeiten rund um das ADHS lassen sich nicht allein durch ministerielle Erlasse vermindern; auch die Abschiebung an soziologische, psychotherapeutische, reformpädagogische oder medizinische Kompetenzen hilft der Problemlösung nicht. Allein der persönliche Einsatz wird von den betroffenen Kindern verstanden und kann ihr Verhalten unter Umständen in eine andere Richtung lenken. Zweifellos erfordert das mehr Anstrengung und Arbeit, die obendrein selten oder gar nicht entsprechend gewürdigt wird.

individueller Einsatz

„Die Schule der Nation ist – die Schule." *(Willy Brandt, 1969)*

Ausblick

Ist ADHS nun eine schreckliche Krankheit, an der man verzweifeln muss? Ja, es ist eine Krankheit, wenn man an den Symptomen leidet; und nein, man muss nicht verzweifeln, wenn die Diagnose früh gestellt werden konnte und eine Behandlung richtig durchgeführt wurde.

Nur weil eine genetische Abweichung von der Norm vorliegt, muss man noch nicht krank sein oder leiden. Haben denn Farbblindheit oder Melodietaubheit einen Krankheitswert? Die Fehlanlage kann sehr unterschiedlichen Einfluss auf das Leben haben, was gelegentlich den Stellenwert einer Krankheit bekommen kann. Um Hilfen und Therapien in unserem Sozialsystem bereitzustellen, ist es nötig, ADHS in die verschiedenen Diagnoseregister (ICD-10, DMS-IV) aufzunehmen (15).

ADHS ist aus meiner Sicht ein Schicksal. Die Umstände, unter denen die Betroffenen gezwungen sind zu leben, entscheiden ganz wesentlich, wie gut sie damit im Leben zurecht kommen werden. Nicht jeder, der die Anlagen hat, muss in Schwierigkeiten geraten. Unter Umständen kann der eine und andere sogar Vorteile davon haben. Es gibt Gesellschaften, in denen ADHS-Symptome geschätzt werden und zum Erhalt dieser Gesellschaften beitragen (Jäger und Sammler) (26).

In unserem Kulturkreis laufen Kinder mit ADHS Gefahr aufzufallen. Sie enttäuschen die Erziehungswünsche ihrer Eltern und passen nicht in die sozialen Einrichtungen unserer Gesellschaft. Damit lösen sie Gefühle der Frustration und des Versagens aus. Unsere Psyche mag solche Gefühle nicht ertragen und spiegelt sie deshalb auf die Auslöser zurück. So werden diese Kinder als un(er/ge)zogen, unverschämt, frech, wild und laut, ja sogar manchmal als dumm bewertet.

Für mich kommt es in erster Linie darauf an, die sozial negativen Folgen der ADHS-Anlage zu lindern und die vorhandene Begabung zu stärken. ADHS ist kein Grund, alles Fehlverhalten entschuldigend hinzunehmen, eher sollte es Anlass sein, einige Vorgänge anders zu verstehen und anders auf sie zu reagieren. Damit ist ADHS eine Herausforderung an unsere Wertevorstellung und kein Makel der Kinder und ihrer Familien, den wir mit aller Geschicklichkeit kaschieren müssen (61).

Sind die ADHS-kindlichen Fähigkeiten an die gesellschaftlichen Anforderungen angepasst und visa versa, können diese Menschen ein sehr erfülltes Leben führen. Wenn ADHS-Erwachsene gelernt haben, ihr Leben zu regeln, d. h. ihre Zeit, ihr Geld und ihre Beziehungen zu ordnen, sind sie sehr interessante und beliebte Mitmenschen. Sie sind nie langweilig, sondern kreativ und unternehmungslustig. In ihrem Persönlichkeitsprofil erscheinen Ausdauer, Risikobereitschaft, Entscheidungsfreude und Begeisterungsfähigkeit.

Sie finden Berufe, in denen diese Eigenschaften gesucht sind. Weil ihnen ständig etwas Neues einfällt, sie sehr flexibel und unermüdlich arbeiten, sind sie sehr geschätzte Kollegen. Sie sollten nicht versuchen Buchhalter oder Bankkassierer zu werden, dort werden sie kaum ihr Lebensglück finden. Man findet sie auch nicht unter Richtern und Staatsanwälten. Aber als Journalisten und Fernsehmoderatoren leisten sie viel und fühlen sich wohl, genauso als Kaufleute, Architekten, Börsenmakler und Soldaten. Sie sind dort einfach anders und manchmal besser.

Wenn sie ihre Beziehungsfähigkeit verstehen und realistische Erwartungen an eine Verbindung stellen, steht natürlich einer dauerhaften, glücklichen Partnerschaft nichts im Wege. Vater und Mutter werden ist nicht schwer. Eltern sein, stellt ADHS-Betroffene jedoch vor schwierige, aber zu leistende Aufgaben. Alles ist möglich, auch für Menschen mit ADHS, manchmal ist es etwas anstrengender.

Nachwort

Bei einer solchen Sammlung von persönlichen Erfahrungen sind Lücken und offene Fragen unvermeidbar.

Eine einseitige Betrachtungsweise habe ich zu vermeiden versucht, wie ich mich auch keiner einzigen Lehrmeinung verpflichtet habe. Trotzdem konnte ich nicht allen denkbaren Anschauungen gerecht werden. Das war auch nicht mein Ziel. Ich habe mich in der Beratung von den Bedürfnissen der Kinder und erst in zweiter Linie ihrer Eltern leiten lassen, die notwendigen Anpassung an die alltäglichen Anforderungen zu erreichen. Ich war mir bewusst, dass meine Vorgehensweise keine idealen, wohl aber lebenswerte Bedingungen schaffen kann. Nach meiner Überzeugung gibt es keinen idealen, richtigen Weg, dafür aber viele idealisierte Wege, die zu unnötigem Leid führen.

Ich war bemüht, persönliche Vorlieben, weltanschauliche Ansichten und eigene erzieherische Prinzipien zurückzustellen, trotzdem wird ein eigener Stil zum Ausdruck gekommen sein. Ich gestehe Parteilichkeit ein. Für die Kinder mit ADHS habe ich große Sympathie, – sonst hätte ich vermutlich die vielen Beratungssitzungen und Überstunden nicht ausgehalten. Ich bin allerdings davon überzeugt, dass ohne eine gewisse Parteinahme diesen Kindern nicht geholfen werden kann.

Ich bitte alle Leser, mir ihre Kritik an der vorliegenden Beratungshilfe mitzuteilen, weil der Prozess des Lernens nie endet: wo.jenett@yahoo.com

Wichtige Adressen

ADHS Deutschland e.V.
Selbsthilfe für Menschen mit ADHS
Vorsitzende: Dr. Myriam Menter
Postfach 410724
12117 Berlin
Tel : 030 85 60 59 02
Fax: 030 85 60 59 70

Arbeitsgemeinschaft ADHS
der Kinder- und Jugendärzte e.V.
Gleiwitzerstraße 15
91301 Forchheim
oder
Postfach 500128
22701 Hamburg
Tel: 09191 97 03 69
Fax: 09191 97 03 75

Berufsverband der
Kinder- und Jugendärzte e.V.
Präsident: Dr. Wolfram Hartmann
Mielenforster Straße 2
50169 Köln
Tel: 0221 68 909-14
Fax: 0221 68 909-78

Berufsverband für Kinder- und Jugendpsychiatrie,
Psychosomatik und Psychotherapie
in Deutschland e.V.
Präsident Dr. Maik Herberhold
Hauptstraße 207
44892 Bochum
Tel: 0234 29 89 620
Fax: 0234 29 89 621

Fachverband für integrative
Lerntherapie e.V.
Mittelheide 1
49124 Georgsmarienhütte
Tel: 05401 36 59 404
Fax: 05401 36 59 405

ADHS-Institut Merx
-Frank Merx-
Hamalandplatz 1
46414 Rhede
Tel: 02872 30 78 464
Mobil: 0163 133 16 51

Bundesverband
Aktion Humane Schule e.V.
Vorsitzender: Detlef Träbert
Rathausplatz 8
53859 Niederkassel
Tel: 02208 90 96 89
Fax: 02208 90 99 43

Schulen:

Hebo-Privatschule
Dr. Hans Biegert
Am Büchel 100
55173 Bonn
Tel: 0228 74 89 90

Heinrich Corsten Schule
Engelblecker Straße 55-59
41066 Mönchengladbach
Tel: 02161 68070

Münsinger Schule
Kolleg DAT e.V.
Unter der Bleiche 18A
72525 Münsingen
Tel: 07381 93 99 09
Fax: 07381 93 99 19

Privates Gymnasium Esslingen
Rotknackerstrasse 71
73732 Esslingen

und andere

Internet-Links

1] http://www.ads-hyperaktivitaet.de/index.html
Viele gute praktische Hinweise für Schule und Lernen
2] http://www.adhs.info/
guter Ratgeber der Universität Köln, neu 2010
3] http://www.adhs-lebenswelt.de
umfangreicher Ratgeber für Kinder, Eltern, Lehrer & Ärzte
4] http://www.ads-kurse.de/ads_adhs_schule.htm
Kurse für Schulen
5] http://www.adhs-anderswelt.de/
Internet-Diskussions-Forum für ADHS;Erwachsene
6] http://www.aja-wuerzburg.de
ADS Lernbox
7] http://www.ard.de/intern/basisdaten/mediennutzung
Riesige Datenmengen zur Mediennutzung
8] http://www.bpb.de/publikation/IU66S1
Eine LAN-Party nur für Eltern
9] http://www.bvl-legasthenie.de
Hilft bei allen Fragen zu Legasthenie und Dyskalkulie
10] http://www.bzga.de/botmed_11090100.html
Neutrale Information zur ADHS-Früherkennung
11] http://www.canoo.net
Rechtschreibung und Grammatikunterricht
12] http://coachacademy.de
Einführung in Fragetechniken
13] http://www.coaching4adhd.co.uk/
In Englisch!Kommerzielle Website; sehr gut; Kosten!
14] http://www.dycem.com
Antirutsch-Matten
15] http://www.eugentraeger.de
Wortbaustelle
16] http://www.familylab.de
vielseitiger Erziehungsratgeber
17] http://www.hyperaktiv.de
Anonymer Ratgeber zu Interaktivität
18] http://www.inspiration.com
In Englisch! Sehr gute Anregung und gutes Material
19] http://www.internet-abc.de
Guter Rat zu Medienkonsum von Kindern
20] http://www.jugendliteratur.org
Umfangreiche, aktuelle Seite
21] http://www.jugendschutz.net/pdf/handy-ohne-risiko.pdf
Ratgeber zu Handy-Gebrauch
22] http://www.jukobox.de/index1.html.
Anleitung zu Lernspielen am Computer
23] http://www.kurzweiledu.com
In Englisch! Lese- und Rechtschreibproblemen.
24] http://www.legaKids.net
Für Eltern bei Legasthenie und Rechenstörung
25] http://www.leseleiter.de/
Lesetexte für den Anfang

Internet-Links

26] http://www.medionload.de
gute Briefe schreiben
27] http//:www.renlearn.co.uk/writin
alles zu Alphasmart
28] http://www.opti-mind.de
lohnend; Hinweise zu Elterntraining und Coaching
29] http://www.schulrecht.rechtsanwalt-zoller.de
Privater Rechtsanwalt für juristischen Beistand
30] http://www.seht.de/
Zur Förderung der Selbständigkeit
31] http://www.spielbar.de
Neutrale Beratung zu Computerspielen, BZpB
32] http://www.stiftunglesen.de.
Zwei Mal jährlich aktualisierte, unabhängige Seite
33] http://www.systemisch.net/index.html
Materialien zur familiensystemischen Betrachtung
34] http://www.teachernet.gov.uk/
In Englisch. Speziell für Pädagogen, reichhaltig
35] http://www.therapiezentrum-esslingen.de/notschule.html
Schule für ADHS-Kinder, Initiative von C. Neuhaus
36] http://www.tutmirgut.net
BzgA zu Medienkonsum
37] http://www.toggo-mobil.de
Handy für Kinder, Rat und Verträge
38] http://www.tokol.de/
Freizeit mit schwierigen Kindern
39] http://www.tutmirgut.net
Neutrale Beratung zu Medienkonsum von BZgA
40] http://www.wahrnehmungsstoerung.com/
Hinweise auf Ausbildung in Neuropädagogik
41] http://www.zehn-finger.de
Schreibmaschine schreiben
42] http://www.zeitzuleben.de/
Selbstorganisation, Zeitmanagement, Coaching
43] http://www.zentrales-adhs-netzwerk.de
Fortbildung fuer Eltern und Lehrer
44] http://www.action-humane-schule.de
reformpaedagogische Anregungen
45] http://www. Ads-lernwerkstatt.de
ADHS und Schule
46] http://www.boeckler.de
Mitbestimmung in Schule
47] http://www.wtnet.de
Integrationsfragen
48] http://www.blickueberdenzaun.de
Gedanken zu moderner Paedagogik
49] http://www.bundesrecht.juris.de
alle wichtigen Gesetzestexte
50] http://www.buzzel.com
Cartoons zeichnen

Literatur

1) Barkley, R.A. (2002). *Das große ADHS-Handbuch für Eltern*. Bern: Hans Huber.
2) Barkley, R.A. (2000). *Taking charge of ADHD*. New York: Guilford Press.
3) Batra, A., Wassermann, R. & Buchkremer, G. (2000). *Verhaltenstherapie*. Stuttgart: Thieme.
4) Bergmann, K. (2009). *ADHS bei Kindern und ihre Ernährung*. München: Grin Verlag.
5) Bergmann, W. & Hüther, G. (2010). *Computersüchtig: Kinder im Sog moderner Medien*. Weinheim: Beltz.
6) Bonkhoff-Graf, P. (2006). *Verhaltensbeobachtung bei Kindergartenkindern*. Hamburg: Kovač.
7) Born, A. & Oehler, C. (2004). *Lernen mit ADS-Kindern*. 3. Aufl. Stuttgart: Kohlhammer.
8) Brackmann, A. (2008). *Jenseits der Norm – hochbegabt und hoch sensibel?* 5. Aufl. Stuttgart: Klett-Cotta.
9) Brandau, H. & Kaschnitz, W. (2008). *ADHS im Jugendalter*. Weinheim: Juventa Verlag.
10) Brenner, E. & Dostal, K.A. (1968). *Der deutsche Aufsatz*. 8. Aufl. Wien: Leitner Verlag.
11) Czerwenka, K. (2002). *Das aufmerksamkeitsgestörte und hyperaktive Kind*, 2. Aufl. Weinheim: Beltz.
12) Dehaene, S. (1997). *Der Zahlensinn*. Berlin: Birkhäuser Verlag.
13) Döpfner, M., Schürmann, S. & Frölich, J. (2007). *Therapieprogramm für Kinder mit hyperkinetischem und oppositionellem Problemverhalten*. THOP. Weinheim: Beltz.
14) Döpfner, M., Schürmann, S. & Lehmkuhl, G. (2006). Wackelpeter und Trotzkopf. Weinheim: Beltz.
15) Dilling, H. (1993). *Von der ICD-9 zur ICD-10*. Göttingen: Huber oder 1989 DSM III R *Diagnostische Kriterien und Differentialdiagnosen*. Weinheim: Beltz.
16) Duden (2003). *Briefe schreiben – leicht gemacht*. Mannheim: Dudenverlag.
17) Eggert D. (1997). *Von den Stärken ausgehen – Individuelle Entwicklungspläne in der Lernförderungsdiagnostik*. Dortmund: Borgmann.
18) Einecke, G. (1992). *Unterrichtsideen Integrierter Grammatikunterricht*. Stuttgart: Klett.
19) Ellis, A. (2000). *Training der Gefühle*. 3. Aufl. München: Moderne Verlagsgesellschaft.
20) Engelmann, R., Engelmann, A. & Herz, O. (2002). *Zivilcourage JETZT*. Würzburg: Arena Verlag.
21) Enzensberger, H. M. (1997). *Der Zahlenteufel*. München: Carl Hanser Verlag.
22) Fortenbacher, A. (2006). *Hochbegabung bei Vor- und Grundschulkindern*. Saarbrücken: vdm.
23) Foster, R. (2005). *The rhythm of rest and excess*. Nat. Rev. Neurosci. 6; 407 – 414.
24) Golin-Meadow, S. (2003). *Hearing Gesture. How our Hands help us think*. Havard University Press.
25) Hager, W. (Hg.) (1995). *Programme zur Förderung des Denkens bei Kindern*. Göttingen: Hogrefe.
26) Hartmann, T. (2004). *ADHS als Chance begreifen*. Lübeck: Schmidt Römhild.
27) Hüther, G. (2010). *Die Macht der virtuellen Bilder*. DVD.
28) Imhof, M., Skrodzki, K. & Urzinger, M.S. (2003). *Aufmerksamkeitsgestörte, hyperaktive Kinder und Jugendliche im Unterricht*. München: Auer Verlagsgesellschaft.
29) Juul, J. (2010) *Was Familie trägt*. Weinheim: Beltz.
30) Juul, J. (2008) *Nein aus Liebe. Klare Eltern, starke Kinder*. 7. Aufl. London: Kösel.
31) Kahl K. G., Puls J.H. & Schmid G. (2007). *Praxishandbuch ADHS*. Stuttgart: Thieme Verlag.

32) Kalt, H. (2008). *Kreativer Grammatikunterricht.* München: Grin Verlag.
33) Kennedy, J. (2006). *Kreatives Lernen.* Hördatei.
34) Krowatschek, D. & Wingert, G. (2009). *Marburger Verhaltenstraining (MVT).* Dortmund: Verlag modernes Lernen.
35) Klauer, K. J. (1989). *Denktraining für Kinder I.* Göttingen: Hogrefe.
36) Küspert, P. & Schneider, W. (1999). *Hören, Lauschen, Lernen.* Göttingen: Vandenhoeck & Ruprecht.
37) Langfeldt, H.P. (Hg.). (2003). *Trainingsprogramme zur schulischen Förderung.* Weinheim: Beltz.
38) Lauth, G.W. & Schlottke, P. F. (2002). *Training mit aufmerksamkeitsgestörten Kindern.* Weinheim: Beltz.
39) Lauth, G. W. (2004). *Interventionen bei Lernstörungen.* Göttingen: Hogrefe.
40) Lenzinger-Bohleber, M. et al.(Hg.). (2006). *ADHS – Frühprävention statt Medikalisierung. Theorie, Forschung und Kontroversen.* In: Schriften des Sigmund Freud-Instituts, Bd 4, 2.Aufl.Göttingen: Vandenhoeck & Ruprecht.
41) Maibaum, F. (2004). *Kleiner Schatz, ich sag dir was – Der Elternratgeber voll Profitipps und guten Worten für Ihr Kind.* Darmstadt: J. F. Steinkopf Verlag.
42) Neuhaus, C. (2001). *Hyperaktive Jugendliche und ihre Probleme.* 3. Aufl. Berlin: Urania
43) Mueller, H. (2008). *Einfache Grammatikblätter für die 5. Klasse.* Buxtehude: Persen Verlag.
44) Nersaal, T. & Wildermuth, M. (2008). *ADHS, Symptome verstehen – Beziehungen veraendern.* Gießen: Psychosozial-Verlag.
45) Omer, H. & von Schlippe, A. (2007) *Autorität ohne Gewalt.* Göttingen: Vandenhoeck & Ruprecht.
46) Oser, F. & Spychiger, M. (2005). *Lernen ist schmerzhaft. Zur Theorie des Negativen Wissens und zur Praxis der Fehlerkultur.* Weinheim: Beltz.
47) Parsons, R. (2007). *Teenager.* London: Hodder & Stoughton.
48) Passsolt, M. (2003). *Hyperaktive Kinder in psychomotorischer Therapie.* 4. Aufl., München: Reinhardt Verlag.
49) Patterson, G. R. (1992). *Antisocial Boys.* Eugene, OR: Castalia.
50) Pfeiffer, C. et al. (2007). *Die PISA-Verlierer - Opfer ihres Medienkonsums.* KFN Hannover.
51) Phelan, T. W. (2004). 1-2-3 Magic. *Effective Discipline for Children 2 – 12.* 3.Aufl. Glen Ellyn: Parentmagic.
52) Pühl, H. (2003). *Mediation in Organisationen.* Berlin: Leutner.
53) Powell, J. (2003). *Schulische Integration als Bürgerrecht in den USA.* In: H. U. Becker und A. Graser (Hg.). *Perspektiven der schulischen Integration von Kindern mit Behinderungen.* Baden-Baden: Nomos Schriftreihe Sozialrecht Nr. 33.
54) Reimann-Höhne, U. (2009). *ADS – So stärken Sie Ihr Kind* (9.Aufl.) Freiburg:Herder.
55) Rosenberg, M.B. (2007). *Gewaltfreie Kommunikation. Die Sprache des Lebens.* 6.Aufl. Paderborn: Junfermann.
56) Rothenberger A. & Banaschewski, T. (2004). *Hilfe für den Zappelphilipp. Geist und Gehirn Nr.3,* S. 54 - 61

57) Ruf, B. & Arthen, K. (2008). *ADHS und Wahrnehmungsauffälligkeiten*. Buxtehude: Auer.
58) Ryffel- Rawak, D. (2007). *Wir fühlen uns anders!* Bern: Huber.
59) Sandberg, S. (2002). *Hyperactivity and attention deficit disorder of childhood*. Cambridge: University Press
60) Schardt, F. (2009). *Coaching für Lehrer*. Göttingen: Vandenhoeck & Ruprecht.
61) von Schlippe, A. & Schweitzer J.(2002). *Lehrbuch der systemischen Therapie und Beratung*. 8. Aufl. Göttingen: Vandenhoeck & Ruprecht.
62) Schröder, A. (2006). *ADS in der Schule: Handreichungen für Lehrerinnen und Lehrer*. Göttingen: Vandenhoeck & Ruprecht.
63) Schulte-Markwort, M. & Warnke A. (2004). *Methylphenidat*. Stuttgart: Thieme.
64) Schwartz, D. (1998). *Vernunft und Emotion*. Dortmund: Verlag modernes Lernen.
65) Silberger, B. (2009). *The Autism and ADHD Diet*. Naperville, IL: Sourcebooks, Inc.
66) Simchen, H. (2003). *Die vielen Gesichter des ADS*. Stuttgart: Kohlhammer.
67) Skrodzki, K. & Grosse, K. P. (2008). *Tischatlas Aufmerksamkeitsdefizit-/Hyperaktivität/ Esstörung*. Stuttgart: Thieme.
68) Stadler, C. et al. (2006). *Familiäre Muster bei Störungen von Aufmerksamkeit und Impulskontrolle*. Prax. Kinderpsychol. Kinderpsychiat. 55: 350-362. Göttingen: Vandenhoeck & Ruprecht.
69) Steinhausen, H.-C., Rotenberger, A. & Döpfner, M. (2009). *Handbuch ADHS*. Stuttgart: Kohlhammer.
70) Struck, P. & Wurtl, I. (2001). *Vom Pauker zum Coach*. München: Dtv.
71) Taylor, E., Doepfner, M. & Sergeant, J. (2004). *European Clinical Guidelines for Hyperkinetic Disorder*. Eur Child AdolescPsychiatry, 19: 99-118.
72) Thapar, A. et al. (2010). *Rare Chromosomal Deletions and Duplications in ADHD: A Genome-wide Analysis*. The Lancet, 2010; DOI.1016/SO 140-6736 (10) 61109-9
73) Thomasius, R., Schulte-Markwort, M., Küster, U.J. & Riedesser P. (2008). *Suchtstörungen im Kindes- und Jugendalter: Das Handbuch: Grundlagen und Praxis*. Stuttgart: Schattauer.
74) Trott, G.E. et al. (2009). *Neuropsychotherapie der ADHS*. Stuttgart: Kohlhammer.
75) Wagner, S. (2003). *Brücken und Barrieren: Bildungsverläufe von Sonderschülerinnen und -schüler in Deutschland*. In K. Felkendorff & E. Lischer (Hg.)Barrierefreie Übergänge? Zürich: Pestalozzianum.
76) Waldrich, H.-P. (2007). *Der Markt, der Mensch, die Schule, Selektionsmaschine oder demokratische Lerninstitution*. Köln: Papyrossa Verlag.
77) Warnke, A. & Satzger-Harsch, U. (2004). *ADHS. Das Aufmerksamkeitsdefizit-Syndrom*. Stuttgart: Trias Verlag.
78) Wetzel, G. & Ansberger, R. (1999). *Entspricht das Feststellungsverfahren zum "Sonderpädagogischen Bedarf" den Erwartungen?* In (1/1999) Behinderte in Familie, Schule und Gesellschaft.
79) Wiesner, R., Mörsberger, T. & Oberloskamp, H.(1991). *SGB VIII*. Kommentar. München: Beck.
80) Wilken, B. (1998). *Methoden der kognitiven Umstrukturierung*. Stuttgart: Kohlhammer.

81) Winkel, S., Petermann, F. & Petermann, U. (2006). *Lernpsychologie*. Paderborn: Schöningh Verlag.
82) Winter, B., Lehn,F. Wahl,T. & Helge Krückenberg. (2010). *"Komm, das schaffst Du!"* Stuttgart: Trias Verlag.
83) Winterhoff, M. (2009). *Tyrannen müssen nicht sein*. Gütersloh: Gütersloher Verlagshaus.
84) Wohnhas-Baggerd, U. (2008). *ADHS und Psychomotorik*. Schorndorf: Hofamnn Verlag
85) Zimmer, R. (2010). *Handbuch der Psychomotorik*. 5. Aufl. Freiburg: Herder Verlag.